Collection *Pluriel*

dirigée par Georges Liébert

MAURICE LEVER

LE SCEPTRE ET LA MAROTTE

Histoire des Fous de Cour

FAYARD

Sommaire

« Foolery, sir, walk about the orb like the sun. It shines every where. »
« La Folie, Monsieur, fait le tour du globe, comme le soleil. Elle brille en tous lieux. »
(SHAKESPEARE, *Twelfth Night*, III, 1)

A la folie, mère de toute vérité...

I

La folie de Dieu

Dieu aide aux fols et aux enfants... Ils disent tout ce qu'ils savent ou le devinent par quelque instinct divin.

(BRANTÔME)

Les évêques du Moyen Age ne voyaient pas approcher les fêtes de Noël sans appréhension. Dans quelques jours – et jusqu'à l'Épiphanie – les églises allaient en effet devenir le théâtre de cérémonies étranges, connues sous le nom de *fête des Fous* mais que l'on appelait aussi *fête des Sots* ou *fêtes des Innocents.* Comment tournerait la fureur iconoclaste qui s'emparait alors du peuple de Dieu? Où s'arrêterait la violence? L'ordre succéderait-il cette année encore au désordre? Nul n'aurait su le dire. L'hystérie collective une fois lâchée, tout devenait, tout semblait devenir possible. Durant une semaine environ, la communauté des chrétiens allait se livrer à une sorte de psychodrame ininterrompu.

Ces pratiques, héritées du paganisme, avaient commencé très tôt. Saint Augustin les dénonçait dès le Ve siècle et le corps de l'Église n'avait cessé, depuis le concile de Tolède en 633, d'en fustiger les excès. Passant outre ces condamnations, souvent assorties de menaces d'excommunication, le clergé mineur n'en continuait pas moins d'organiser tous les ans l'incroyable bacchanale.

Chose curieuse, en effet, la fête des fous avait pour acteurs, non de simples laïcs en révolte contre l'institution religieuse, mais de jeunes clercs, diacres et sous-diacres desservant les paroisses (on l'avait d'ailleurs surnommée Fête des sous-diacres, *festum hypodiaconarum).* Née dans le sein de l'Église, elle y survivait donc depuis des siècles, grâce au zèle de ces prêtres, et au mépris des foudres lancées contre elle par leurs supérieurs hiérarchiques.

« Cette fête mériterait bien mieux d'être appelée la fête du diable, vitupère un brave curé du XVIIe siècle, à cause des insolences effroyables, et des scandales horribles, et des turpitudes exécrables qui s'y faisaient [1]. » Que s'y passait-il donc ? Le détail des cérémonies nous est connu par les édits visant à les proscrire, notamment par la *Lettre circulaire* que la Faculté de théologie de Paris adressa en 1444 aux prélats et aux chapitres de France. Dans l'octave de Noël ou à l'Épiphanie, selon les régions, la célébration de l'office divin donnait lieu à un véritable carnaval. Les diacres, les sous-diacres, les enfants de chœur, le visage barbouillé de suie ou couvert de masques grotesques, s'exhibaient sous les déguisements les plus invraisemblables : on en voyait plusieurs travestis en femmes, d'autres en costume de fol, portant le coqueluchon à grelots et la marotte, d'autres encore vêtus d'oripeaux de théâtre. Ce jour-là, les fidèles se pressaient en foule pour voir ce clergé officier « publiquement et solennellement » au milieu de la chienlit générale.

Au cours de la messe, on procédait à l'élection de l'évêque des fous (ou du pape des fous, dans les églises relevant directement du Saint-Siège). C'était d'ordinaire quelque gueux que l'on sacrait en grande pompe, en le revêtant des ornements épiscopaux. Une fois intronisé, le nouvel élu officiait « pontificalement » : mitre en tête et crosse à la main, il distribuait sa bénédiction solennelle au

1. Jean-Baptiste THIERS, *Traité des jeux et des divertissements*, Paris, 1686.

Vignette du XVIIe siècle : la folie reine du Monde.

peuple. Le clergé l'introduisait ensuite dans le chœur, en dansant et en chantant des refrains paillards. Une fois à l'autel, on faisait ripaille de boudins et de saucisses sous le nez du prêtre célébrant; on se servait de franches rasades de vin dans les ciboires; on échangeait jurons et blasphèmes; on mêlait de grasses bouffonneries aux textes sacrés; on jouait aux cartes et aux dés; on se livrait à de plus graves licences encore, que les contemporains ne précisent pas, mais que l'on imagine sans peine.

L'usage voulait aussi que l'on fît brûler dans l'encensoir des morceaux de vieilles savates, afin de répandre des odeurs puantes dans l'enceinte sacrée. Après l'office, la joyeuse troupe se répandait à travers les rues de la ville, en se faisant traîner dans des tombereaux remplis d'ordures et d'excréments qu'elle jetait à pleines mains sur la populace. La cavalcade s'accompagnait de danses et de chants obscènes, de lazzi, d'injures, de blasphèmes ignobles mêlant le nom du Christ à la plus vile scatologie. C'était à présent une masse grouillante, échauffée par le vin, s'excitant elle-même à la débauche; une foule au paroxysme de la folie sacrilège, qui s'écoulait comme une lave en fusion, en poussant ses cantiques impies à la face du Ciel. Au centre de cette foule resplendissait, « crossé, chapé et mitré », le nouvel évêque des fous, salué sur son passage par des acclamations hilares, des gestes de vénération ironique, des prières bouffonnes entremêlées de sarcasmes. Il ne fallait pas moins que le génie visionnaire de Hugo, dans *Notre-Dame de Paris,* pour reconstituer cette fantasque procession. Non, certes, dans sa vérité historique, mais dans sa couleur, dans sa vie, dans l'exubérance de son délire.

Croira-t-on que d'authentiques dignitaires de l'Église fussent parfois spectateurs de ces saturnales? Le fait est pourtant attesté. On vit même, dans le diocèse de Reims, des évêques et des archevêques prendre personnellement part aux réjouissances. On sait aussi que de grands seigneurs n'hésitaient pas à étaler leur munificence en payant les frais de la représentation. C'est ainsi que, le 1er janvier 1372, Philippe le Hardi, duc de Bourgogne, généralement assez pingre avec l'Église en dépit de sa prodigalité légendaire, fait sonner six beaux deniers d'or entre les mains de ses chapelains de Dijon, afin qu'ils y organisent dignement la fête des Fous dans sa chapelle. Un autre jour, le même prince gratifie de six livres l'évêque des fous de Tournai, venu se produire devant lui avec ses compères, « pour l'ébastement de Monseigneur [2] ».

Ces prélats de carnaval jouissaient en outre, comme les évêques véritables, du droit de battre monnaie, afin de perpétuer la mémoire de leur dignité éphémère. Ces monnaies, dont il subsiste de rares spécimens à la Bibliothèque nationale, ne différaient des autres qu'en ce

---

2. Nous avons d'autres témoignages de sa générosité en pareilles occasions. Cf. *Inventaires mobiliers et extraits des comptes des ducs de Bourgogne de la Maison des Valois (1367-1477),* publiés par Bernard Prost, Paris, 1902-1913, t. I, p. 89-90.

L'évêque des Fous. D'après une sculpture de l'église Saint-Spire de Corbeil-Essonnes (XVe siècle). Extrait des Antiquités nationales *de Millin.*

qu'elles étaient de plomb; elles portaient gravés le nom de l'élu, la date de son élection, et quelque méchant rébus en guise d'armoiries. Personne, bien entendu, ne les prenait au sérieux, puisqu'elles n'avaient pas officiellement cours. Il n'en reste pas moins qu'elles témoignent peut-être mieux que le reste, mieux que le sacre, mieux que les insignes épiscopaux ou que la burlesque bénédiction, de la place qu'avaient prise ces festivités dans la conscience populaire. N'entendaient-elles pas inscrire l'image de l'Église renversée sur le métal de l'histoire? la sauver par ce moyen de l'oubli des hommes?

Il existait au Moyen Age plusieurs variantes de la fête des Fous, qu'il serait trop long de passer en revue. La plus connue, celle que l'on appelle la fête de l'Ane, se célébrait dans plusieurs localités de France. Mais nulle part elle ne revêtait autant d'éclat que dans la cathédrale de Sens. Le mérite en revenait à Pierre de Corbeil, archevêque du diocèse au début du XIIIe siècle, qui avait pris soin d'en régler lui-même le rituel dans un curieux traité de liturgie négative, le *Missel de l'âne,* dont le manuscrit, conservé aujourd'hui encore à la bibliothèque de la ville, serait, paraît-il, entièrement de sa main. Le culte de l'âne n'aurait rien pour surprendre, lorsqu'on sait le rôle éminent que l'Écriture sainte attribue à cet animal [3]. Mais les honneurs que lui rendait le bas clergé étaient surtout prétexte à parodie subversive.

On ne décrira pas dans le détail l'interminable office de

Jetons d'un pape des Fous de Chartres et de l'archevêque des Innocents d'Amiens.

3. Rappelons, outre l'ânesse de Balaam, celle qui servit de monture à Jésus pour entrer à Jérusalem, l'âne de Bethléem, et l'âne qui porta la Vierge et l'Enfant, lors de la fuite en Égypte.

l'âne, tel que nous l'a transmis la tradition, avec les dialogues, la musique et les paroles des psaumes. A en juger par son missel, il devait durer presque aussi longtemps que les « mystères » de la même époque (dont il est d'ailleurs très proche par l'action dramatique et par la mise en scène), c'est-à-dire plusieurs heures. Après une longue procession au cours de laquelle les prophètes de l'Ancien Testament échangeaient des dialogues, entrecoupés de chants à une ou plusieurs voix, et au moment précis où les officiants entonnaient l'Introït, *Puer natus est...*, la porte principale de la cathédrale s'ouvrait à deux battants, laissant apparaître le héros du jour : un baudet revêtu d'une lourde chape richement brodée. Il arrivait aussi qu'on le fît entrer à reculons, en le tirant par la queue. Deux chanoines se rendaient alors auprès de lui, s'inclinaient respectueusement et le conduisaient à la Sainte Table, tandis que retentissait sous les voûtes, au son des vielles et des flûtes à bec, l'hymne de joie et d'adoration consacré à l'humble quadrupède :

> Lux hodie, lux laetitiae! me judice, tristis
> Quisquis erit revomendus erit solemnibus istis
> Sint hodie procul invidiae, procul omnia moesta,
> Laeta volunt, quicumque asinaria festa [4].

La messe des Fous ne se célébrait pas seulement dans les églises cathédrales ou collégiales. L'usage s'en était répandu jusque dans les couvents de moines et de religieuses. Il s'y conserva plus longtemps qu'ailleurs, à la faveur de leur isolement et de leur relative autonomie par rapport au pouvoir civil et religieux. Nous savons, par une lettre d'un ancien chartreux, Mathurin de Neuré, à son ami le philosophe Gassendi, que la fête des Innocents

---

4. *Ce jour est un jour de joie! Croyez-moi : qu'on chasse de ces solennités quiconque sera triste! Qu'on éloigne tous les sujets de haine et de mélancolie. Ceux qui célèbrent la fête de l'âne ne veulent que de la gaieté. – L'Office des fous* et *La Messe de l'âne* de Pierre de CORBEIL ont fait l'objet d'un enregistrement par l'ensemble vocal et instrumental Guillaume Dufay (Disques *Erato,* 1980).

donnait lieu dans certains monastères de Provence – en plein milieu du XVIIe siècle – à des débordements dignes du Moyen Age. Ce jour-là, chez les franciscains d'Antibes, les frères lais, dits frères coupe-choux parce qu'ils s'occupaient ordinairement des humbles besognes, célébraient la messe à la place des clercs. Ils revêtaient pour cette occasion des chasubles en lambeaux et retournées, tenaient les livres saints à l'envers, et faisaient semblant de les lire avec des lunettes dont ils avaient remplacé les verres par des écorces d'orange ; puis ils soufflaient dans les encensoirs remplis de cendres dont ils se barbouillaient les uns les autres. « Dans cet équipage, s'indigne notre chartreux, ils ne chantent ni des hymnes, ni des psaumes, ni des messes à l'ordinaire, mais ils marmottent certains mots confus et poussent des cris aussi fous, aussi désagréables et aussi discordants que ceux d'une troupe de pourceaux qui grondent [5]. » Et cela, sous la régence d'Anne d'Autriche et le gouvernement de Mazarin !

Un âne mitré. Archivolte de l'église Saint-Pierre d'Aulnay (XIIe siècle).

5. Le texte en latin de cette lettre, datée de 1645, est cité dans DU TILLIOT, *Mémoires pour servir à l'histoire de la fête des fous*, 1741, p. 23-24.

L'Église usa de tous les moyens en son pouvoir pour extirper des mentalités cette coutume « superstitieuse et paganicque ». Mais ni les bulles fulminées par Rome, ni les anathèmes, ni les exclusions, ni les interdits de toutes sortes lancés par les différents conciles et réitérés par l'épiscopat ne réussirent à mettre un terme à ces pratiques. La transgression périodique du culte était trop profondément enracinée dans la conscience populaire pour céder devant l'autorité. Bref, le rituel sacré semblait exiger, comme une contrepartie nécessaire, l'image de sa propre dérision. A cela s'ajoute que les condamnations prononcées en haut lieu furent rarement suivies d'exécution. Elles traduisaient en fait la doctrine *officielle* de l'Église. Et l'on conçoit bien que celle-ci ne pouvait assister sans réagir à des mascarades violant aussi délibérément les lois les plus saintes, profanant l'office divin, parodiant la liturgie sacrée, bafouant la dignité sacerdotale.

Il reste que la fête des Fous fut en général, sinon acceptée, du moins largement tolérée. Il se trouva même, au sein de la hiérarchie ecclésiastique, des gens pour la défendre. Tel cet honorable docteur en Sorbonne, qui tenta d'expliquer, dans une lettre circulaire, que cet usage immémorial était non seulement innoffensif, mais salutaire : « Nous ne faisons pas toutes ces choses sérieusement, écrit-il, mais par jeu seulement, et pour nous divertir selon l'ancienne coutume, afin que la folie, qui nous est naturelle et qui semble née avec nous, s'emporte et s'écoule par là, du moins une fois chaque année. Les tonneaux de vin crèveraient si on ne leur ouvrait quelquefois la bonde pour leur donner de l'air. Or, nous sommes de vieux vaisseaux [flacons] et des tonneaux mal reliés que le vin de la sagesse ferait rompre, si nous le laissions bouillir ainsi par une dévotion continuelle au service divin. »

Ce théologien de bon sens, dont l'histoire ne nous a malheureusement pas conservé le nom, avait parfaitement compris que la transgression cérémonielle constituait, dans ses excès mêmes, un défouloir indispensable, car il décongestionnait par une brève déflagration les consciences comprimées tout au long de l'année par une liturgie inflexible. Le désordre éphémère garantissait en somme l'ordre permanent.

Cette fonction détumescente de la fête, bien peu à l'époque surent la discerner. L'autorité religieuse, considérée en tant que telle, ne voulut jamais voir autre chose dans ces facéties, qu'une scandaleuse survivance de rites païens au sein du christianisme et une atteinte intolérable à la sacro-sainte hiérarchie de l'Église. Elle n'avait d'ailleurs pas foncièrement tort. Il est plus que probable que la fête des Fous avait pris le relais des *Saturnales* que les Romains célébraient à partir du seizième jour des calendes de janvier (notre 17 décembre) et qui duraient environ une semaine. On assistait au cours de cette période à un total renversement des classes sociales : les maîtres devenaient domestiques de leurs propres esclaves; ceux-ci pouvaient en toute impunité leur donner des ordres, les traiter à leur fantaisie, les injurier, les exposer à la risée du public en les faisant chanter, danser ou prendre des poses lubriques. Les maîtres devaient s'exécuter sans broncher, sous les huées de la foule. Ils n'avaient pas le droit de désobéir, et moins encore de punir. C'est pourquoi cette coutume fut également appelée « Liberté de décembre ». Le temps des Saturnales réintégrait ainsi, par l'inversion des codes, le mythe égalitaire de l'âge d'or dans lequel il n'y a ni maître ni esclave, ni pauvre ni riche, mais « où le blé vient sans semer, et où il coule des fleuves de lait », comme dit Lucien de Samosate. Ce temps, qui est celui de la dissolution et de la folie, reproduit en somme l'indifférenciation dans le grand Tout primitif. Héritière en ligne directe des Saturnales, la fête des Fous repose, comme elles, sur l'inversion des rapports de domination au sein de la hiérarchie ecclésiastique. Inversion – ou plutôt subversion – d'ailleurs hautement revendiquée, comme en témoigne, entre autres, ce verset du *Magnificat*, plusieurs fois répété au cours de l'office des Innocents : « *Deposuit potentes de sede et exaltavit humiles.* »

Si la fête des Fous ne se moque ouvertement que de la hiérarchie religieuse, sa signification s'étend néanmoins bien au-delà. Elle introduit en fait l'idée du renversement universel des valeurs, la dénonciation du pouvoir quel qu'il soit : ecclésiastique, mais aussi social et politique. Ce n'est certes pas un hasard si elle disparaît au moment où se durcissent les rapports de domination. L'oppresseur ne compose jamais avec le rire : c'est l'hommage qu'il rend à sa puissance.

Loin de l'affaiblir ou de la mettre en péril, les spasmes qui secouaient périodiquement l'Église ont exercé sur elle une action thérapeutique. Elle sortait de ces épreuves renforcée, régénérée et, d'une certaine manière, purifiée. Les débauches dont elle était le théâtre auraient certes de quoi effaroucher les dévotions frileuses. Mais les chrétiens du Moyen Age étaient d'une autre trempe. Ils avaient l'âme rude et rugueuse, comme les pierres des cathédrales – ces pierres dont plus d'un bas-relief porte l'empreinte de ces jours de démence. Une fois la fête achevée, ils retournaient à la pratique traditionnelle de leurs pères avec une ardeur renouvelée. Leur corps, nié tout au long de l'année, s'était vu reconnu dans ses droits essentiels, légitimé dans ses besoins les plus élémentaires. En venant se libérer de ses pulsions au pied des autels, le peuple chrétien se dévoilait à Dieu dans toute sa nudité; il lui offrait le sacrifice de ses plus secrètes meurtrissures. Jamais, à bien y regarder, la fête des Fous n'a quitté la constellation du sacré.

La lettre circulaire de 1444 n'ayant pas mieux réussi que les nombreux avertissements qui l'avaient précédée, il faudra attendre l'arrêt du Parlement de Dijon du 19 janvier 1552 pour que disparaisse définitivement la fête des Fous. Fait significatif : cet arrêt, qui mettait fin à des pratiques contre lesquelles le pouvoir religieux avait lutté en vain durant près de dix siècles, émanait du pouvoir

*Gravure reproduisant le dessin d'Holbein en marge de l'*Éloge de la folie, *d'Érasme. Cl. D. R. Collection C. Quétel.*

politique, marquant ainsi la substitution de l'autorité séculière à la souveraineté de l'Église, qui s'était opérée entre-temps. N'allons pas en conclure trop vite qu'un Parlement laïc triomphait là où les plus hautes instances de l'Église avaient échoué. En fait, la victoire était pratiquement acquise : l'arrêt de Dijon ne faisait qu'entériner une certaine lassitude par rapport à ces réjouissances. En dépit de quelques survivances isolées, il y avait belle lurette que l'ivresse collective avait disparu d'elle-même ou fait place à la routine. Le cœur n'y était plus. Que cette désaffection fût liée à l'essor de la Renaissance n'étonnera personne. Avec la fête des Fous disparaît l'une des composantes majeures de la spiritualité médiévale.

Griffonnant d'une plume alerte dans les marges de l'*Éloge de la folie*, que son ami Érasme vient de publier, Holbein jette sur le papier ce croquis insolite : une tête de Christ coiffée du capuchon à grelots. Singulière réminiscence, en vérité ! Car l'une des premières images de l'art chrétien représente précisément un homme crucifié à tête d'âne : il s'agit d'un graffiti du IIIe siècle retrouvé à Pompéi, sur le mur d'une cellule de correction [6]. Plus près de nous, Georges Rouault ne craint pas de mêler le visage du Christ au monde du cirque en le peignant sous les traits pathétiques du clown blanc. Que symbolise cette étrange iconographie, dont on trouve également des traces dans la sculpture du Moyen Age, sinon la relation

6. Ce dessin porte une inscription grecque : « Alexamenos adore Dieu ». Il peut s'agir aussi bien d'une caricature malveillante que de l'acte de foi d'un gnostique séthien, identifiant Jésus-Christ au dieu égyptien Seth, à tête d'âne. On sait par ailleurs que les premiers chrétiens étaient accusés par les païens d'adorer la tête d'un âne (*cf.* Minucius FELIX, *Octavius* IX). Selon Harvey Cox (*La Fête des fous*, p. 167-168), « il pourrait aussi être vrai que ces chrétiens des catacombes aient eu un sens plus profond de l'absurdité comique de leur situation que nous ne le supposons. Pitoyable bande d'esclaves, d'épaves et de pauvres, ils ont dû ressentir parfois le grotesque de leurs prétentions ».

essentielle qui unit la folie au sacré? L'image du Christ-saltimbanque paraîtra contre nature et sacrilège aux mentalités contemporaines. Mais nos lointains ancêtres percevaient d'instinct la dimension comique du sacré, quelles que fussent, à cet égard, les réserves de la hiérarchie.

Au reste, si l'Église médiévale condamne la folie simulée, instrument de la dérision, comme dans la fête des Fous, elle révère, au contraire, la folie véritable, surtout lorsqu'elle emprunte les traits de l'innocent, du simple d'esprit, qui ignore le mal (et par conséquent le bien), parce que la nature l'a privé de raison. Au besoin, l'étymologie nous en fournirait la preuve : *crétin* ne signifie pas autre chose que chrétien (l'ancien béarnais *crestian* veut dire *cagot*) et *benêt* sort tout droit de *benedictus*.

Jésus-Christ ne s'est pas contenté de proclamer bienheureux le pauvre d'esprit : il en a lui-même vécu la douloureuse expérience. Lorsqu'il se prétend roi des Juifs devant Ponce Pilate, la foule le prend pour un fou. Après la sentence, lorsque les soldats le dépouillent de ses vêtements, couvrent ses épaules d'un manteau de pourpre, le coiffent d'une couronne d'épines et lui mettent un roseau dans la main droite; lorsque enfin ils s'agenouillent devant lui en lui criant par dérision : « Salut, roi des Juifs! », ils font en quelque sorte de lui la caricature vivante de l'empereur romain. Le Christ a donc voulu se donner, à la phase ultime de son incarnation, les traits de l'innocent, du bouffon malgré lui, qui excite le ricanement de la populace en souffrant en silence. On reconnaît dans cette scène la figure majeure du Paillasse humilié, du clown triste, qui hante notre imaginaire et à laquelle l'art et la littérature ont prêté tant de masques divers, depuis le Pierrot lunaire jusqu'à Buster Keaton et aux clochards de Beckett.

Le simple d'esprit, c'est le fou chéri de Dieu, le premier dans le royaume des Cieux, mais aussi le premier sur terre, car lui seul partage, dans sa pauvre cervelle délabrée, la secrète pensée du Tout-Puissant. Dieu lui inspire la vérité comme il l'inspire à l'enfant. D'ailleurs, qu'est-il d'autre qu'un enfant miraculeusement « demeuré » dans la grâce de l'innocence ? Si les hommes sensés le méprisent, c'est qu'ils ne savent ou qu'ils ne veulent pas entendre son message ; c'est que la vérité qu'il énonce les effraie. Aussi, l'Église, qui se montra parfois si dure envers les mendiants, voire envers les malades, témoigne-t-elle d'une infinie sollicitude à l'égard des idiots. Elle leur offre l'hospitalité dans ses couvents, elle les nourrit, les protège, non pas tant parce qu'ils sont les déshérités de la société, que parce qu'ils représentent le Christ livré à ses persécuteurs. Elle les respecte comme les dépositaires de la sagesse divine. De là vient, sans doute, l'immense privilège des fous de Cour – qui furent à l'origine d'authentiques débiles mentaux – de pouvoir dire tout ce qui leur passait par la tête. Dans les sociétés archaïques, l'innocent a la liberté de tout dire et de tout faire. Bien plus : sa parole exerce une véritable censure morale dont les esprits superstitieux tiennent compte.

« Dieu a choisi les choses folles du monde pour confondre les sages », déclare saint Paul dans la première *Épître aux Corinthiens*. « Que celui d'entre vous qui paraît sage devienne fou pour être sage, dit-il encore, car la folie de Dieu est plus sage que les hommes. » Et ce même apôtre, ce *docteur des nations*, comme on aime à l'appeler, revendique délibérément pour lui-même le titre de fou : « Je parle en fou, assure-t-il, l'étant plus que personne. » Et le grand roi Salomon, le juste entre les justes, le sage entre les sages, ne s'exclame-t-il pas lui aussi, sans rougir : « Je suis le plus fou des hommes » ?

Les Anciens entourent la folie d'une grande considération. Ils l'assimilent d'ailleurs à l'épilepsie et l'attribuent à une inspiration divine. D'où le nom de « mal sacré » *(morbus sacer)* ou de « haut mal », dont ils la gratifient. L'insensé passe pour posséder le don de divination ; il lit l'avenir. Son discours ne nous paraît incohérent que parce qu'il relève du langage oraculaire, et que nous sommes

Christ à tête d'âne. Graffiti du IIIe siècle.

impuissants à déchiffrer la volonté du Ciel. Outre le don prophétique, on lui reconnaît celui de parler les langues qu'il n'a jamais apprises, de savoir ce qui se passe à mille lieues de lui ou de traiter de matières qui lui sont inconnues. Pour toutes ces raisons, il inspire un mélange de crainte et de vénération : il fascine et il fait peur. On ne songe certes pas à l'enfermer et moins encore à le guérir : il appartient à l'ordre du sacré. Ses facultés extraordinaires sont dues, pense-t-on, à ce que son âme, en partie déliée de son allégeance au corps, communique sans médiation avec les énergies qui nous gouvernent. Aussi partage-t-il avec les agonisants le privilège de parler en prophète. Un film récent, *Bienvenue Mr. Chance*, ne montrait-il pas comment un individu complètement déconnecté de la réalité extérieure parvenait, par la seule grâce de sa schizophrénie, à passer pour l'oracle de notre civilisation?...

Même si elle a cessé d'y croire, la Renaissance conserve un souvenir très net de ces superstitions. Lorsque Pantagruel tâche de persuader Panurge de prendre conseil de quelque fol pour savoir s'il fera bien de se marier et s'il sera heureux en ménage, il le prêche en ces termes : « J'ai souvent ouï, en proverbe vulgaire, qu'un fol enseigne bien un sage (...). Par l'avis, conseils, prédiction des fous, vous savez quants [combien de] princes, rois et républiques ont été conservés, quantes batailles gagnées, quantes perplexités résolues. » Puis il lui explique les causes de la faculté prophétique des fous, en ajoutant que pour devenir « apte à recevoir bénéfice de divination », il faut « s'oublier soi-même, issir [sortir] de soi-même, vider ses sens de toute terrestre affection, purger son esprit de toute humaine sollicitude, et mettre tout en nonchaloir; ce qui vulgairement est imputé à folie [7] ». Ne croirait-on pas lire quelque bonne recette pour réussir dans la carrière de l'ascétisme? L'écart, après tout, n'est pas si grand qui sépare le fou du grand mystique. Encore le premier bénéficie-t-il sur le second d'un avantage indiscutable, puisqu'il possède naturellement et sans nul effort ce que l'autre n'est même pas sûr d'acquérir après des années de mortification. Quoi qu'il en soit, on voit bien, par ce texte, que la représentation quasiment sacrée du concept de folie n'avait pas totalement disparu à l'époque de Rabelais, même si l'objet de cette croyance s'y voit traité sur le mode ironique.

La folie possède un autre pouvoir, non moins magique que les précédents, celui de « mettre en belle humeur les dieux et les hommes », comme dit le vieil Érasme. Singulier ménage, lorsqu'on y songe – ménage d'ailleurs excellent, apparemment indissoluble – que celui du rire et de la folie, que l'on trouve réunis dans le personnage du fol (on préférera dire le *fol* que le *fou*, car ce dernier mot,

7. RABELAIS, *Pantagruel*, livre III, chap. XXXVII.

désignant indifféremment le détraqué pathologique et le bouffon, prête à malentendus). Plus singulier encore, le ménage de la folie « folliante », c'est-à-dire gaie, fantasque, enjouée ou grassement comique, et de la religion.

Sait-on, par exemple, que certains prédicateurs, emportés par leur zèle apostolique, se livraient du haut de la chaire à d'invraisemblables loufoqueries? « Comme ils gesticulent, Dieux immortels! ricane la Folie d'Érasme, comme ils savent adapter la voix, et fredonner, et s'agiter, et changer successivement l'expression de leur visage, et à tout bout de champ s'exclamer [8]! » La postérité nous a transmis les noms de Michel Menot, surnommé *Langue d'or,* et d'Olivier Maillard, qui se rendirent célèbres en leur temps par leurs dévotes facéties. Le premier était un cordelier enseignant la théologie à Paris dans les années 1480-1500. Les fidèles accouraient à ses sermons comme au spectacle de foire : il faut dire qu'il les débitait dans une sorte de baragouin macaronique, moitié latin barbare, moitié français burlesque, entrelardant les récits évangéliques de plaisanteries d'un goût douteux, de calembours et d'allusions plus ou moins risquées, qui mettaient l'assistance en joie. Prêchant un jour contre la coquetterie des femmes et leur lenteur à se préparer, il s'exclame : « On aurait plutôt enlevé le fumier d'une écurie où il y aurait eu quarante-quatre chevaux, qu'une femme n'aurait fini sa toilette. » Voilà qui donne le ton...

Cordelier et docteur en Sorbonne comme Menot, son contemporain Maillard attirait les ouailles avec un égal succès et au moyen des mêmes recettes. Il fallait l'entendre, dans ses sermons de l'*Avent* ou de *Carême,* hoquetant, toussant, crachant, éructant, lançant des onomatopées et des cris d'animaux ou poussant quelque chanson gaillarde. Il surpassait encore son rival par la trivialité du vocabulaire. L'homme ne manquait d'ailleurs pas d'audace; il n'épargna jamais personne de ses sarcasmes, même

8. ÉRASME, *Éloge de la folie*, trad. P. de Nolhac, éd. Garnier-Flammarion, p. 70-71.

pas le redoutable Louis XI, dont il était le prédicateur et contre lequel il se montrait particulièrement mordant.

Appelant un jour les fidèles à plus de générosité pour faire dire des messes à l'intention des âmes du purgatoire, il lança, dans une belle envolée : « Lorsqu'elles entendent le son de l'argent qu'on donne pour elles et qui, en tombant dans le bassin ou dans le tronc, fait *tin, tin, tin,* elles se mettent à rire et font *ha, ha, ha, hi, hi, hi*! » Voilà le genre de pitreries qui amusait la pieuse assemblée. Mais il y a mieux encore. Un autre cordelier (les enfants de saint François ont toujours fait preuve d'espièglerie) prêchait un jour sur la Passion. Il commence un signe de croix, prononce *In nomine patris*, puis s'arrête, hésite, recommence : *In nomine patris*..., s'arrête encore, reprend plusieurs fois de suite, s'arrête toujours, et ajoute enfin : « Je cherche le fils et ne le trouve point. Qu'est-il donc devenu? Ah! il a cédé à la rage de ses ennemis, et sans doute il est mort. Oui, mes frères, il est mort! Et je vais vous dire comment... » Et que dire de ce Gabriel Barletta, dominicain napolitain du XVe siècle, célèbre lui aussi pour ses sermons burlesques, qui demanda un beau jour à ses auditeurs éberlués à quelle marque infaillible la Samaritaine avait reconnu que le Christ était juif...

Ces excentricités n'entraînèrent pourtant jamais le blâme de la part des autorités ecclésiastiques. Il faut dire que l'indulgence était là plus que jamais de mise : les orateurs s'adressaient à un peuple enfant, dont il fallait retenir l'attention par tous les moyens, fût-ce en lui débitant des gaudrioles. Or, ces *one man show* remplissaient admirablement leur office, car ils attiraient sur les bancs des églises des hommes et des femmes qui parlaient la langue drue et riaient de bon cœur à la grosse farce en se tapant sur les cuisses. N'oublions pas non plus que les prêtres séculiers du Moyen Age vivaient pour la plupart en étroite symbiose avec les gens du peuple; ils en partageaient les mœurs, les goûts, le mode de vie; ils s'amusaient des mêmes choses; l'Église n'avait pas alors cette mine renfrognée qu'on lui connaîtra par la suite. Elle savait rire.

Veut-on une nouvelle marque de cette collusion du sacré et de la folie? On sait que certains bouffons de la Cour de France ou de cours seigneuriales appartenaient en même temps au clergé, sans qu'il parût y avoir contradiction entre le service de Dieu et le divertissement du prince. François Ier entretenait, outre le célèbre Triboulet, un amuseur africain nommé Ortis. Or ce mahométan converti au christianisme avait prononcé ses vœux chez les cordeliers (encore eux!) avant de porter la marotte. Cela ne l'empêcha nullement de conserver sa qualité de moine, ni de se faire enterrer dans l'habit de son ordre. Le poète Clément Marot composa cette épitaphe à son intention :

> Sous cette tombe gît, et qui?
> Un qui chantait la *cochiqui.*
> Ci-gît que dure mort piqua
> Un qui chantait la *cochiqua :*
> C'est Ortis! Oh! Quelles douleurs!
> Nous le vîmes de trois couleurs
> Tout mort, il m'en souvient encore :
> Premièrement, il était more;
> Puis en habit de cordelier,
> Fut enterré sous ce pilier;
> Et avant qu'eût l'esprit rendu,
> Tout le sien avait despendu.
> Par ainsi mourut le folâtre,
> Aussi blanc comme un sac de plâtre,
> Aussi gris qu'un foyer cendreux,
> Et noir comme un beau diable ou deux.

On rencontre souvent, sous la plume des mémorialistes, la mention de fols qui « prêchèrent » leur souverain. Sans doute le faisaient-ils joyeusement, en multipliant les insolences et les jeux de mots d'usage. Il n'en reste pas moins que le verbe « prêcher », qui n'a jamais eu de connotation comique, met en parallèle la parole de l'insensé et celle du ministre de Dieu, la parole de la dérision et celle de la foi, comme si toutes deux tiraient leur inspiration d'une source commune : comme si elles énonçaient, chacune à sa manière, une seule et même vérité.

On ne saurait évoquer les rapports entre bouffonnerie et religion sans dire un mot des *goliards.* Ce nom désignait au Moyen Age certains clercs en rupture de ban qui parcouraient le monde en exerçant le métier de bateleurs. Ces marginaux de l'Église, qu'il ne faut pas confondre avec les moines « gyrovagues », c'est-à-dire itinérants, lesquels ont existé de tout temps, se répandirent en Europe, principalement en France et en Allemagne, au XIIe et au XIIIe siècle. Ils se prétendaient disciples d'un évêque légendaire, nommé Golias, stéréotype du clerc débauché, auquel on attribuait maintes chansons paillardes. Le phénomène goliard n'a pas souvent requis l'attention des historiens. Il dut pourtant connaître une certaine ampleur, à en juger par les fréquentes admonestations et condamnations prononcées par les décrets synodaux. Le concile de Cahors fait défense aux gens d'Église de remplir eux-mêmes l'office de jongleurs, de *goliards* et de bouffons *(quod clerici non sint joculatores, goliardi, seu buffones)*, sous peine de se voir privés de leurs privilèges ecclésiastiques. Châtiment sévère, lorsqu'on sait que ces privilèges leur permettaient d'échapper à la justice civile. L'un des statuts du concile de Trèves, en 1227, enjoint aux curés d'interdire aux truands et autres écoliers vagabonds ou *goliards (alios vagos scolares aut goliardos)* de chanter des vers après le *Sanctus* et *l'Agnus Dei* ou dans les offices divins, car ils provoquent le scandale parmi les fidèles assemblés. Le concile de Château-Gontier (1231) ordonne que les clercs ribauds, « principalement ceux qu'on nomme *goliards* », aient le crâne entièrement rasé. En 1289, des peines rigoureuses sont requises par les statuts synodaux du diocèse de Rodez contre les prêtres qui, après trois avertissements, auront passé un an, ou même moins, dans la goliardie ou l'histrionage *(in goliardia vel in histrionatu)*. Mais, vers la fin du XIIIe siècle, les enfants de Golias semblent rentrés dans le giron de l'Église. En tout cas, ils font de moins en moins parler d'eux.

On sait finalement peu de chose sur les mœurs véritables de ces clercs itinérants ou « vagants », comme on les appelle encore. Ce que la hiérarchie leur reproche surtout, c'est leur vagabondage et leur métier d'histrion. Le concile de Salzbourg, réuni en 1291, c'est-à-dire à la veille de leur disparition, formule des accusations plus graves : les goliards se promènent tout nus en public, ils fréquentent les tavernes, les jeux et les prostituées, ils commettent des violences contre les monastères et les églises, ils attaquent les clercs réguliers. Mais n'allons pas pour autant les assimiler, tous autant qu'ils sont, à de vulgaires loubards détroussant les bourgeois, violant les filles et semant la panique sur leur passage. Ceux-là, à vrai dire, ne constituent que la pègre de la goliardie, ses éléments incontrôlés. Encore qu'ils relèvent d'une pointe de piment l'insipide brouet de l'histoire ecclésiastique, ils ne doivent pas dissimuler ce que représentait l'ensemble du phénomène. Or, celui-ci nous est connu de l'intérieur, grâce à toute une littérature, dite « goliardique », qui regroupe des collections d'hymnes et de poèmes, parmi lesquels les fameux *Carmina Burana*. Ce qui frappe à la lecture de ces œuvres, pour la plupart d'inspiration satirique, c'est l'immense érudition dont elles sont imprégnées. Nul doute : ce latin-là, avec ses réminiscences de Virgile et d'Ovide, cette solide culture théologique, cette élégante rhétorique, sont autant d'indices qui ne trompent pas. Rebelles, nos goliards? contestataires? Assurément. Illettrés? Allons donc! Ces gens sortent tout droit des bonnes écoles; ils sont formés aux bonnes études, sinon aux bonnes manières. Seulement voilà, un beau jour, ils ont décidé de tout plaquer et de partir à l'aventure, leur balluchon sur le dos, parce qu'ils préféraient la grand'route et le vent du large aux senteurs des sacristies.

Nous avons connu des prêtres en usine. Ceux-là sont des prêtres ambulants, menant la vie des ménestrels, faisant comme eux la tournée des châteaux, récitant leurs vers ou jouant leurs farces pour le seigneur du lieu, parfois pour un prince de l'Église, recevant d'eux une obole, une écuelle, un lit de paille pour la nuit. Et le lendemain, à nouveau la route, l'aventure...

Que faisaient-ils d'autre, après tout, ces bohémiens tonsurés, en abandonnant les froids sanctuaires de la chrétienté, que de suivre l'exemple du Christ lui-même, délaissant les fastes du Temple pour l'existence de conteur nomade et ameutant sur ses pas le petit peuple de Galilée? Qui incarne mieux que lui le modèle idéal du baladin sacré, méprisant richesse et pouvoir pour annoncer la *bonne nouvelle* au moyen de fables simples, naïves, et d'une bonne dose d'humour? Comme les goliards, il lui arrivait aussi d'être invité chez les riches, d'y raconter des histoires ou d'y accomplir des prodiges, pour la plus grande joie du maître de maison. Et ses sarcasmes contre les puissants sont de la meilleure veine satirique. Sa mort enfin, nous l'avons vu, est celle d'un roi de carnaval, saluée par les rires de la foule, tandis qu'un écriteau signale à la dérision générale Celui qui se prenait pour le roi des Juifs.

Les *goliards* ressourcent leur foi à ce fonds primitif où le jeu et la prière se confondent, indifférenciés; par là, ils réactivent l'image du Christ-saltimbanque, du Christ-clown. Aux dépens de la transcendance? Tout au contraire, nous dit Harvey Cox, à l'opinion duquel on ne peut que se rallier lorsqu'il affirme : « Le clown se refuse à vivre au cœur de cette réalité présente. Il en pressent une autre. Il brave la loi de la pesanteur, accable de sarcasmes le policier, ridiculise les autres acteurs. Par son intermédiaire, nous entrevoyons un autre monde qui empiète sur celui-ci, en renverse les règles et les usages [9]. » D'autres théologiens contemporains, tels que Scott et Berger,

9. Harvey Cox, *La Fête des fous*, Paris, Seuil, 1971, p. 178.

s'accordent pour dire que « l'esprit comique est en quelque sorte plus proche du christianisme que le tragique [10] ».

Les dignitaires de l'Église, qui travaillèrent avec tant de zèle à l'abolition de la messe des Fous et à l'exclusion des clercs bateleurs, ne se gênaient pas (ceux du moins qui avaient un train de maison un peu considérable) pour entretenir auprès d'eux des bouffons chargés de les amuser. L'usage remontait au plus haut Moyen Age, puisque, dès 789, il est fait défense aux évêques, abbés et abbesses, d'avoir des farceurs, comme aussi d'avoir des chiens de chasse, des faucons et des éperviers. Chose plus surprenante encore : on interdit aux ecclésiastiques de remplir eux-mêmes cet office!

Les prélats, durant tout le Moyen Age, firent la sourde oreille et conservèrent leurs fous, les considérant sans doute comme indispensables au prestige de leur rang, au même titre que les nains, musiciens, jongleurs, danseurs et autres ménestrels dont ils aimaient à s'entourer. Il faut dire que l'exemple venait de haut, puisque le Saint-Siège ne dédaigna pas, sous certains pontifes, d'offrir l'hospitalité à ces personnages. Lors de la fameuse entrevue d'Aigues-Mortes, en 1538, on vit François Ier offrir à un nommé Le Roux, qualifié dans les comptes royaux de « plaisant » du pape Paul III (Alexandre Farnèse), des pièces de toile d'or et d'argent, ainsi qu'une médaille d'or d'une valeur de 13 livres [11].

En 1212, le concile assemblé à Paris pour réformer les mœurs ecclésiastiques renouvela l'interdiction aux gens d'Église d'avoir des fous à leur service, mais il ne fut pas davantage obéi. Il est vrai qu'aucune sanction concrète n'était prévue contre les coupables : on ne pouvait tout de même pas excommunier les sous-diacres portant marotte et absoudre les éminences qui les employaient. Aussi ces

---

10. *Ibid.*

11. *Catalogue des Actes de François Ier*, Paris, Imprimerie nationale, 1887-1908, t. VIII, p. 270 et 280.

plaisirs, bien innocents quoique peu conformes à la dignité ecclésiastique, se prolongèrent-ils fort tard : un historien flamand, Antoine Sander, reproche en 1624 aux évêques et abbés de son temps de s'amuser avec des bouffons et des filles de joie plutôt que de « se délasser au sein de l'étude ».

On ne citera qu'à titre de curiosité ce que rapporte Pierre-Jean Grosley du « fou » du cardinal de Fleury, qu'il aurait vu un jour de 1738, au château de la Muette, vêtu en cardinal, comme son maître : « Il portait calotte rouge, chapeau à ganse d'or, bas rouges et habit violet ou pourpré; il était monté sur une mule caparaçonnée, comme le sont à Rome celles des cardinaux; les courtisans l'appelaient *Monseigneur*. Cet homme, Provençal, était âgé d'environ soixante ans, fort nigaud, très fat, un peu bête... » N'allons surtout pas prendre notre chroniqueur au pied de la lettre (il était lui-même fort porté à la facétie). L'office de fou, tel que nous l'entendons, avait bel et bien disparu au siècle des Lumières, et l'amuseur du cardinal-ministre de Louis XV ne jouait sans doute pas, auprès de son maître, un rôle très différent de celui du « plaisant abbé de Boisrobert » auprès de Richelieu, ou de Bautru auprès de Mazarin, lesquels furent à la fois favoris, confidents, secrétaires, et surtout hommes d'esprit, aussi redoutés l'un que l'autre pour leur verve caustique.

II

L'homme à la marotte

Pour mon souhait qui nuyt et jour
[m'assotte,
Je souhaite des choses non pareilles :
Premièrement une belle marotte
Et chapperon garni de grans oreilles,
Des sonnettes faisant bruit à merveil-
[les.
(Les Souhaiz du Monde, XVe siècle)

Vers la fin du Moyen Age, un tintinnabulant personnage fait son entrée sur le théâtre de notre imaginaire. Son visage s'enserre dans un capuchon à oreilles d'âne orné de grelots et il porte une marotte à la main. Apparue furtivement vers 1350 en marge d'un psautier de Wurzbourg, son image, servie par l'invention de Gutenberg, va déferler en se multipliant sur tout l'Occident. A mesure qu'elle se répand et se popularise, elle s'investit d'une forte charge symbolique. Un livre surtout va l'imposer à nos consciences.

Le jour de Carnaval de l'an 1494, tandis qu'un torrent de liesse s'engouffre dans les rues de Bâle, l'imprimeur Bergman van Olpe sort de ses presses les derniers feuillets de la *Nef des Fols*. Presque à chaque page, les anathèmes du théologien Sébastien Brant encadrent un bois gravé aux arêtes anguleuses. Pour plus de la moitié, ils ont été taillés par Albert Dürer, le maître de Nuremberg.

L'image du fol, il la connaît bien; elle est liée à ses souvenirs d'enfance. Sans doute a-t-il assisté aux Jeux du Carnaval qui se déroulaient tous les ans dans sa ville natale. Peut-être a-t-il participé lui-même au *Schembartlauf*, au cours duquel les corporations défilaient joyeusement dans les rues. A défaut d'une véritable communauté spirituelle, une communauté dans l'imaginaire le lie donc au théologien strasbourgeois. L'humanité tout entière comme une inextricable cohue de fols, débordant d'un vaisseau qui erre à la dérive : voilà bien de quoi séduire ce visionnaire chez qui le sens tragique des choses s'accompagne inévitablement de sa dérision grimaçante.

Ce n'est certes pas un hasard si le *Narrenschiff* paraît en plein Carnaval. Brant utilise justement la fête pour jouer les trouble-fête. A l'étourdissante farandole qui emporte ce jour-là le peuple chrétien, il répond par cette cargaison de gnomes contrefaits, s'agrippant les uns aux autres dans un enchevêtrement d'oreilles d'âne tordues en tous sens et secouant leurs grelots à la face du ciel. Aux masques hilares de la parade carnavalesque, il oppose ces visages crispés, souffreteux, ces fronts plissés, ces rictus hébétés, ces regards vides, ces babines de guenons apeurées qui se bousculent contre le bastingage ou se jettent par-dessus bord. Le Carnaval et la *Nef* sont comme l'endroit et l'envers d'une seule et même métaphore. D'un côté, la folie ludique, qui prend le contre-pied de l'aliénation et libère pour un temps les forces anarchiques de l'instinct. De l'autre – celui de Brant et de Dürer – la folie du pécheur, qui dénonce les passions et les vices d'une humanité oublieuse de ses devoirs, et plaide pour l'*ordo humanitatis*.

La figure stéréotype de l'insensé exerce, en cette fin du XVe siècle, une fascination à la mesure de ce qu'elle symbolise : « Menace et dérision, vertigineuse déraison du monde, et mince ridicule des hommes [1]. » On la rencontre

1. Michel FOUCAULT, *Histoire de la folie à l'âge classique*, Paris, Gallimard, coll. « Tel », 1976, p. 24.

Pages 36 à 38 : bois de Dürer extraits de la Nef des Fols *de S. Brant (1494). Cl. Bibliothèque municipale de Caen. Collection C. Quétel.*

Antichri-
stus.
Nauis sancti petri.

partout, et d'abord dans les nombreuses autres Nefs des fols qui se multiplient à la suite de celle de Brant, mais aussi chez Bosch, chez Bruegel, et jusque dans la gravure de colportage. Le fol est le miroir de la condition humaine. Il illustre la parole de l'Ecclésiaste, promue en credo de toute une civilisation : *Stultorum numerus infinitus est* (le nombre des fous est infini). Combien significative, à cet égard, cette image du *Schelmenzunft* (La Corporation des fols), publié en 1512, la même année que le célèbre *Exorcisme des fols* de Murner, dans laquelle on voit un fol portant dans une serviette nouée autour du cou une multitude de fols en miniature, tout semblables à lui, qu'il sème au milieu d'un champ. L'allégorie parle d'elle-même : la folie ne produit que de la folie, elle prolifère à l'infini. Le fol n'est jamais saisi en tant que caprice de la nature, singularité, individualité bizarre, mais comme représentant de la tribu dominée par l'Antéchrist. Par un curieux renversement de valeurs, en passant de l'ordre pathologique, celui de l'exception monstrueuse, à l'ordre métaphorique de portée universelle, le concept de folie, jusque-là porteur de valeurs plutôt positives (l'innocent n'est-il pas l'enfant chéri de Dieu?), les abandonne pour rendre compte de l'enfer du monde.

L'homme médiéval perçoit l'image du fol comme la figure majeure du mal. Le fol est le lieu du désordre, de la fureur spontanée submergeant les contreforts de la morale et de la religion. Ennemi de tout système organisé, il travaille à la ruine des sociétés et des civilisations; il corrompt et désagrège. En lui se déchaînent les pulsions dévastatrices de l'inconscient. Plutôt positive au sens propre, la folie se révèle donc nettement négative au sens figuré, notamment dans le concept-image de l'homme à la marotte. Le Moyen Age, sans hésiter, l'assimile au démon. Non à ce démon intelligent et pervers que l'on appelle le « Malin », mais à une autre sorte de démon, plus insidieux, plus redoutable encore : le démon de l'innocence, de la régression vers l'inarticulé, le bas, le

Le fol et le blasphème. Bois du XVe siècle. Cl. Bibliothèque municipale de Caen. Collection C. Quétel.

bestial. Dans l'éternel conflit de l'ombre et de la lumière, le fol apparaît comme le messager des ténèbres. Son stéréotype iconographique le fixe d'ailleurs dans la sphère des pulsions animales. Mais, de tout cela, il demeure fondamentalement irresponsable. Ne s'appartenant pas à lui-même, il se laisse entraîner sans résistance dans les noires profondeurs de l'animalité.

Le semeur de fols. Gravure du XIXe siècle d'après le Schelmenzunft *(1512). Cl. D.R.*

Constamment placé devant cette figure thériomorphe, l'homme médiéval s'absorbe entièrement et *naïvement* en elle, sans nulle médiation : le monstre fait partie de son paysage quotidien.

Emblème de la négativité, le fol assume parfois ce rôle jusqu'à l'anéantissement total. Il arrive en effet que la Mort, saisie d'un folâtre caprice, se plaise à échanger son suaire et sa faux contre le chaperon cornu et la marotte. Elle apparaît ainsi travestie dans plus d'une danse macabre. Non seulement lorsqu'elle emporte un fou – ce qui, après tout, n'aurait rien d'extraordinaire (elle prendrait

Le fol Antéchrist. Bois gravé du XVᵉ siècle.

l'apparence de sa proie; elle serait *sa* mort) – mais aussi lorsqu'elle vient chercher quelque autre personnage : un chapelain dans la *Danse macabre* de la bibliothèque de Heidelberg (vers 1465), ou une reine, comme dans la *Danse macabre* de Holbein. Bruegel représente lui aussi la Mort coiffée du fameux bonnet d'âne, dans certaines scènes du *Triomphe de la mort,* et Holbein encore, dessinant un fol qui suit docilement la Mort, saisit une attitude caractéristique de l'insensé : cet aveugle de l'esprit ne sait pas où on le conduit [2]. Cette identification illustre le tournant qui s'opère dans la seconde moitié du XVe siècle, et dont Michel Foucault trace un saisissant raccourci : « L'anéantissement de la mort, dit-il, n'est plus rien, puisque la vie n'était elle-même que fatuité, paroles vaines, fracas de grelot et de marottes. La tête est vide qui deviendra crâne. La folie, c'est le déjà-là de la mort [3]. »

Héritée de l'Ancien Testament et de la littérature sapientale, cette conception négative de la folie trouve son expression la plus achevée et la plus vigoureuse dans la *Nef des Fols.* Sébastien Brant exploite la folie comme instrument de répression; il entend démontrer la monstrueuse absurdité d'un univers privé de codes et d'interdits. Mais, en même temps, et du fait même qu'elle cristallise le mal, l'image du fol libère par procuration; elle prend en charge les travers, les péchés et les vices des hommes; elle endigue la violence, la détourne de son objet. Elle fait plus encore : elle garantit le maintien de l'ordre. En passant par l'imaginaire, les forces transgressives se ritualisent, se muent en spectacle. Désordre et turbulence ne sont plus de l'ordre du réel, mais de l'ordre du jeu. Le concept-image du fol remplit en quelque sorte la même fonction que la fête des Fous.

---

2. Robert KLEIN, *La Forme et l'intelligible,* Paris, Gallimard, 1970, p. 439.
3. Michel FOUCAULT, *op. cit.,* p. 26.

La folie prenant les traits de la mort (1540 et 1541). Cl. B.N. Collection C. Quétel.

OMNEM IN HOMINE VENVSTATEM
MORS ABOLET.
1541
HSB

L'image du fol, ce n'est précisément ni un corps ni un visage, mais un costume et des attributs symboliques. La pièce principale de ce costume, le capuchon, encore appelé chaperon ou coqueluchon, faisait à l'origine partie du vêtement ordinaire. Au XIIIe et au XVIe siècle, tout le monde le portait, les paysans comme les bourgeois, les princes comme les magistrats ou les courtisans, comme le roi lui-même. Mais à l'époque où l'on en coiffe l'insensé, il est passé de mode depuis longtemps; seuls les moines continuent de le porter. Il s'agit donc d'un accessoire démodé, et comme tel aussi ridicule que peut l'être aujourd'hui le chapeau melon ou le chapeau claque, tous deux récupérés d'ailleurs par les clowns. On constate en effet que la friperie trouve souvent une seconde vie dans la dérision : l'Auguste, tel que nous le connaissons, avec sa chemise à plastron et son melon, est une caricature de la mode et de ses conformismes.

Le chaperon orné de longues oreilles d'âne, elles-mêmes garnies de grelots, encadre complètement le visage du fol, dont il ne laisse paraître que la face, comme un masque humain posé sur une tête d'animal. Mais pourquoi l'âne, dira-t-on? Parce que ce quadrupède incarne depuis toujours l'ignorance, ainsi d'ailleurs que la sensualité; mais surtout parce qu'on l'a longtemps associé au thème de la folie. Martial signale déjà, au Ier siècle de notre ère, que les fous portent au sommet de leur crâne pointu de longues oreilles qui remuent comme celles des ânes *(quasi sic moventur ut solent asellorum* [4]*)* et depuis le *Livre des*

---

4. D'autres auteurs de l'Antiquité décrivent le fou entièrement rasé. Selon LUCIEN, on ne lui laissait qu'une mèche sur le sommet du crâne, que l'on faisait tenir droite comme une crête. Les amuseurs grecs et latins sont toujours représentés avec le crâne entièrement rasé *(mimus calvus)*. Dans l'Europe chrétienne, il était d'usage de tondre les idiots et les fous. Jean de VENETTE écrit vers 1357, dans son histoire en vers des *Trois Maries :*

> Et pour lui plus encore confondre,
> Tous les cheveux lui firent tondre,
> Comme à un fol marquiçon.
> Ce fut par grant dérision.

étymologies d'Isidore de Séville (VIe siècle), on interprète *asinus* comme *in-sania* (privé de sens). Si le rôle mythologique de l'ânesse est souvent positif (dans l'histoire du faux prophète Balaam, par exemple, ou comme monture de Jésus-Christ entrant à Jérusalem), celui de l'âne est presque toujours négatif : dans la fête de l'Ane, comme dans *L'Ane d'or* d'Apulée, comme dans la légende du roi Midas, il représente l'homme déchu. Signalons encore que les oreilles d'âne qui surmontent le bonnet du fol parodient les deux cornes de la mitre épiscopale, lesquelles symbolisent, d'après la liturgie, l'Ancien et le Nouveau Testament : on trouve très fréquemment, au XVIe siècle, la locution d'évêque cornu *(episcopus cornutus* [5]*)*. Enfin, le chaperon n'étant plus porté que par les bouffons et par les moines, ce double usage autorisait, on s'en doute, les allusions malicieuses du genre de celle de Marot à propos d'un moine et d'un sot de la Basoche (celui-ci portait l'habit de fol) :

> Attachez-moi une sonnette
> Sur le front d'un moine crotté,
> Une oreille à chacun côté
> Du capuchon de sa caboche,
> Voilà un sot de la Bazoche [6].

---

5. Charles LEBER signale une curieuse variante du chaperon de folie : l'un des célèbres rébus de Picardie (fin du XVe s.), conservés à la Bibliothèque nationale, représente un fou portant sur son chaperon un phallus en érection planté droit au milieu du front. Le même érudit rappelle que dans les fêtes en l'honneur de Bacchus, les jeunes gens coiffés de cornes en cuir en forme de phallus couraient dans les rues en dansant et en chantant des refrains obscènes. C'est ce que l'on appelait la *saltatio phallica.* Le capuchon cornu du fol viendrait-il de cet usage antique? Leber ne le pense pas. Mais il est probable qu'une relation existe entre les longues oreilles de l'âne et la symbolique du phallus. La métamorphose de Lucius, dans le roman d'APULÉE, me paraît significative à cet égard.

6. Clément MAROT, *Coq à l'asne à Lyon Jamet.*

Miséricorde de stalle (XVe siècle) : un fol tenant sa marotte et, dans la main droite, une pierre de folie. Ancienne église de Diest (Belgique). D'après L. Maeterlinck, Le Genre satirique, fantastique et licencieux dans la sculpture flamande. *Cl. D.R.*

L'habit de fol est complété par une casaque découpée en dents de scie, ce qui, à la manière des losanges d'Arlequin, marque la dispersion, l'instabilité, la fantaisie, par opposition à la rigueur de la coupe en ligne droite. Ladite casaque est serrée à la taille par une ceinture dans laquelle sont passées, d'un côté une épée de bois doré, de l'autre une baguette à laquelle est suspendue une vessie de porc gonflée renfermant une poignée de pois secs. C'est d'ailleurs le présent que Panurge offre à Triboulet afin de se concilier ses bonnes grâces : « Panurge, à sa venue, luy donna une vessie de porc, bien enflée et résonante à cause des poys qui dedans estoient, plus une espée de boys bien doré [7]. » On aura deviné que la vessie de porc figure la tête vide du fou : les Latins utilisaient déjà la locution *pisa in utre perstrepentia* (pois résonnant dans une outre), pour désigner un flot de paroles vaines.

Le fou est un corps sonnant. Un tintement grêle accompagne chacun de ses gestes et annonce sa présence. Ces sonnettes discordantes qui s'agitent en désordre nous renvoient à la matière inorganisée, au chaos primitif. L'aliéné mental passait, au Moyen Age, pour avoir une pierre dans la tête, la « pierre de folie », et certains charlatans prétendaient l'extraire en pratiquant une incision au milieu du front. Il existe une abondante iconographie satirique sur le sujet. Sur l'une de ces gravures, due à Lucas de Leyde, on peut voir le « chirurgien » tenant un bistouri curieusement orné d'un grelot. Est-ce pour démontrer sa maîtrise, en évitant de le faire tinter? ou pour signifier qu'il est aussi fou que son patient? ou encore pour suggérer une correspondance entre la pierre dans la tête du fou et la bille d'acier grelottant dans sa petite boule de cuivre? Peu importe, au demeurant. Là où il y a grelot, il y a dérèglement, fête, folie. N'est-ce pas l'instrument complémentaire des sistres, dans les cérémonies initiatiques d'Isis et de Bacchus? Mais ne dit-on pas

---

7. *Pantagruel*, livre III, chap. XLV.

aussi qu'il chasse les démons et les mauvais esprits, comme la cloche de l'église? Et, en ce sens, ne crée-t-il pas autour du fol comme un espace d'innocence?

Le grelot a aussi quelque chose à voir avec une autre sorte de pierres, les *pierres sonnantes* que Gargantua dévore à belles dents. Dans son remarquable livre sur *Le Symbolisme des jeux,* Jean-Marie L'Hôte fait ce rapprochement; il signale notamment que la page de titre des *Grandes et inestimables chroniques du grand et énorme géant Gargantua* (1532) représente un personnage portant sur son dos une énorme boule qui ressemble à un grelot, mais qui peut tout aussi bien figurer le globe terrestre. La pierre est symbole de la *Terre-mère,* et le grelot ornant le chaperon du fou ou le hochet de l'enfant (lui-même souvent en forme de globe) est une pierre sonnante, une pierre magique, chargée d'un puissant symbolisme [8].

L'attribut essentiel du fou, l'emblème de son pouvoir, c'est évidemment la marotte, c'est-à-dire l'équivalent dérisoire du sceptre. A quelques variantes près, elle se présente toujours de la même manière, à savoir comme un bâton surmonté d'une tête de fol coiffée d'un capuchon garni de grelots. De même que le fou est le double ridicule du roi, la marotte est le double du fou, sa propre image en miniature; elle met le fou *en abyme,* elle est le fou du fou, son miroir et son reflet. Son nom est un diminutif de Marie qui a donné également l'argot *mariolle* (« faire le *mariolle* ») et qui désignait au XVe siècle une figure sainte ou une poupée. Que la marotte ait une origine phallique, rien de plus probable. Elle descend du *phallus,* symbole de la fécondation, que l'on portait processionnellement dans les fêtes Dionysiaques et qui consistait, selon Suidas, en un long bâton de bois terminé par un priape en cuir. Au début du XVIIe siècle, on

8. Signalons, à titre de curiosité, un petit récit érotique du XVIIIe siècle, intitulé *Le Grelot ou les etc. etc.* (1762), qui raconte les plaisantes infortunes d'un jeune prince qui porte un grelot au bout du sexe.

pouvait encore voir à Clermont, pendant les fêtes de fin d'année, des jeunes gens qui couraient dans les rues, masqués et déguisés en fols, armés de masses « farcies de paille ou de bourre en forme de *braiette,* frappant hommes et femmes [9] ».

Page de titre des Grandes et inestimables chroniques du grand et énorme géant Gargantua *(1532).*

9. Jean SAVARON, *Traité contre les masques,* 1608.

Le fol portant le monde sur son dos. Bois du XVe siècle. Cl. Bibliothèque municipale de Caen. Collection C. Quétel.

Le fol et son grelot. Bois du XVe siècle. Cl. D.R.

On peut certes se demander si les différents insignes du fol ont quelque rapport avec ceux que portaient les véritables aliénés au Moyen Age. Pour le chaperon, rien de sûr. Pour les grelots, ils pouvaient servir, comme la crécelle des lépreux, à avertir les passants de leur approche. Quant à la marotte, elle dériverait, selon certains, de la massue dont on armait les fous pour se défendre contre ceux qui leur jetaient des pierres.

L'habit de fol est traditionnellement bariolé de jaune et de vert. Ce sont les couleurs de la folie. Le jaune, surtout, souffre au Moyen Age d'une déplorable réputation qu'il doit en grande partie aux influences maléfiques que l'on attribue au safran. Cette plante, appelée vulgairement crocus, contiendrait en effet une substance éthérée qui agit violemment sur le système nerveux, provoque le rire, et peut même causer des accès de folie chez celui qui en respire trop longtemps le parfum. D'où le proverbe : *crocus stultus non eget* (le fou n'a pas besoin de safran) et la locution *crocum edisse* (avoir mangé du safran), pour qualifier celui qui éclate de rire à tout propos. On disait naguère d'une femme infidèle qu'elle *accommodait son mari au safran* (le jaune est resté la couleur des cocus) et d'un homme qui faisait de mauvaises affaires qu'il *allait au safran.* La jaunisse, dit-on, proviendrait d'une contrariété, et le « jaune », en jargon syndicaliste, est celui qui trahit ses camarades en grève. Passons sur le *péril jaune,* avec sa connotation de ruse et de cruauté, sur le *rire jaune,* qui est loin d'être franc, et sur la *fièvre jaune,* que les Espagnols qualifient pourtant de *vomito negro.* Comme on le voit, l'horreur du jaune a laissé de nombreuses traces dans notre langage...

Au Moyen Age, le jaune était la couleur de la bassesse et de la flétrissure, celle des laquais, et plus particulièrement des valets employés aux exécutions de haute justice; c'était aussi celle de la prostitution et celle des traîtres : le bourreau marquait d'infamie la maison du criminel de lèse-majesté en barbouillant sa porte de peinture jaune. On voit, sous Louis XII, un cordelier faire amende honorable, vêtu d'un habit séculier, moitié jaune moitié vert, et tenant à la main une torche bigarrée aux mêmes couleurs. Le jaune était aussi la marque ignominieuse des juifs. Le concile d'Arles, tenu en 1254, avait décrété l'obligation pour les juifs de porter sur le ventre une pièce d'étoffe ronde – la rouelle – qui permît de les distinguer des chrétiens, et Saint Louis avait exigé que cette marque fût de couleur jaune. Des miniatures du XIVe et du XVe siècle représentent des juifs, non seulement avec leur insigne, mais entièrement peints de cette couleur maudite. On voit que le IIIe Reich, en imposant au peuple élu le port de l'étoile jaune, de sinistre mémoire, ne faisait que renouer avec l'antisémitisme médiéval. Les juifs partageaient d'ailleurs ce triste privilège avec les hérétiques, dont le *san-benito,* sorte de casaque dont on revêtait ceux que l'Inquisition faisait mener au supplice, avait un fond jaune sur lequel se détachait la croix de Saint-André. Quant aux hérétiques pénitents, on les condamnait à porter toute leur vie un scapulaire de moine, sans capuchon, avec des croix jaunes sur le devant et à l'arrière [10].

Le vert ne jouit pas d'une meilleure réputation que le jaune (son voisin dans le spectre solaire). Considéré dans notre culture comme le symbole de l'espérance, il était, au Moyen Age, emblème de ruine et de déshonneur. Dans les cérémonies d'autodafés, on portait en procession une croix verte entourée d'un crêpe noir, que suivaient les princes et les personnes de qualité, revêtus de manteaux croisés de blanc et de noir. C'était aussi la couleur du bonnet dont on coiffait le banqueroutier au pilori des halles, et celle de la calotte du galérien relaps ou qui avait tenté dc s'évader.

Le jaune et le vert ne sont pas les couleurs exclusives de la folie. Il arrive qu'elles se combinent avec le rouge, de manière à former une livrée tricolore, ou encore quc la livrée soit entièrement rouge. Celle de maître Hainselin Coq, fou de Charles VI, était d'étoffe vermeille et Triboulet, fou de Louis XII, puis de François Ier, assiste au troisième mariage de son maître avec Marie d'Angleterre en « sayon jaune et rouge ». La même diversité s'observe dans les livres à miniatures du XVe ou les *Heures* du XVIe siècle, ainsi que dans les costumes portés par les confrères de la *Mère folle de Dijon* dans leurs réunions et cérémonies grotesques. Cependant, les lettres patentes de l'institution des *Fous de Clèves* sont scellées de trente-cinq sceaux de cire verte, « couleur des fous », souligne

---

10. On notera que le jaune, si chargé de valeurs négatives dans le règne terrestre, devient l'attribut de la foi et de la spiritualité dans la sphère du divin. C'est la couleur de l'or, celle de la vie éternelle, qui s'unit à la pureté originelle du blanc, dans les armes du Vatican. Remarquons également que le safran, substance liée à la folie, symbolise la sagesse chez les moines bouddhistes, qui portent des robes de cette couleur.

Trois fols. Gravure d'Hondius d'après Bruegel (1642). Bibliothèque nationale. Cl. B.N. Collection C. Quétel.

Du Tilliot, et Gonella, fou de Nicolas III, marquis de Ferrare, pose vers 1435 pour le peintre Van Eyck, vêtu comme n'importe quel personnage de la Cour, mais avec des rayures rouges, jaunes et vertes sur sa robe [11]. A défaut de la bichromie jaune-vert dont chaque élément possède son symbolisme spécifique, la bigarrure, quelles qu'en soient les composantes, indique les influences multiples et incohérentes.

11. R. J. M. Begeer, « Le bouffon Gonella peint par Jan Van Eyck, », dans *Ond Holland*, 1952, p. 125 *sq*.

Au Moyen Age, l'insensé se situe dans une zone limite de l'humain, aux confins de l'animalité; il participe à la fois du monstre et de l'Antéchrist. S'affubler de l'habit de fol revient à s'exclure de la communauté sociale, à s'immerger dans le cloaque de la société négative, à se ravaler au rang du nain, du singe, du criminel ou du lépreux. Inversement, on condamne certains criminels à s'exhiber dans cet accoutrement, afin que leur déchéance apparaisse aux yeux du peuple. Le 19 avril 1530, à Paris, un vicaire assassine son curé : « pour lequel meurtre fut ledit vicaire desgradé au Puis Nostre-Dame le 4 mai, et *habillé en habit de fol,* deslivré fut à Maistre Jehan Morin, lieutenant criminel, et par sa sentence fut condamné à avoir le poing coupé, et attaché à une potence avec le braquemart dont il avoit fait ledit meurtre..., et puis bruslé tout vif [12] ». En 1533, c'est un autre prêtre, Étienne le Court, appartenant au diocèse de Séez, qui est condamné pour hérésie à subir la peine de dégradation devant la cathédrale de Rouen, puis à revêtir l'infamante livrée de fol, avant d'être conduit au supplice. Cette mascarade au pied du bûcher avait un sens : dans un cas comme dans l'autre (le traitement en question semble avoir été réservé aux clercs), elle donne à entendre qu'un prêtre jouissant de ses facultés mentales ne saurait commettre un pareil crime. En l'affublant du chaperon cornu, on le dépouille de son identité ecclésiastique, mais, en même temps, on le crédite de l'irresponsabilité du dément. Tout se passe comme si le fou innocentait l'homme doué de raison et subissait le châtiment à sa place.

Moins tragique, et même plutôt cocasse, voici la mésaventure qui advint en 1605 à certain conseiller trésorier général des finances à Châlons, nommé Le Jau de Vertau. Ayant publiquement – et imprudemment – dénoncé les abus de pouvoir dont s'était rendu coupable le

12. *Chroniques de Gaguin continuées,* t. II, f° 245, cité par CANEL, *Recherches historiques sur les fous des rois de France,* 1873, p. 282.

duc de Nevers, alors gouverneur de Champagne, ce dernier le fit enlever par quatre hommes à cheval qui l'emmenèrent à La Cassigne, le déguisèrent en fol et le promenèrent ainsi costumé par toute la ville, monté sur un âne. A peine délivré, notre malheureux conseiller dépêcha une requête au roi pour se plaindre du mauvais traitement qu'on lui avait fait subir. La honte, en tout cas, ne lui troubla pas l'esprit, car aucun détail de son accoutrement ne lui avait échappé; il le décrit avec une précision de passementier : « Il estoit fait par bandes de serge, moitié de couleur verte et l'autre de jaune; et là où il y avoit des bandes jaunes, il y avoit des passemens verts et sur les vertes des passemens jaunes. Entre les bandes, il y avoit aussi du taffetas jaune et vert qui estoit cousu entre lesdites bandes et passemens. Les bas de chausse cousus avec le haut estoient, l'un tout de serge verte et l'autre de jaune; et un bonnet moitié de jaune et de vert avec des oreilles [13]. »

Emblème de la dégradation, le chaperon de folie est aussi, ne l'oublions pas, emblème de la dérision : presque toujours, quelque goguenardise jaillit à la pointe de ses oreilles, et le grelot souvent carillonne le sarcasme. Représenter le cruel duc d'Albe, exterminateur des Pays-Bas, sous le coqueluchon ridicule, au milieu de figures grotesques, comme l'a fait Théodore de Bry en donnant à sa composition la légende : *Le Capitaine des folies* – c'est répondre à l'orgueil par le rire vengeur; c'est conjurer la tyrannie, la réduire à merci, exorciser le mal. (Cf. p. 174).

Si le costume et les attributs décrits se trouvent bien, en effet, dans les diverses représentations du fol, s'ils constituent les composantes pour ainsi dire obligées de son image stéréotype, en revanche il ne semble pas que les fous à gages exerçant leurs talents auprès du roi ou de grands seigneurs les aient jamais portés, sauf à l'occasion de cérémonies officielles. On n'en trouve en tout cas nulle

13. *Requeste au roy... par le S. de Vertau*, Paris, 1605, in-4°.

trace dans les comptes de la Maison du roi. Deux articles signalent, il est vrai, l'acquisition de « sonnettes », mais elles ne sont pas destinées à des bouffons. Dans le premier cas, il s'agit d'une sorte de broche dont le roi Charles VI et son frère veulent, selon la mode du temps, orner leur vêtement. On lit en effet, à la date du 4 décembre 1390 : « ... Petites sonnettes d'argent doré pour mettre et asseoir sur deux haincelins ou houppelandes bastardes pour le Roi et le duc de Touraine. » Le second article, daté de 1487, nous apprend que Charles VIII a fait livrer par un marchand drapier un habit de fol, « my partie de soye de diverses couleurs, garni de sonnettes, boutons et houppes » à l'intention du petit Péronet, « jeune fils de l'hostel du seigneur de Bourbon ». Or, cet enfant n'occupait nullement la charge de fou. Le roi avait simplement souhaité le voir paraître dans ce costume lors d'une fête ou d'une mascarade.

Si les fous de Cour ne portent pas la livrée distinctive de leur fonction, ils n'ont cependant pas à se plaindre de leur habillement. Leurs maîtres prennent généralement soin de les vêtir comme les plus magnifiques seigneurs du royaume. Les livres de comptes font état des folles dépenses affectées à leur entretien : rien de trop cher ni de trop somptueux pour ces personnages, et cela avant même qu'ils n'occupent à la Cour la place de premier plan qui deviendra la leur à partir de la Renaissance. Les comptes des ducs de Bourgogne foisonnent de houppelandes d'écarlate fourrées de martre, de chaperons fourrés de menu-vair et bordés d'hermine, de pourpoints de drap d'or frangés de perse, de robes garnies d'orfroi, de mantels fourrés d'agneau, destinés aux fous et aux folles qui se succédèrent auprès de Philippe le Hardi et de sa femme, Marguerite de Flandre [14].

Les amuseurs de la Cour de Bretagne n'ont rien à

---

14. Bernard PROST, *Inventaires mobiliers et extraits des comptes des ducs de Bourgogne de la Maison de Valois (1363-1477)*, Paris, Leroux, 1902-1913, 2 vol. in-8°.

envier à leurs confrères bourguignons. Quant au roi René d'Anjou, ami des arts et des lettres et fastueux en toutes choses, il fait preuve d'une générosité inouïe à l'égard de son fou Triboulet, premier du nom, que nous appellerons Triboulet Ier pour le distinguer de l'autre, celui de François Ier, immortalisé par le drame de Hugo et le *Rigoletto* de Verdi [15]. Les toilettes de ce Triboulet ne diffèrent pas de celles que portent les nobles au XVe siècle. Par leur richesse, elles seraient même dignes de rivaliser avec la garde-robe royale. Outre une jaquette de velours, étoffe très précieuse à l'époque, notre homme possède une longue robe taillée dans un « satin cramoisi figuré en manière de drap d'or », dont le drap à lui seul vaut plus de 49 florins, à quoi s'ajoute un fourrage de demi-vair et d'agneau blanc. Le jour de ses noces, il arbore une magnifique robe de damas de couleur fauve, fourrée de queues de fouines, mais son cadeau de mariage est plus modeste; il s'agit d'un « filet d'or » acheté 1 écu, 27 sols et 6 deniers. Il est vrai que les frais de la cérémonie sont entièrement pris en charge par son généreux maître, y compris le cachet des deux musiciens venus jouer du tambourin pour les nouveaux époux, y compris même l'offrande de 10 sols 6 deniers au curé de Saint-Aignan qui les a mariés [16]. Ce sont là, dira-t-on, tenues d'apparat. Sans doute, mais les tenues quotidiennes du bouffon, pour

---

15. Signalons qu'il y eut un troisième Triboulet, qui fut, vers la fin du XVe siècle, l'un des premiers acteurs professionnels. Il s'était acquis sans doute une certaine célébrité, car on fit appel à lui vers 1470, pour se produire à la « Feste des Roys ». On croit également savoir qu'il aurait créé le rôle de maître Pathelin, dans la farce du même nom. Ce Triboulet travailla pendant quelque temps avec un compère surnommé Maître Mouche. Ils sont tous deux qualifiés de « joueurs d'apertise », c'est-à-dire, selon Gustave Cohen, d'experts en prestidigitation et en tours d'acrobatie. On ne sait toutefois s'il faut les identifier à l' « escamoteur » dont parle RABELAIS au XVIe livre de *Pantagruel*, toujours accompagné de son « lieutenant et mignonnet Triboulet ».

16. D'après Arnaud d'AGNEL, *Les Comptes du roi René*, Paris, Alph. Picard, 1908-1910, 3 vol. in-8° (notamment t. I, p. 289, 298; t. III, p. 59-64).

être moins voyantes, n'en sont pas moins cossues : sa robe grise est doublée de fourrure, avec une garniture de martre au col et aux manches, tout comme celle du roi.

La Cour de France ne pouvait moins faire que les ducs et seigneurs du royaume. On épargnera au lecteur l'énumération fastidieuse des vêtements et bijoux offerts aux différents bouffons qui se succédèrent pendant plus de quatre siècles. Les livres de comptes fourmillent de précisions sur ce chapitre des dépenses royales [17]. Leur lecture montre bien qu'à travers les variations de la mode, nos amuseurs en titre furent pour la plupart richement entretenus. Un détail toutefois retient l'attention au milieu de cette débauche d'étoffes et de fourrures précieuses : c'est l'incroyable quantité de paires de chaussures qu'ils pouvaient user en un an. Pour nous tenir aux cas extrêmes, citons Hainselin Coq, fou de Charles VI, qui s'en voit allouer quarante-sept paires pour la seule année 1404, tandis que son valet, Jacques Coiffart, en reçoit sept pour la même durée, ce qui n'est déjà pas si mal. Hainselin surpasse en prodigalité cordonnière certain nain royal du siècle précédent qui n'en recevait pas moins de trente-deux paires en 1319. Mais il reste bien loin derrière Guillaume Fouel, fou d'Isabeau de Bavière, pour lequel les comptes donnent le chiffre ahurissant de cent trois paires en six mois, « tant bottines, souliers, comme chausses semellées »!

Tant de luxe étonne pour des individus qui n'étaient rien d'autre, après tout, du moins au début de leur histoire, que des idiots patentés. Mais souvenons-nous que les nains ou les animaux de la ménagerie royale n'étaient pas moins bien traités. La richesse des dons exalte la munificence du donateur, donc sa puissance. D'un autre point de vue, le costume du fou, souvent réplique ou contrefaçon de celui du roi, symbolise la position du

---

17. Voir : A. JAL, *Dictionnaire critique de biographie et d'histoire*, 2e éd., Paris, 1872, art. *Fous en titre d'office*.

personnage par rapport à son maître : double grotesque, image renversée du pouvoir. En tout cas, point d'oreilles d'âne, point de marotte, point d'épée de bois ni de vessie de porc, ni de grelot, dans ces registres pourtant si soucieux du moindre détail. Eh! oui, le fou ne s'habille pas comme un fou, mais comme le roi! Mais le roi lui-même se promène-t-il à toute heure du jour en manteau d'hermine, avec sa couronne sur la tête? Part-il pour la chasse armé de son sceptre et de sa main de justice? C'est pourtant bien ainsi que le représentent les portraits officiels. Or les attributs du fol sont comme ceux du souverain : ils n'ont d'autre valeur que symbolique. Ils ne servent pas à vêtir leur propriétaire, mais à le signifier; ils peuvent dormir sur un coussin à glands d'or, dans le fond de quelque coffre; point n'est besoin de les exhiber, sauf dans les grandes occasions : chacun sait qu'ils sont là, à l'abri des regards, comme la contrevaleur de leur pouvoir.

On sait le rôle non négligeable que tient le fou, en tant que représentation imaginaire, dans l'univers du jeu. Ne fût-ce qu'à travers le *joker,* grâce auquel se perpétue jusqu'à nous le stéréotype traditionnel. Rôle ambigu d'ailleurs, puisque le fou se situe à la fois à l'intérieur et à l'extérieur de l'espace ludique. A l'intérieur, dans la mesure où il échappe à la Loi et participe au jeu en tant qu'élément actif. A l'extérieur, parce que sa fonction consiste à transgresser la Règle. En somme, le fol reste le fol : le contraire d'un destin, l'incarnation la plus riche de possibles de ce qu'il faut bien appeler le hasard. Le jeu, dit Roger Caillois, nous entraîne loin du cours ordinaire de la vie; il est « forme pure, activité qui trouve en soi sa fin, règles qu'on respecte seulement pour être règles [18] ». Or le fou réintroduit l'imprévisible dans le rituel. Il est libre improvisation à l'intérieur d'une convention librement consentie. Il joue dans cette convention du jeu le même rôle que dans la société, celui du perturbateur, du

18. Roger CAILLOIS, *L'Homme et le sacré,* rééd. Gallimard, coll. « Idées », 1976, p. 207.

brouilleur de cartes. Ici comme là, il oppose au sacré de respect le sacré de transgression.

La pièce du jeu d'échecs que l'on appelle le *fou* représentait à l'origine un éléphant (en arabe *al-fîl*) portant sur son dos une tour fortifiée. Selon certains historiens, le mot *Fîl* aurait subi en français l'altération *Fol*, et la pièce qu'il désignait, se trouvant placée auprès du roi, se serait identifiée au bouffon de Cour [19]. La schématisation des défenses de l'éléphant a pu s'assimiler à un bonnet de fou ou à une mitre. Aujourd'hui encore, dans les pièces dites de Staunton, homologuées dans les tournois internationaux, la forme du fou, avec sa profonde entaille, suggère soit le capuchon à oreilles, soit la mitre épiscopale (en anglais, le fou s'appelle *bishop* : l'évêque). Cette entaille suggère encore la tête folle et vide, la marche en diagonale. Au Moyen Age, le fou d'échecs assumait une valeur fortement négative. Le joueur européen, bien moins avancé dans la science des échecs que les Orientaux du Xe siècle, mémorisait difficilement la manœuvre du fou; il l'assimilait à l'espion ou au voleur enlevant par ruse les pièces les plus élevées de la hiérarchie; il dénonçait son allure sournoise, oblique, profitant de la plus légère inattention du partenaire. Le mot *Aufin* lui-même (de *al-fin*) était péjoratif. L'érudit anglais Alexandre Neckam (1157-1217) parle du fou (qu'il nomme *Alphicus*) comme d'un espion ayant l'apparence de Nestor, et dont la démarche oblique, deux fois plus libre que celle de la reine, est d'autant plus perfide [20].

---

19. « Galli autem, invenientes in hoc loco nomen *Fil*, et nescientes quid esset, pro eo substituerunt aliquid sibi magis notum *Fol*, quo stultus denotatur, qui nec in bello nec politica regni œconomia locum habere potest; nisi forte stule imaginati fuerint Regis Joculatorem aut Mimum in hunc locum introducendum. » (Thomas HYDE, *De Ludis orientalibus libri II, quorum prior historiam Shahiludii continet*, Oxford, 1694, p. 77-78.)

20. « Senex Nestoris personam gerens explorator est, qui vulgo *alphicus* dicitur. Reginae geminat cursum, gressum obliquans tanquam insidiator. » (Alexandre NECKAM, *De Naturis rerum*, chap. *De Scaccis*, éd. de Londres, 1863, p. 325.)

(La méfiance qu'ils dénotent chez le joueur d'échecs se conçoit lorsqu'on sait qu'à cette époque, le fou avait le privilège de passer au-dessus des pions se trouvant sur sa trajectoire et qu'il pouvait se mouvoir en tous sens. D'où sa supériorité sur la reine elle-même qui, selon les règles en usage, ne devait jamais se tenir trop éloignée de son roi.) Les termes d'*espion,* de *brigand* pour qualifier le fou se rencontrent fréquemment dans la littérature du Moyen Age.

« Les fous sont aux échecs les plus proches des rois », constate Mathurin Régnier dans sa XIVe satire. Ce voisinage a frappé les imaginations; il postule que l'un ne se conçoit pas sans l'autre, de la même façon que symbolisent leur rapport de symétrie antithétique l'immobilisme hiératique de l'un et l'agitation tous azimuts de l'autre. Mais le fou, c'est aussi le *mat,* celui qui fait échec au roi, qui le paralyse sur place, lui interdisant toute issue, le privant de toute liberté de choix : l'*échec et mat* ne signifie ni la mort ni la capture du roi, mais son enfermement dans un réseau d'alternatives impossibles, qui fait du jeu d'échecs le seul jeu qui trouve sa solution dans l'insoluble.

Le *mat,* c'est aussi le nom sous lequel on désigne couramment l'image du fou dans le tarot. Ce nom lui vient-il de l'italien *matto* qui signifie *fou,* ou du persan *mat* qui signifie mort? On ne sait. Le *mat* ou le *Fou* est le seul arcane majeur du tarot, la seule *lame,* comme disent les initiés, qui ne porte aucune indication numérale (on sait que les vingt et une autres sont classées selon un ordre immuable allant de I, *Le Bateleur,* à XXI, *Le Monde*). Le *mat* échappe donc à la série des nombres; c'est la carte folle, la carte vagabonde, que l'on ne sait où placer dans le jeu. Selon les uns, elle doit venir avant l'arcane I; selon d'autres, après l'arcane XXI et, si le jeu est disposé en roue (Guillaume Postel tire ROTA de TARO), elle s'intercale entre le commencement et la fin, et figure l'infini. Le symbole alchimique du *mat* est celui de l'alun, le signe O, qui le qualifie comme non-être. N'existant pas par lui-même, il peut se substituer à n'importe quelle autre lame.

Le mat du tarot de Marseille. Cl. D.R.

Les images du tarot ont subi de profondes transformations depuis l'apparition du jeu à Venise, au XIVe siècle, jusqu'au tarot de Marseille que l'on trouve aujourd'hui dans le commerce. Dans le tarot dit de Charles VI, exécuté au début du XVe siècle, le mat est figuré par un géant debout, vêtu d'une pèlerine découpée en dents de scie, coiffé d'un bonnet jaune à oreilles d'âne et tenant entre les mains un collier de grosses pierres enfilées dans une corde. Entre ses jambes, quatre enfants ramassent des pierres qu'ils entassent dans un panier. Dans le *Minchiate* de Florence, la vignette représente également un géant portant le costume traditionnel du fou de Cour. Jean-Marie L'Hôte rapproche cette figure de celle de Gargantua et les pierres du mat des pierres sonnantes. Pierre sonnante ou grelot, c'est tout un, dit-il : « Le mat est l'homme lié à la terre, à l'état élémentaire, en opposition avec les rois et autres seigneurs qui dominent cette terre [21]. »

Cependant, la figure la plus répandue du *mat* fait plutôt penser à elle du Juif errant. C'est un personnage barbu, en train de marcher, avec une besace sur l'épaule et un long bâton à la main, tandis qu'un chat (un lynx blanc, selon O. Wirth), accroché à ses chausses, met sa fesse droite à nu. C'est l'homme du voyage sans fin; le regard perdu dans le vague, il déambule au hasard, comme un aveugle, sans jamais s'arrêter. Pour lui, rien de stable ni de définitif, nulle permanence des choses, nulle fixité de la pensée. Le mat est mouvant comme le ciel; c'est un migrant. Son derrière à moitié nu nous rappelle à la matérialité du corps. Dans l'ordre des interprétations divinatoires, il représente, selon O. Wirth, la passivité, le jouet des forces occultes, le sujet hypnotique, l'instrument d'autrui, l'insensibilité, l'indifférence.

Le *joker,* avec son habit de fou et sa marotte, apparaît dans nos jeux de cartes autour des années 1850-1860, d'abord aux États-Unis, où des colons français l'auraient introduit, puis en Europe. C'est, de toute évidence, un lointain descendant du *mat.* Comme celui-ci, il ne s'intè-

21. Jean-Marie L'Hôte, *Les Tarots,* Paris, Atlas, 1978.

gre dans aucune série, ne porte aucun numéro d'ordre, mais peut se substituer à n'importe laquelle des cinquante-deux autres cartes. Cette image de valeur nulle et protéiforme échappe à la codification ludique; tout se passe comme si la Règle ne l'avait validée que pour se

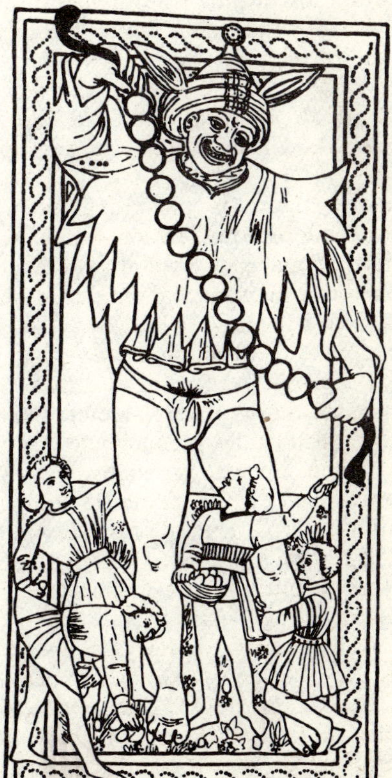

Tarot dit de Charles VI (début du XVe *s.). Figure du mat. Cl. R. Viollet.*

voir niée par elle. Le *joker* brise la logique du jeu : tant qu'il circule, rien n'est jamais acquis, le chaos est là, embusqué quelque part, entre deux cartes, prêt à nous sauter au visage, à nous entraîner dans son vertige. Comme le *mat,* comme le fou de Cour, ce perturbateur remet sans cesse en question l'ordre du monde.

III

Le fol collectif

N'allons pas conclure de tout ce qui précède que le fou collectif n'apparaît jamais autrement que sous sa forme conceptuelle ou comme simple thème iconographique. Il existe bel et bien dans les mœurs et dans la société. La folie, au Moyen Age, ne hante pas seulement les églises et les livres d'images : elle pénètre au sein des villes, participe à la vie des collectivités et des corporations, de nombreuses confréries se créent ici et là sous son patronage. Or, dans toutes ces manifestations qui représentent en quelque sorte la version laïque de la fête des Fous, la folie prend forme humaine; elle s'incarne sous les traits d'un ou plusieurs personnages bien réels, portant effectivement la fameuse livrée. L'image prend corps, mais sa fonction demeure la même : le fou profane transgresse lui aussi les valeurs établies par le détournement du quotidien.

Durant plusieurs siècles, certaines villes de France eurent l'habitude d'entretenir un fou. C'était le « fou de ville », chargé d'amuser les habitants à l'occasion des fêtes ou des cérémonies publiques. Tous les ans, à Lille, la procession de la Fête-Dieu était précédée d'un bouffon municipal auquel on payait des gages annuels pour remplir cet office, bien qu'il appartînt parfois à la riche bourgeoisie de la ville. On le voyait apparaître de loin, marchant seul en tête du cortège, vêtu de sa casaque bigarrée, brodée aux armes de la ville, et de son coqueluchon à grelots qu'il agitait en tous sens, multipliant grimaces et pitreries, exécutant des moulinets avec sa marotte, lançant des obscénités à la foule hilare massée sur son passage, et sur laquelle il déversait des seaux d'eau que lui tendait un compère. A quelques pas derrière lui, le clergé au grand complet suivait en chantant de pieux cantiques autour du Saint Sacrement. On ne sait si cette pratique remonte à l'origine de la Fête-Dieu, instituée en 1264. Tout ce que l'on peut dire, c'est qu'elle était déjà en vigueur en 1359. Il existe, en effet, un article de compte de cette année-là, enregistrant une rétribution « à deux sergents qui ôtèrent un sot hors de la procession du Sacrement », probablement quelque perturbateur qui avait voulu rivaliser avec le fou officiel. Nous savons aussi que cet emploi fut confié en 1480 à « un pauvre innocent nommé Willemet mon ami ». L'usage, en tout cas, s'en conserva longtemps, car on le rencontre encore au début du XVIIIe siècle. Le fou attitré de Lille était à cette époque un banquier fort riche, nommé Corneille, lequel avait un fils chanoine à Saint-Pierre, principale église de la ville. Ce personnage mourut en 1724, et l'on ne sait s'il fut remplacé, ni même si l'office fut maintenu après lui [1].

Les villes trop modestes pour entretenir un bouffon à l'année louaient les services d'un amuseur professionnel pour chaque occasion. Il y avait tous les ans à Dieppe une solennité appelée *mitouries de la mi-août,* qui se déroulait le jour de l'Assomption en l'église Saint-Jacques pour perpétuer le souvenir de la défaite anglaise devant les murs de la ville, le 14 août 1443. Or cette fête était animée par un bateleur de métier que le peuple nommait

1. Dans les villes qui avaient leur propre fou à gages, les administrateurs municipaux engageaient des poursuites contre les ambulants qui couraient les routes du royaume en vivant d'aumônes. Ils étaient généralement frappés d'exclusion ou d'amendes plus ou moins fortes. On en trouvera quelques exemples pour la ville de Lille dans CANEL, *op. cit.*, p. 37, n. 1.

Grimpesulais [2], lequel se livrait, à l'instar de son confrère de Lille, à mille facéties, comme de contrefaire le mort puis de ressusciter, à la grande frayeur de l'assistance, ou de proférer des blasphèmes burlesques à l'adresse de Dieu, de la Sainte Vierge dont on célébrait la fête, ou des saints vénérés dans la région. En 1647, la reine mère et le jeune Louis XIV, de passage à Dieppe, assistèrent aux *mitouries* et furent si scandalisés par leur licence qu'ils prononcèrent leur interdiction. Mais les Dieppois n'y renoncèrent pas de sitôt, et leur réjouissance annuelle survécut jusqu'à la Révolution.

L'emploi de bouffon de ville subsista jusqu'à une période relativement récente. On pouvait encore en voir à la fin du siècle dernier, dans certaines localités de Belgique et au Luxembourg. Lors de la kermesse, fête patronale de chaque village, les jeunes gens se réunissaient à cheval, dans un lieu choisi, formaient un cercle et désignaient l'un des leurs pour jouer le rôle de bouffon. Le scénario consistait ensuite à le poursuivre comme un voleur à travers les rues du village, en feignant de vouloir l'abattre à coups de fusil. A la fin d'une épuisante chasse à l'homme, le « bouffon » se laissait tomber à terre, comme s'il était touché à mort, tandis que l'un de ses camarades, chargé du rôle du prêtre, s'agenouillait à ses côtés pour le confesser. Un bourreau préparait alors le bûcher et l'on brûlait le coupable en effigie. Nul doute que des festivités analogues se poursuivirent dans les kermesses du nord de la France et d'autres provinces. Notre folklore est particulièrement riche en cette matière.

Bien plus qu'en France, l'usage des fous municipaux

2. L'altération de ce sobriquet aurait donné *Gringalet*, nom d'un farceur de l'Hôtel de Bourgogne au début du XVIIe siècle, compagnon de Guillot-Gorju, qu'il appelait son maître. Dans ses *Contes et discours d'Eutrapel* (1585) au chap. XXIV, Noël du FAIL parle de l'un de ses compagnons nommé *Gringalet*. C'est là, selon toute vraisemblance, le nom d'un type populaire correspondant à certains caractères physiques.

s'était répandu en Allemagne. Les fêtes de villes et souvent même les fêtes privées ne pouvaient se passer du concours d'un *Possenreisser* (auteur de farces), d'un *Pritschenmeister* (maître de batte, probablement une sorte d'Arlequin) ou d'un *Spruchsprecher* (diseur de bons mots). Moyennant une modique rétribution et quelques verres de vin, ces personnages s'employaient à divertir la compagnie. Dans les noces, par exemple, le *Spruchsprecher* entrait en fonction au moment où les convives se mettaient à table. Un long manteau jeté sur les épaules, la poitrine couverte de médailles frappées aux emblèmes des diverses corporations de la ville, il tenait à la main un bâton richement ouvragé auquel étaient pendues des pièces de monnaie. Après l'avoir agité pour commander le silence, il adressait à l'assemblée les félicitations d'usage, souhaitait beaucoup de bonheur aux jeunes époux et se lançait dans un éloge en vers de leur personne, de leur famille et de leur profession. Après cet épithalame, chaque convive pouvait, s'il le voulait, lui proposer un thème d'improvisation. Ces thèmes étaient généralement choisis de manière à lui inspirer des couplets satiriques dirigés contre l'un ou l'autre membre de l'assistance. Cet exercice exigeait naturellement un esprit mordant, le sens de la repartie, le don de la formule drôle ou imprévue, bref un vrai talent de chansonnier.

Ne quittons pas l'Allemagne sans mentionner les célèbres Jeux de Carnaval de Nuremberg que les artisans de la ville organisaient dans les auberges, et le *Schembartlauf,* festivité entièrement prise en charge par la municipalité, qui avait lieu tous les ans, aux XIVe et XVe siècles, le lundi précédant le mercredi des Cendres. Ce jour-là, les représentants des corporations, masqués et richement costumés, défilaient en dansant dans les rues de Nuremberg [3]. La patrie de Dürer conserva longtemps son goût

3. On lira, sur ces festivités, la remarquable étude de Joël LEFÈBVRE, *Les Fols et la folie, Étude sur les genres du comique et la création littéraire en Allemagne pendant la Renaissance,* Paris, Klincksieck, 1968 (notamment tout le chap. I).

pour la folie joyeuse. A la fin du XVIIIe siècle, des bouffons à gages continuaient d'y exercer leur métier. L'un d'eux, Guillaume Weber, doué d'une mémoire phénoménale, connaissait par cœur tous les écrivains de l'Antiquité traduits en allemand et puisait dans cet énorme réservoir pour improviser satires et épigrammes contre ses concitoyens. On raconte que trois jeunes ouvriers qu'il avait raillés avec vivacité au cours d'une noce, voulant se venger de ses sarcasmes, se saisirent de lui alors qu'il sortait d'un cabaret et le jetèrent dans le Fischbach, petite rivière qui traverse une partie de Nuremberg. Le malheureux, affligé d'une énorme bedaine et de surcroît passablement éméché, eut toutes les peines du monde à se hisser sur le bord. Une fois hors de l'eau, il leva, dit-on, les yeux au ciel, et sans avoir rien perdu de sa manie poétique, adressa à Dieu une supplique en vers lui demandant de retrouver ses agresseurs, afin de leur rompre les os.

Les villes n'étaient pas seules à entretenir des fous : de nombreux corps de métiers avaient aussi le leur. Celui-ci se produisait en général dans les grandes solennités : fête du saint patron de la corporation, réception de nouveaux maîtres, processions carnavalesques ou religieuses, etc. C'est dans les Flandres et le nord de la France que la coutume s'imposa avec le plus de vigueur. Il en subsiste encore une trace dans la célèbre fête de Gayant qui se déroule tous les ans à Douai, dans la première semaine de juillet. On peut toujours y voir, aux côtés du géant, de sa femme Marie Cagenon et de ses trois enfants, Jacquot, Fillon et Binbin *(Tiot-Tourni)*, un personnage figurant un cheval et agitant une marotte. Il s'agit du fou des canonniers de Douai, dernier représentant des quarante-deux corporations qui suivaient le cortège de Gayant au XVe siècle.

Les chambres de rhétorique entretenaient elles aussi leur fou *(nar of zot)*, chargé de divertir la foule lors des entrées solennelles et des cérémonies publiques. Une société de rhétorique d'Anvers, appelée la *Violette*, proposa même, en 1561, un prix pour celui qui « pourrait le plus innocemment et gaillardement faire le fol, sans injure ni déshonnêteté ». A Courtrai, une autre société semblable, celle des *Barberiani,* avait pour devise : *God vœt veel zotten* (Dieu nourrit force fous).

Enfin, chose incroyable, on vit même des fous dans l'armée. Cela se passait dans les régiments suisses servant en France avant 1792. Chaque régiment avait son *Lustig* (origine de notre *loustic*), chargé d'égayer ses camarades : marchant en tête de la colonne, il lançait une gaudriole qui se répétait d'un rang à l'autre jusqu'au dernier, en propageant le fou rire parmi les hommes. D'après Paul-Louis Courier, auquel le mot *loustic* doit sa fortune littéraire, la fonction de ce bouffon consistait à distraire ces mercenaires menacés du mal du pays : « Il les amuse, les empêche quelquefois de se pendre, ne pouvant déserter, les console un moment de la *schlague,* du pain noir, des fers, de l'insolence des nobles officiers [4]. »

De toutes les manifestations de folie de groupe, l'une des plus surprenantes est celle des associations dites joyeuses ou bouffonnes qui se créent un peu partout en Europe au déclin du Moyen Age. Rien de plus éloigné, malgré d'apparentes analogies, de l'abbaye de Thélème et de son idéologie du *Fais ce que voudras.* Ces confréries solidement organisées, bardées de constitutions et de règlements, laissent en réalité peu de place à la fantaisie individuelle : les membres, généralement recrutés par cooptation, prennent l'engagement de suivre à la lettre la discipline qui leur est imposée. On pense à quelque obédience maçonnique qui aurait troqué l'équerre et le compas contre la marotte et le grelot.

D'un certain point de vue, on assiste là à un véritable détournement de la folie. Abandonnant le champ de la pulsion anarchique, la voici maintenant proposée comme

4. P.-L. Courier, *Deuxième lettre particulière.*

éthique. Voici le désordre exorcisé, légitimé, érigé en système de vie, promu au rang d'utopie sociale. De la transgression, il ne reste plus que des formes. Mais ne parlons pas trop vite de récupération. Rappelons-nous que la fête des Fous répondait elle aussi à un rituel, fût-il négatif, de même que les Saturnales ou le Carnaval, sans qu'il y ait eu pour autant compromission – du moins compromission effective –, avec le pouvoir. La folie codifiée n'est pas nécessairement assujettie à la fatalité idéologique de l'époque. Et le fait qu'elle s'exerce dans les limites d'une association, c'est-à-dire d'une communauté relativement restreinte et autogérée, n'affaiblit nullement son langage. Simplement, elle se métaphorise dans ce groupe donné comme *exemplaire,* en même temps qu'elle se théâtralise; de psychodrame elle devient spectacle et se consomme comme tel, sans pour autant cesser de signifier. On sait d'ailleurs que certaines de ces confréries, celle de la Basoche, par exemple, furent à l'origine du théâtre profane.

Mise à part la Basoche, qui fait partie des institutions judiciaires de l'Ancien Régime et dont on ne traitera pas ici, car elle ne se réclame pas directement de la folie, la plus ancienne de ces sociétés, celle des *Chevaliers de l'Ordre des Fous,* font fondée à Clèves, petite principauté qui enjambe les deux rives du Rhin, le jour de Saint-Cunebert (12 novembre) 1381, par Adolphe de La Marck, comte de Clèves, et par trente-cinq autres seigneurs de ses amis. On pouvait encore voir, à la fin du XVIIIe siècle, dans les archives de la ville, la charte d'institution revêtue des sceaux des trente-six fondateurs. Ces sceaux étaient tous de cire verte, à l'exception de celui du comte Adolphe, qui était de cire rouge.

Les membres de l'association se réunissaient tous les ans à l'époque des vendanges, le premier ou le second dimanche d'octobre, et ne se séparaient que le dimanche suivant. Nul ne devait manquer cette réunion : on n'admettait aucune excuse, sauf en cas de maladie dûment constatée ou de voyage à six journées au moins de Clèves.

A défaut de l'un de ces deux motifs, l'absent était condamné à une amende de trois livres-tournois au profit des pauvres. Tout au long de cette semaine, les trente-six chevaliers vivaient exclusivement entre eux, prenaient leurs repas en commun et tenaient cour plénière. Dès le premier ou le second jour, ils devaient procéder à l'élection d'un roi et de six conseillers qui présideraient à la fête. Le mardi matin, l'*Ordre des Fous* au grand complet et en tenue d'apparat se rendait à la cathédrale

Sceau en cire rouge, attaché aux lettres patentes accordées à Henri II de Bourbon, prince de Condé, lorsqu'il fut reçu en la compagnie de la Mère folle de Dijon, en 1626.

prier pour l'âme des chevaliers morts au cours de l'année. Le vendredi, avant le lever du jour, les membres de la confrérie qui avaient eu quelque querelle entre eux devaient comparaître devant la Cour et se réconcilier avant le coucher du soleil.

L'emblème de l'ordre – que tous les chevaliers, y compris le roi, et les six dignitaires portaient brodé sur leur manteau – représentait un fol coiffé de son chaperon à grelots, moitié rouge, moitié argent. Ce fol tenait à la main un plat en vermeil garni de fruits, symbole de la communion entre les frères. Tout chevalier qui ne portait pas l'insigne était condamné à une amende égale à celle qui pénalisait les absents.

Hormis son nom folâtre et ses attributs symboliques, l'*Ordre des Fous* de Clèves ne présentait pas la plus légère marque de bouffonnerie. Par ses principes, il ferait plutôt penser à quelque loge maçonnique. Durant leur assemblée annuelle, les chevaliers avaient en effet le devoir de vivre entre eux sur un pied d'égalité parfaite. Nulle distinction de rang ni de fortune. Point de hiérarchie, point de contraintes, point de préséances. La fraternité devait régner seule au sein de leurs délibérations et de leurs agapes. On ne vit jamais aucun membre de l'association se livrer publiquement à la moindre extravagance; s'ils s'amusaient, ils le faisaient entre eux, dans le plus grand secret. Mais alors, pourquoi, dira-t-on, faire ostensiblement référence à la folie? Parce que la folie seule pouvait justifier un tel modèle de société? Parce qu'il fallait se proclamer fou pour oser simuler l'égalité et la fraternité? Sans doute. Il ne s'agissait là, bien entendu, que d'un jeu utopique, réservé à quelques grands seigneurs et correspondant à un idéal aristocratique. Il n'empêche que cette micro-société, si sélectif qu'en fût le recrutement, avait valeur d'exemple. N'oublions pas que la franc-maçonnerie, au XVIIIe siècle, s'est elle aussi développée principalement dans la noblesse.

C'est l'*Ordre des Fous* de Clèves qui, selon toute vraisemblance, a donné naissance à la *Compagnie de la*

Mère folle de Dijon, encore appelée *Infanterie dijonnaise,* la plus célèbre de ces associations et celle que nous connaissons le mieux. Elle aurait d'ailleurs été fondée par Engelbert de Clèves, descendant du comte Adolphe et occupant de hautes charges dans le duché de Bourgogne. On ne peut dire de quand date cette fondation. Tout ce que l'on sait, c'est que la *Mère folle* existait sous le règne de Philippe le Bon, puisque celui-ci confirma son existence le 27 décembre 1454, par un mandement en vers dont voici un extrait :

> Philippe, par la grâce de Dieu
> Duc de Bourgogne, ce bon lieu,
> De Lothier, Brabant et Limbourg,
> Tenant à bon droit Luxembourg
> ....
> Voulons, consentons, ordonnons,
> Pour nous et pour nos successeurs,
> Des lieux ci-dessus dits seigneurs,
> Que cette fête célébrée
> Soit à jamais un jour l'année,
> Le premier du mois de janvier;
> Et que joyeux Fous sans dangier
> De l'habit de notre chapelle
> Fassent la fête bonne et belle,
> Sans outrage ou dérision;
> Et n'y soit contradiction
> Mise par aucun des plus sages;
> Mais la feront les fous volages
> Doucement, tant qu'argent leur dure,
> Un jour ou deux...

L'association fut à nouveau confirmée en 1482 par Jean d'Amboise, évêque et duc de Langres, pair de France, lieutenant en Bourgogne, et par le sire de Baudricourt, lieutenant audit lieu. On voit qu'il s'agissait d'une institution tout ce qu'il y a de plus officielle.

Elle se composait de plus de cinq cents personnes, parmi lesquelles plusieurs nobles, mais aussi des représentants de la riche bourgeoisie de robe : officiers du

Parlement et de la Chambre des comptes, avocats, procureurs, et même quelques marchands et bourgeois d'un rang plus modeste. Son organisation était d'inspiration nettement militaire. Le gros de la troupe portait le nom d'*Infanterie* et s'assemblait sur convocation rimée du *Procureur fiscal* ou *Fiscal vert* [5]. La compagnie avait à sa tête une sorte de monarque élu à la majorité des voix pour sa bonne mine, ses belles manières et sa probité. Bien que ce fût toujours un homme (à notre connaissance, aucune société de folie n'a recruté de femmes), on ne l'en appelait pas moins *Mère folle*. Le rapprochement s'impose naturellement avec la *Mère* des *Compagnons du devoir*. On sait en effet que dans chaque ville du Tour de France, les compagnons élisent une *Mère*, au cours d'une cérémonie traditionnelle. La maison de la *Mère* – souvent une auberge de la ville ou de la bourgade – constitue la véritable loge de la corporation, le lieu où les compagnons mangent, dorment, tiennent leurs réunions et déposent leurs archives. Même si le local est tenu par un homme, celui-ci conserve le nom de *Mère*; les compagnons disent : « Nous allons chez la *Mère*. » Nul doute qu'une relation ait existé entre le compagnonnage et certaines sociétés joyeuses, du moins quant à l'organisation. On sait du reste que les corporations participaient activement aux diverses fêtes et processions burlesques.

La *Mère folle* de Dijon jouissait de tous les privilèges d'un souverain régnant. Il avait une Cour nombreuse composée d'une garde suisse, de gardes à cheval, d'officiers de sa maison, d'un chancelier et d'un grand écuyer. Les titulaires de ces charges se distinguaient les uns des autres par des costumes différents. Mais, surtout, il exerçait une véritable autorité juridique, puisqu'il avait le pouvoir de rendre des jugements exécutoires, sauf appel

5. Sous l'Ancien Régime, le Procureur fiscal était un officier chargé des fonctions du ministère public dans les justices seigneuriales; il veillait aux droits du seigneur et aux intérêts communs de toute la seigneurie.

Pages 80 à 83 : gravures extraites de l'ouvrage de Du Tilliot, Mémoires pour servir à l'histoire de la fête des Fous *(1741). Collection de l'auteur.*

Chariot de l'Infanterie dijonnaise.

Bâton de la compagnie de la Mère folle de Dijon.

Dessein de la Mere-folle tiré sur une Figure en bois du Cabinet de feu M. l'abbé Boisot.

Dessein d'une Estempe representant la Folie.

Combien de Curieux empressez à me voir
Pourront en me voyant se passer de miroir

du Parlement de Dijon. On connaît d'ailleurs un arrêt de cette Cour, daté du 6 février 1579, qui ratifie un jugement de la *Mère folle.* Le fait est important, car il met en lumière un phénomène pour nous inconcevable, à savoir l'interférence du jeu dans la réalité, la confusion du pouvoir ludique et du pouvoir judiciaire.

L'*Infanterie dijonnaise*, composée de deux cents hommes environ, arborait, les jours de cérémonie, un étendard représentant une infinité de têtes de fols chaperonnés, avec la devise de la compagnie : *Stultorum numerus infinitus est*. La *Mère folle* avait également son drapeau personnel à double flamme, portant les trois couleurs des ducs de Bourgogne, rouge, jaune et vert. Au centre un personnage assis, coiffé du chaperon à deux cornes, tenait une marotte à la main. Derrière cette figure allégorique de la *Mère folle* se dressait la Folie elle-même, brandissant d'une main une marotte et de l'autre un rouleau de parchemin : probablement la constitution de l'ordre.

Les assemblées se tenaient ordinairement pendant les trois derniers jours du Carnaval, dans la salle du jeu de paume de la Poissonnerie, à la réquisition du *Procureur fiscal* qui adressait à chacun des membres un billet de convocation rédigé en vers burlesques. Tous les assistants, nous dit Du Tilliot, portaient pour la circonstance « des habillements déguisés et bigarrés de couleur verte, rouge et jaune, un bonnet de même couleur à deux pointes ou deux cornes, avec des sonnettes, et tenaient en main des marottes ornées d'une tête de fou ». Lorsqu'ils se réunissaient pour banqueter, chacun apportait son plat. Cinquante gardes suisses, sélectionnés parmi les plus riches artisans de la ville, montaient la garde à la porte de la salle.

Dans les fêtes solennelles données à l'occasion de la naissance, du mariage ou de l'anniversaire d'un prince, et tous les ans à l'époque du Carnaval, la compagnie au grand complet et en grande tenue défilait dans les rues de Dijon, selon un ordre minutieusement réglé. En tête du cortège venaient quatre hérauts suivis du capitaine des gardes, puis l'*Infanterie* proprement dite, dans de grands chariots bariolés traînés par six chevaux caparaçonnés aux trois couleurs. Aussitôt après, précédé de deux hérauts, paraissait le principal personnage de la fête, la *Mère folle* elle-même, montée sur une haquenée blanche et escortée de ses dames d'atour, de six pages et de douze laquais. Son porte-enseigne lui emboîtait le pas, suivi, dans l'ordre, par soixante officiers, les écuyers, les fauconniers, les grands veneurs, et d'autres dignitaires, puis l'étendard de la compagnie, une cinquantaine de cavaliers, le *Fiscal vert* et ses deux conseillers. Un détachement de gardes suisses fermait la marche. Le cortège s'arrêtait successivement trois fois sur son parcours : une première fois devant le logis du gouverneur, puis devant la maison du premier président du Parlement, enfin devant celle du maire. A chacune de ces haltes, un personnage spécialement affecté à cet office récitait une pièce de vers. Selon le P. Ménestrier, savant jésuite du XVIIe siècle, tous les ans pendant le Carnaval, des notables de la ville déguisés en vignerons montaient sur les chariots de l'*Infanterie* et chantaient, tout au long du défilé, des chansons satiriques d'inspiration gaillarde, « qui étaient comme la censure publique des mœurs de ce temps-là [6] ». Pour la naissance du dauphin, le futur Louis XIV, en 1638, nous avons un *Récit de ce qui s'est passé en la cité de Dijon*, où l'on peut lire notamment : « L'Infanterie dijonnoise, que la douceur de la paix a longtemps élevée dans une honnête licence à une récréation publique, parut dès lors dans son lustre, et estoit composée de plus de quatre cents hommes à cheval, masqués, en habits de diverses couleurs, et firent entendre des rimes bourguignonnes sur le sujet de cette heureuse naissance [7]. »

Il arrivait aussi que la compagnie se mît en action en

---

6. Claude-François MÉNESTRIER, *Des représentations en musique, anciennes et modernes*, Paris, 1681, p. 52. Toujours selon Ménestrier, c'est de ces chariots à chansons et à satires que viendrait la locution latine *Plaustra injuriarum* (tombereaux d'injures).

7. DU TILLIOT, *Mémoire sur la fête des Fous*, 2e partie, p. 66.

dehors des périodes de fêtes ou des célébrations officielles. Se produisait-il un événement extraordinaire, comique ou dramatique, tel qu'un mariage désassorti, un larcin, un meurtre, un rapt, un scandale? Aussitôt, les chariots peints se mettaient en branle et envahissaient les rues. Des membres de l'*Infanterie* improvisaient une comédie ou simplement quelques dialogues sur le fait divers en question, et jouaient eux-mêmes les rôles des vrais personnages, en se déguisant et en les parodiant.

La *Compagnie de la Mère folle* n'était rien de moins, sous ses dehors facétieux, qu'une sorte de Rotary club regroupant les principales personnalités de la ville sous l'invocation de la folie. On y voit figurer des noms illustres, tel Henri de Bourbon, prince de Condé, premier prince du sang et père du Grand Condé, reçu membre en 1626; tel Henri de Lorraine, comte d'Harcourt, l'un des plus valeureux chefs d'armées de Louis XIII; tels encore le duc de La Rivière, évêque de Langres et pair de France, ou Jean de Vandenesse, qui fut surintendant de la maison de Charles Quint puis de Philippe II, avant de se retirer en Bourgogne où il mourut fort âgé. Le dernier chef de l'*Infanterie* ou *Mère folle*, Philippe Des Champs, quoique d'extraction plus modeste, était tout de même procureur du Parlement et syndic des États de Bourgogne. Ce magistrat ne rougissait pas de sa facétieuse dignité, et nul apparemment ne songeait à se gausser de son titre de *Mère folle*, puisqu'un grand seigneur comme le duc de Bellegarde, gouverneur de la province, le tenait en haute estime et l'honorait de sa protection, Il convient de souligner le mélange de groupes sociaux qui caractérise cette société, car l'Ancien Régime n'en offre que peu d'exemples, avant l'apparition des premières loges maçonniques.

Pour être admis comme membre de la compagnie, il fallait se présenter debout devant un tribunal composé de la *Mère folle* entourée des principaux dignitaires. Le *Fiscal vert* posait au candidat un certain nombre de questions en vers, auxquelles ce dernier devait fournir des réponses également rimées, qui fissent preuve de son esprit de repartie; sinon, sa candidature était ajournée. La cérémomie de réception consistait à poser sur la tête de la nouvelle recrue un chaperon tricolore, et à lui remettre en grande solennité les lettres patentes sur parchemin, scellées aux trois couleurs. Le diplôme était obligatoirement rédigé en langage burlesque. Grâce à Du Tilliot, nous connaissons celui qui fut délivré au duc de La Rivière. Les autres ne devaient pas être très différents. Il s'agit d'une savoureuse parodie du jargon juridique, dont les répétitions, les accumulations, le ton solennel sont joyeusement mis en pièces. Voici ce petit chef-d'œuvre de transgression verbale :

« Les superlatifs et mirelifiques lopinans de l'Infanterie dijonnoise, nourrissons d'Apollo et des Muses, enfants légitimes du vénérable Bon-temps, à tous fous, archifous, lunatiques, éventés, poètes par nature, par bécarre et par bémol, almanachs vieux et nouveaux, présents, absents et à venir, pistolles, ducats, portugaises, jacobus, écus et autres triquedondaines, sçavoir faisons que haut et puisant seigneur de La Rivière, évêque-duc et pair de Langres, ayant eu désir de se trouver en l'assemblée de nos goguelus et aimables enfants de l'Infanterie dijonnoise, et le reconnoissant capable de porter le chaperon de trois couleurs et la marotte de sage folie, pour avoir en eux toutes les allégresses de mâchoires, finesses, galantises, hardiesse, suffisance et expérience des dents qui pourroient être requises à un mignon de cabaret, auroit aussi reçu et couvert sa caboche dudit chaperon, pris en main la célèbre marotte et protesté d'observer et soutenir ladite folie à toute fin, voulant à ce sujet être empaqueté et inscrit au nombre des enfants de notre très-redoutable dame et mère, attendu la qualité d'homme que porte ledit seigneur, laquelle est toujours accompagnée de folie. A ces causes, nous avons pris l'avis de notre dite dame et mère, et avons par ces présentes *hurelu, berelu,* reçu et impatronisé, recevons et impatronisons ledit seigneur de La Rivière en ladite Infanterie, de sorte qu'il y demeure et soit incorporé au cabinet de l'inteste, tant que folie durera, pour y exercer telle charge qu'il jugera être méritée par son instinct naturel aux honneurs, privilèges, prérogatives, prééminences, autorité, puissance et naissance, que le ciel lui a donnés avec pouvoir de courir par tout le monde, y vouloir exercer les actions de folie, et y ajouter ou diminuer, si besoin est, le tout aux gages dus à sa Grandeur, assignés sur la défaite et ruine des ennemis de la France, desquels lui permettons de se payer par ses mains aux espèces qu'il trouvera de mise; car ainsi il est désiré et souhaité. Donné à Dijon. »

Comme tout le cérémonial reposait sur le burlesque, les sanctions prévues contre les adversaires de la confrérie se réclamaient du même esprit de joyeuseté. Ainsi, lorsqu'un étranger avait médit de la compagnie ou causé quelque dommage à l'un de ses membres, on le citait à comparaître par-devant le tribunal de la *Mère folle*, et on le condamnait à boire plusieurs verres d'eau de suite : cruel châtiment dans la capitale de la Bourgogne! Cette peine était assortie d'une amende. Et quiconque refusait de se soumettre à la sentence voyait arriver à son domicile les gardes de la *Mère folle*, qui s'installaient chez lui et se faisaient régaler à ses frais par le traiteur voisin, jusqu'à ce que l'amende fût payée. Est-il besoin de dire que le coupable ne tardait pas à s'exécuter...

L'institution ne se contenta pas du rôle assez considérable qu'elle jouait dans la vie publique et privée des Dijonnais. Elle essaima dans d'autres villes de Bourgogne, à Chalon, par exemple, où la confrérie des *Gaillardons* se réclamait de la même philosophie de dérision. Mais il arriva à la *Compagnie de la Mère folle* ce qui arriva à bien d'autres sociétés du même genre. Dans les premières années du XVIIe siècle, le pouvoir commença à trouver que ces divertissements dépassaient la mesure et engendraient des abus. On accusa la confrérie de se livrer à des impertinences intolérables. Belle découverte! La vérité, c'est qu'avec la montée de l'absolutisme royal, surtout à partir de Richelieu, le pouvoir supportait de plus en plus mal l'existence de groupes indépendants, jouissant de la liberté de railler et ne se privant pas de l'exercer. Les *Gaillardons* furent frappés les premiers par un édit de la « Chambre de ville » de Chalon, daté du 31 janvier 1626, et « contenant défense aux habitants de ladite ville de faire aucunes assemblées en public ou en secret, sous les noms de *Mère folle* ou *Gaillardons,* marcher en troupe à pied ou à cheval, en masque et sans masque, réciter ni chanter vers, satire, prose, dialogue, ou autres choses semblables ». Les chefs de famille seraient tenus responsables de leurs enfants ou de leurs domestiques qui auraient contrevenu à l'interdiction.

L'édit souleva une telle vague de protestations dans la population chalonnaise, notamment chez les jeunes, que le pouvoir se vit contraint de reculer. Moins de vingt jours après ce premier édit, le 18 février 1626, la municipalité en publie un second, « sur la requête de la jeunesse de Chalon », qui rétablit les réjouissances, à condition qu'elles se déroulent dans l'ordre, « sans bruit ni scandale », avec la permission du magistrat, et quc les textes lus en public fassent l'objet d'une censure préalable [8].

Richelieu n'était pas homme à rester sur un échec, celui-ci dût-il officiellement retomber sur les autorités régionales. Quatre ans plus tard, il va tenter un coup de force en s'attaquant à la toute-puissante compagnie de la *Mère folle* elle-même. Cette fois, l'interdiction émane du pouvoir royal : l'édit ordonnant sa dissolution est signé par Louis XIII à Lyon le 21 juin 1630 et enregistré à la Cour le 5 juillet suivant; il manifeste sans ambiguïté la revendication d'un pouvoir qui n'admet pas de rivalité, fût-ce celle d'un royaume de carton-pâte et d'un roi de carnaval. Prenant prêtexte de « plaintes » qui se seraient élevées à Dijon contre la « coutume scandaleuse » de l'Infanterie et Mère-Folie, contre les « désordres », « débauches », atteintes aux « bonnes mœurs, repos et tranquillité de la ville », dont elle serait cause, et afin de « déraciner ce mal et empêcher qu'il ne renaisse si vite à l'avenir », l'édit royal prononce l'abrogation et l'abolition de ladite organisation. Il est fait défense à tous les sujets de la ville de s'y enrôler, « ni faire ensemble festins », sous peine d'être déclaré définitivement indigne de toute

8. Du Tilliot, *ibid.*, p. 110.

charge et de se voir condamné comme « perturbateur du repos public [9] ».

Ne croirait-on pas Jupiter en personne lançant ses foudres sur carême-prenant? Encore, le dieu de l'Olympe supportait-il patiemment les sarcasmes de Momus. Richelieu, point. Mais en s'attaquant à la *Mère folle*, le cardinal se heurtait à forte partie. Non seulement l'association comptait dans ses rangs tout le gratin aristocratique de la province, et même un prince du sang, mais elle avait encore pour elle le plus puissant des alliés : une tradition vieille de plusieurs siècles. Aussi se fit-elle longtemps tirer le coqueluchon avant de se soumettre à la volonté royale. Huit ans après l'édit, nous l'avons vue célébrer en joyeuse pompe la naissance de Louis XIV. Mais il lui avait fallu pour cela une autorisation spéciale du gouvernement, autorisation qui lui sera d'ailleurs réitérée en quelques autres circonstances. Contrôlée, censurée, assujettie au bon vouloir de l'autorité, privée de son droit à la franchise, il ne restait plus à la *Mère folle* qu'à disparaître, comme d'autres sociétés bouffonnes, victimes comme elle du centralisme politique. Richelieu triomphait. N'ayant pu la rayer d'un trait de plume, il la plaçait sous sa dépendance, ce qui revenait à lui tordre le cou.

Si l'on a insisté sur ces deux confréries de Clèves et de Dijon, c'est qu'elles sont à la fois les plus célèbres et les mieux structurées. Elles ne doivent pas faire oublier qu'il a existé en France et ailleurs quantité d'autres groupements du même genre, aux statuts plus ou moins élaborés, dont la fonction essentielle consistait à organiser à certains jours fixes de l'année, et notamment en période de Carnaval, des processions parodiques et satiriques, des farces, des mascarades, des parades, etc. On connaît les *Enfants-sans-souci* et la *Mère sotte*, les diverses « abbayes » de *Maugouvert* ou de *Bongouvert*, les sociétés de *conards* ou *cornards*, les uns de recrutement élitiste, les

9. Du Tilliot, *ibid.*, p. 111.

autres à dominante populaire et rurale, qui s'identifient aux rites de fêtes dans de nombreuses villes et bourgades de France.

Les *cornards* de Rouen et d'Évreux élisaient tous les ans un chef, appelé *Abbas Cornadorum*, que l'on promenait dans les rues, le jour de la Saint-Barnabé, monté sur un âne, coiffé d'une mitre et armé d'une crosse. Il était escorté d'une troupe de *cornards* chantant des couplets burlesques en langage macaronique. Pendant toute la durée de leur fête, ils avaient droit de juridiction, et cela par arrêt formel du Parlement de Paris, confirmé par un arrêt du Parlement de Rouen. Ce qui veut dire qu'ils étaient reconnus, pour cette courte durée, comme une institution parfaitement légale, ayant pouvoir de rendre justice. Durant le Carnaval, la ville de Rouen tombait tout entière sous leur domination : ils se répandaient dans les rues, semant la panique dans la population, surtout parmi les notables dont les actions ridicules ou scandaleuses étaient impitoyablement jugées en plein vent, à grand renfort de réquisitoires, plaidoiries et sentences grotesques. Trois jours durant, les *cornards* tenaient un véritable tribunal ambulant : ils se transportaient sous les fenêtres de leurs victimes, avocats véreux, maris trompés, marchands malhonnêtes, prêtres dévoyés, médecins charlatans, et les harcelaient de leurs sarcasmes. Tant que duraient ces saturnales, les bourgeois n'osaient pas mettre le nez dehors; barricadés chez eux, ils entendaient approcher avec des sueurs froides les clameurs gouailleuses de la foule. Et il y avait de quoi. Longtemps avant le Carnaval, les *cornards* avaient passé la ville au peigne fin, glanant sur chacun ragots et médisances dont les commères de quartier ne sont jamais avares. Un gigantesque banquet dressé sur la place de la halle marquait l'apothéose de la fête, dans la grande tradition rabelaisienne.

Pouvoir religieux, pouvoir politique, pouvoir judiciaire : il n'y a pas un espace de l'autorité qui ne soit périodiquement traversé de contre-courants. Et si ces débordements collectifs se font si souvent sous le masque emblématique de la folie, c'est que la folie seule est en mesure de les légitimer; c'est qu'il faut être fou – ou le paraître – pour briser les apparences du quotidien et faire entendre une parole *différente.* Il reste que la subversion du pouvoir est inscrite dans le pouvoir lui-même, que l'ordre est fait pour qu'on le détourne, la hiérarchie pour qu'on la renverse, le sacré pour qu'on le profane. Il n'est pas de société qui ne sécrète ses propres germes de transgression.

Or, cette force d'inversion, que nous avons vue jusqu'ici s'exercer dans un être collectif (l'immense cohorte du *dominé),* voici qu'elle va s'incarner dans un personnage à la fois un et multiple, contraire et complémentaire du pouvoir, dont nous allons suivre à présent la passionnante aventure : le fou du roi.

Une scène de charivari organisé par une société bouffonne. Bois du XVᵉ siècle. Cl. Bibliothèque municipale de Caen. Collection C. Quétel.

IV

Le fol domestique

Passer du fou collectif au fou individuel revient à troquer la plume du mythologue – toujours plus soucieux d'interpréter que de raconter – contre celle de l'historien. Enfin, dira-t-on, nous voici dans du concret, du solide; nous voici sur le terrain des preuves irréfutables que procure le document d'archives. Au risque de décevoir, reconnaissons d'emblée qu'il n'en est rien. Le mythe fait partie de l'histoire des fous; on ne l'en chasse pas si aisément. Non que nous ne possédions sur eux des données biographiques sérieuses. Mais il s'y mêle tant de récits légendaires, d'anecdotes frelatées, de farces ou de bons mots d'authenticité douteuse attribués indifféremment à l'un ou à l'autre; on a tellement romancé et phantasmé sur ces personnages; on a tellement renchéri sur leur fantaisie ou leur esprit d'à-propos; la fiction s'est mêlée si étroitement à la réalité, qu'il faut quelquefois renoncer à les séparer. S'il en va de même dans toute recherche historique, le phénomène se trouve ici décuplé en raison même du métier exercé par ces hommes et par ces femmes. Métier bien étrange, en vérité, encore plein de mystères; métier qui ouvre largement sur le rêve. Comment s'en étonner? Réelle ou feinte, la folie ne demeure-t-elle pas en définitive le lieu privilégié de l'imprévisible, de l'insaisissable? N'est-elle pas invention, création ininterrompue?

On aura souvent l'impression, en lisant l'histoire de ces bouffons, de suivre de sa naissance à sa mort la vie d'un seul et même personnage. Comme si l'identité de chacun s'estompait derrière leur fonction commune. Ce que nous verrons finalement changer à travers les siècles, ce seront moins les individus qui occupèrent cette charge que le contenu même de celle-ci. Même dans le cas de personnalités aussi fortes que Chicot, Maître Guillaume ou Mathurine, un peu d'imaginaire s'obstine toujours à voiler leur vrai visage. Loin de faire sauter leur masque, l'abondante littérature développée autour d'eux, surtout à partir du XVIe siècle, ne tend qu'à parasiter l'histoire au privilège du mythe. Contes, libelles, pasquinades, satires, pamphlets, folâtreries en tous genres qui se publient sous leur nom constituent un discours stéréotype, à l'image de celui ou de celle qui l'a suscité. C'est la parole du fou. Ou, plus exactement, celle que l'on attend de lui. Parole de convention qui, quel que soit l'individu en charge, ne varie guère, ni dans ses thèmes (polémique religieuse ou politique), ni dans son registre : c'est une parole libérée où dominent le sarcasme et la dérision, souvent l'obscénité et la scatologie.

Le fol de Cour n'a pas plus de nom propre qu'il n'a de véritable identité. On l'affuble ordinairement d'un sobriquet, lequel peut d'ailleurs resservir à l'occasion : on connaît ainsi deux *Triboulet,* pas moins de trois *Gonella* (à la Cour de Ferrare), et une bonne demi-douzaine de *Dame de Toutes Couleurs.* En réalité, leur nom ne désigne pas un individu, mais un état, de la même manière qu'*Arlequin, Colombine* ou *Pantalon* désignent des caractères, non des personnages.

Homme ou bête? En dépit de ses oreilles d'âne, personne, même en plein Moyen Age, ne l'assimile totalement à l'animal. Pourtant, on hésite à le ranger dans la catégorie des humains à part entière. Jusqu'à la Renaissance, il apparaît comme une créature singulière, hybride, comme une bizarrerie de la nature. Sans toutefois prendre l'expression à la lettre, disons qu'il fait partie de la ménagerie royale, au même titre que les chiens de vénerie, les oiseaux de fauconnerie, les animaux savants, les nains et les monstres en tous genres : ce qui lui vaut d'ailleurs, comme à tous ceux-là, le traitement de faveur dont nous avons parlé plus haut. Contrairement à ce que veut une légende tenace, on le choisit moins en fonction de ses disgrâces physiques que de sa débilité mentale : les bossus et les estropiés feraient même figure d'exceptions. On citera, bien sûr, le cas de Triboulet Ier, notoirement microcéphale et dont le crâne pointu émerveillait les hôtes de son maître, René d'Anjou. Mais la plupart des portraits iconographiques ou littéraires que nous possédons de ses confrères ne signalent pas de malformations notables. Tous ces gens paraissent parfaitement sains de corps, sinon d'esprit. On ne connaît, en tout cas, qu'un seul exemple de monstre authentique dans toute l'histoire de la folie domestique. Il s'agit du bouffon de Jacques IV d'Écosse (1473-1513). Ce monstre *janiceps* était formé de deux corps incomplets, mais soudés à la partie supérieure, et dont la tête présentait deux faces opposées. Autre singularité : l'une des moitiés était musicienne et jouait du luth avec l'une de ses deux paires de bras, tandis que l'autre détestait la musique et montrait un goût immodéré pour la boisson : on dit même qu'il aurait tué son jumeau au cours d'une crise éthylique et provoqué du même coup sa propre mort.

L'idée que l'on se fait, aujourd'hui encore, des fous de Cour, entretient volontiers cette confusion entre désordre mental et misère physiologique, comme si la laideur allait nécessairement de pair avec l'aliénation. Toutes deux, il est vrai, furent également recherchées par les Cours du Moyen Age. Il n'y avait pas de souverain en Europe qui ne collectionnât les nains et les détraqués pour son cabinet de curiosités : c'était à qui posséderait l'avorton le plus menu ou le jocrisse le plus arriéré; il arrivait même qu'on se les prête, qu'on se les échange ou qu'on se les revende.

Cette passion tératophilique, l'une de celles que notre morale refoule aujourd'hui dans la zone la plus interdite de notre inconscient, ne fait pourtant que traduire, en l'amplifiant quelque peu, cette espèce de fascination trouble, perverse, composée à la fois de répulsion et d'attirance, que l'homme a toujours ressentie en face de l'étrange, de l'anormal, voire de l'horreur. Jusqu'à la dernière guerre, le « Museum anatomique » du Dr Spitzner attirait les foules sur les principales foires de Belgique. Sous l'alibi d' « hygiène sociale », on s'y pressait pour admirer des moulages en cire d'un réalisme hallucinant, représentant soit des bizarreries de la nature, soit des pièces de pathologie : enfant-crapaud, monstres doubles ou « pygopages », fœtus tragiques, sans compter diverses variétés de gangrènes, ulcérations, bubons ganglionnaires, chancres rongeurs, cirrhoses, vulvites et autres condylomes suintants [1]. Le monstrueux assume les souillures de notre corps et de notre esprit, c'est le dépotoir de nos abjections; il filtre l'image que nous nous donnons de nous-mêmes et nous permet de nous reconnaître en tant qu'êtres sains et beaux.

Par un étrange paradoxe, il se trouve qu'une ingrate complexion est aussi l'apanage du vrai sage (il est vrai que celui-ci, à en croire Érasme et Rabelais, n'est pas si loin de l'insensé). On répugne toujours à loger une tête philosophique dans un corps d'Adonis : voyez Socrate, Diogène, Ésope, pour ne parler que des Anciens... Cette incompatibilité apparaît comme une loi naturelle visant à répartir équitablement les dons du Ciel : aux uns les grâces de la beauté, aux autres celles de l'esprit. Mais, surtout, quoique plus obscurément, la laideur est perçue comme un défi à l'ordre et à l'harmonie, disons même comme une subversion; elle ne blesse pas seulement le regard, elle dérange, brise les valeurs acquises, ou du

1. Les cires anatomiques du Dr Spitzner sont toujours conservées à Bruxelles. Elles ont fait l'objet, en 1980, d'une exposition au Centre Culturel de Belgique à Paris.

moins les remet en question. Au sens propre du mot, la laideur est un scandale; c'est l'obstacle qui se met en travers de notre route. Il est donc parfaitement significatif que la vérité du sage émane si souvent d'un corps difforme, d'une infra-humanité à la fois pitoyable et grotesque. Il n'est pas moins révélateur que l'on aille la chercher auprès de ce déviant majeur qu'est le fou. Car cette vérité est elle aussi un scandale.

En tout état de cause, pour réussir dans le profession d'amuseur royal, mieux vaut une cervelle saccagée qu'une silhouette de polichinelle. Mais si la nature vous a généralement doté de l'une et de l'autre, une brillante carrière s'ouvre devant vous. Une belle atrophie cérébrale rehaussée d'une gibbosité, d'une hydrocéphalie, d'un sérieux prognathisme, ou plus modestement d'une claudication ou d'un strabisme divergent, fera de vous la vedette de la ménagerie, vous serez alors l'objet de tous les soins, la fierté de votre maître. Le sort du débile modèle courant, même privé de tare physiologique notable, n'est pas à plaindre non plus. Pour peu qu'il soit « bien appris », qu'il sache gambader, se contorsionner, jouer de la trompette ou du rebec, débiter mille naïvetés et faire mille grimaces, bref, s'il joue son rôle d'idiot à la perfection, il se verra traité sur le même pied que les paons ou les éperviers de l'oisellerie. On reviendra plus loin sur sa condition matérielle et sociale. Disons seulement pour l'heure que la place est bonne. Si bonne même que certains n'hésitent pas à contrefaire l'insensé pour se faire engager. Dans l'Antiquité romaine déjà, un crétin authentique s'arrachait à prix d'or, mais perdait toute valeur s'il s'agissait d'un simulateur. Martial raconte en un distique comment il se fit rouler par un faussaire en psychopathologie :

Morio dictus erat : viginti milibus emi.
Redde mihi nummos, Gargilianus : sapit.
(Il passait pour fou : je l'ai acheté vingt mille sesterces.
Rends-moi mon argent, Gargilianus : il a sa raison [2]!)

2. *Épigrammes*, livre VIII, 13.

Simples d'esprit ou imposteurs? A vrai dire, l'ambiguïté subsiste, et les témoignages que nous possédons là-dessus présentent de nombreuses contradictions. Dans les premiers temps de leur exercice, il semble bien que nous ayons affaire à de véritables débiles mentaux. Et pourtant, il arrive plus d'une fois que l'un d'eux nous surprenne par son esprit d'à-propos, par la rectitude d'un jugement ou la finesse d'une repartie. Qu'une parole de bon sens puisse tomber de la bouche d'un sot, rien ne s'y oppose. Mais à se répéter trop souvent, le phénomène devient suspect. Il n'y a là ni mystère ni miracle : simplement quelque joyeux drille d'esprit vif et de langue bien pendue, aimant surtout à goguenarder, se sera fait passer pour sot. Les cas deviennent trop fréquents à la fin du Moyen Age pour que ces simulateurs soient pris pour de vrais insensés. Il paraît plus vraisemblable de penser que la folie, dès cette époque, est saisie comme une simple métaphore, et que l'homme à la marotte n'est rien d'autre, dans bien des cas, qu'un histrion habile à feindre l'ingénuité du simple. En bref, disons que la majorité des fols, surtout dans les premiers temps, furent de vrais aliénés, mais qu'il y eut parmi eux de plus en plus de comédiens jouant la folie. A partir de la Renaissance, ils appartiennent presque tous à la seconde catégorie.

Le fou de Cour nous vient du fond des âges. On le rencontre déjà auprès des dieux de l'Olympe, sous les traits de Momus, fils de la Nuit, dieu de la critique et du sarcasme, censeur des mœurs divines. Jupiter lui-même n'échappait pas à ses railleries. Seule Vénus sut trouver grâce à ses yeux, car elle était la perfection même; aussi ne trouva-t-il à critiquer que sa chaussure. A la fin, cependant, il se rendit tellement insupportable que les Immortels le chassèrent du Mont Sacré. Il se réfugia auprès de Bacchus, dieu des vendanges, qui l'accueillit de grand cœur, car l'ivresse et la folie sont faites pour aller ensemble.

« Depuis qu'ils l'ont chassé, raconte Érasme, les dieux s'amusent davantage et beaucoup plus librement. Ils mènent la vie facile, comme dit Homère, et nul ne les censure plus. Comme il leur prête à rire, le Priape de bois de figuier! Comme ils se divertissent aux larcins et aux escamotages de Mercure! Vulcain, à leur banquet, devenu l'habituel bouffon, arrive en claudiquant, débite ses malices et ses énormités, et toute la table crève de rire. Puis Silène, barbon lascif, leur danse la *cordax* avec le lourd Polyphème, tandis que le chœur des Nymphes les régale de la gymnopédie. Des Satyres aux jambes de bouc leur jouent des farces atellanes. Avec quelque chanson idiote Pan les fait tous pouffer, et ils préfèrent son chant à celui des Muses, surtout à l'heure où le nectar commence à leur monter à la tête [3]. » La mythologie ne manque pas de bouffons; il y en a pour tous les goûts : de vrais et de faux niais, des malins, des raisonneurs, des extravagants... Homère nous offre même, dans l'*Iliade,* le modèle du bouffon guerrier en la personne du fameux Thersite, le plus vil et le plus lâche que l'on vit jamais de mémoire de fantassin. Doué d'une rare intempérance verbale, il débite toutes sortes d'impertinences et d'injures, et vitupère même les rois pour exciter la risée des Grecs, comme le dernier des *loustics.* C'est d'ailleurs le plus repoussant de ceux qui sont venus devant Troie : outre une forte claudication, il a les épaules voûtées, ramenées sur la poitrine, et une tête en pain de sucre au sommet de laquelle voltigent quelques rares cheveux. Ce magot témoigne pourtant d'une réelle audace dans la rosserie; les reproches qu'il adresse à Agamemnon ne manquent ni de mordant ni de justesse. Achille l'assommera d'un coup de poing, pour avoir osé se moquer de ses larmes, après qu'il eut blessé à mort l'amazone Penthésilée [4].

La mythologie grecque ne possède pas l'apanage des bouffons. Ouvrant l'Ancien Testament, on y voit qu'au

3. *Éloge de la folie,* éd. cit., p. 26-27.
4. *Iliade,* chant II, vers 212 *sq.*

temps du roi David, Akich, roi du pays de Gath, en entretenait à sa Cour. Lorsque David, fuyant la colère de Saül, arrive chez lui, les serviteurs de ce prince le reconnaissent. Pris de peur, David décide de simuler la folie en se livrant à mille extravagances, comme de faire des marques sur les battants de portes et de laisser couler sa bave sur sa barbe. S'adressant à ses serviteurs, Akich leur dit alors : « Vous voyez bien que cet homme est fou. Pourquoi me l'amenez-vous? Est-ce que je manque de fous pour que vous m'ameniez encore celui-là faire ses folies devant moi? Celui-là va-t-il entrer dans ma maison [5]? » David partit sur-le-champ et alla se réfugier dans la caverne d'Abdoullam. Ces fous du roi Akich, sans doute de vrais débiles, faisaient donc déjà partie de la ménagerie royale.

Selon le conte populaire de *Salomon et Marcolphe* (XIIIe siècle), le roi Salomon lui-même aurait eu un bouffon nommé Marcolphe – mais nous sommes là, bien entendu, en pleine légende. L'auteur de ce curieux livret suppose qu'un jour, le roi des Juifs étant assis sur son trône, aperçoit à ses pieds une espèce de nain hirsute à la tournure grotesque. Et cet étrange dialogue s'engage :

« – Qui es-tu? demande le roi.

– Nomme ta famille, je nommerai la mienne.

– Moi, je suis issu d'une des douze familles de Juda. De Juda naquit Pharès, etc. Mon père était David et je suis le roi Salomon.

– Et moi, je suis issu d'une des douze familles de Rustre. De Rustre naquit Rustaud; de Rustaud Rustique, etc. Mon père était le noble Marquel, et moi je suis le fou Marcolphe.

– Tu me parais un rusé compère! Or sus, causons. Si tu réponds convenablement à mes questions, je te traiterai en roi; tu ne me quitteras plus, et tu seras honoré par tout mon royaume ».

5. Samuel, XXI, 13-16.

Une conversation s'ensuit sur les sujets les plus divers : l'homme, la femme, le monde, la nature, les arbres, l'herbe, le vin, la médecine, etc. Non seulement Marcolphe répond à tout de la manière la plus libre et la plus spirituelle, mais il lui arrive, à lui le rustre, l'innocent, le pauvre fou, d'embarrasser le plus sage de tous les rois. Impatienté par tant d'audace, Salomon finit par le bannir de sa présence. « Le mensonge qui flatte plaît aux rois, soupire Marcolphe en se retirant, mais la vérité qui éclate, choque et blesse même les plus sages. » Ainsi, ce petit livre résume-t-il le long dialogue qu'entretiendront, tout au long des siècles, l'homme au sceptre et l'homme à la marotte.

Si l'on descend de l'empire des héros et des dieux à celui des mortels, on observe que la coutume d'avoir des fous à son service existe depuis la plus haute Antiquité. On la rencontre simultanément chez les Perses, à Suse, à Ecbatane, ainsi qu'en Égypte où les peintures décorant les tombeaux de l'Heptanomide représentent de riches Égyptiens accompagnés de personnages difformes et grotesques. La célèbre épopée sanscrite *Ramayana* mentionne la présence d'un bouffon auprès de la princesse Sita. La coutume passa-t-elle ensuite d'Orient en Occident, comme on l'a souvent prétendu? Rien de moins sûr. Très tôt, semble-t-il, à Athènes puis à Rome, les familles opulentes entretinrent des domestiques uniquement chargés de les divertir pendant les repas; on les appelait *gelotopoioi* (ceux qui font rire), et l'on ne concevait pas de banquet digne de ce nom sans que l'un d'eux vînt débiter quelques facéties propres à réjouir les convives. Ces bouffons faisaient partie du personnel de divertissement, parfois nombreux puisqu'il pouvait comprendre, en outre, des danseurs, des illusionnistes, des dresseurs d'ours ou de singes, des joueurs de cerceau, des *cubistétères,* sortes d'acrobates dansant sur les mains, etc.

Il arrivait aussi que l'amuseur de service fût remplacé par un philosophe, l'*aretalogus* dont le comique, d'un genre particulier, consistait à truffer ses discours moraux de fadaises et d'absurdités. Ces *aretalogi* se recrutaient parmi de pauvres hères, philosophes stoïciens ou cyniques qui, n'ayant trouvé ni disciples, ni mécènes, se voyaient réduits à faire profession de bateleurs à la table des riches. Auguste, nous dit Suétone, en avait toujours un pour animer ses repas. Occupation indigne d'un vrai philosophe? Mais Diogène fut-il autre chose que le bouffon de la cité? Ésope celui de son maître Xantus? Et Socrate lui-même ne vivait-il pas en parasite, comme la plupart de ses collègues? Loin de mépriser le rire, ceux-là ne dédaignaient pas de recourir à de plaisants paradoxes pour faire tressaillir chez l'interlocuteur la première étincelle de sagesse.

Dès cette époque, le rôle de bouffon à gages pouvait être tenu par une femme. C'est ce que nous apprend Sénèque dans une lettre à son ami Lucilius : « Tu sais, lui mande-t-il, que Harpaste, la folle de ma femmc, est demeurée chez moi par charge héréditaire, car pour mon compte, je suis ennemi de ces monstres, et si j'ai envie de rire d'un fol, je n'ai pas à chercher bien loin : je ris de moi-même. Cette folle a subitement perdu la vue. Je te raconte une chose incroyable et pourtant vraie : elle ne sait pas qu'elle est aveugle; à tout instant elle presse l'esclave qui la garde de l'emmener, parce que la maison, dit-elle, est tout obscure [6]. » Ne concluons pas de ce trait cruel que notre philosophe ait manqué d'humour. Harpaste n'était sans doute qu'une malheureuse au cerveau détraqué, et Sénèque ne s'amusait pas de ses balourdises involontaires. On aura noté au passage que ces individus faisaient déjà partie de l'héritage du défunt, comme ses esclaves et ses autres biens.

Les bouffons n'apparaissent pas seulement au cours des festins; on les voit intervenir en bien d'autres circonstances solennelles ou privées. Souvent, leur présence semble incongrue, en porte à faux avec la situation. C'est alors surtout que s'exerce leur pouvoir de dérision et de

6. SÉNÈQUE, *Lettres à Lucilius*, livre V, 50.

subversion. A Rome, le conquérant porté en triomphe avait à ses côtés un jeune esclave chargé de lui répéter tout au long du parcours : « *Respiciens post te hominem memento te* » (En regardant derrière toi, souviens-toi que tu n'es qu'un homme). La populace se chargeait elle aussi, à sa manière, de le rappeler à sa condition : afin qu'il ne se prît pas pour un dieu, elle avait ce jour-là pleine licence pour le conspuer à sa guise. Tandis qu'il s'avançait vers le Capitole, le héros entendait sur son passage les cris les plus discordants, car aux acclamations des uns se mêlaient les huées, les quolibets et les injures des autres. Quant au *servulus* qui l'accompagnait, il est parfaitement établi aujourd'hui qu'il s'agissait d'un baladin professionnel, et les peintres de *cassoni,* au XIVe siècle, ne s'y étaient pas trompés, qui le représentèrent sur leurs coffrets, siégeant dans le char triomphal en costume de fou.

Plus transgressive encore la coutume suivant laquelle le bouffon de l'empereur, le *mimus,* devait accompagner le convoi funèbre de son maître et divertir la foule assemblée en imitant les travers et les ridicules du disparu. Aux funérailles de Vespasien, dont on connaît la sordide avarice, le chef des mimes, un nommé Favor, portant sur son visage le masque de l'empereur et contrefaisant sa voix et ses gestes, demanda publiquement aux ordonnateurs : « A combien, dites-moi, s'élèvent mes obsèques?– A dix millions de sesterces. – Eh bien alors, lança-t-il, donnez-m'en seulement cent mille, et jetez mon corps dans le Tibre si vous voulez [7] ! »

Point n'était besoin d'être empereur pour avoir un de ces farceurs à son enterrement. Dans les familles riches, on les voyait suivre la dépouille du défunt, aussitôt après les pleureuses de service et les tibicènes ou joueurs de flûte.

Rome est le berceau de la satire. Et les Romains témoignèrent de tout temps d'une grande prédilection à

7. L'anecdote est rapportée par SUÉTONE dans sa *Vie de Vespasien,* chap. XIX.

l'égard des railleurs qui font rire aux dépens de leurs semblables. Sylla passait, dit-on, de longues heures en compagnie de ses bouffons et partageait leurs débauches. Selon Plutarque, de qui l'on tient ces renseignements, Antoine faisait preuve lui aussi d'une singulière sollicitude envers ces marchands d'insouciance. Assistant un jour aux noces de l'un deux, un nommé Hippias, il s'empiffra à tel point que le lendemain, en plein Forum, il ne put se retenir de vomir devant le peuple. Quand il devint triumvir, cette passion dépassa toute mesure : sa demeure, nous dit Plutarque, ne désemplissait pas d'histrions de toutes sortes, toujours plongés dans la débauche, alors qu'elle demeurait le plus souvent fermée aux généraux et aux ambassadeurs. Lorsque enfin le même Antoine se rendit en Asie afin d'y lever les sommes d'argent promises aux légionnaires, il pénétrait dans les villes entouré d'une horde de farceurs asiatiques qui surpassaient en extravagances et en grossièreté ceux qu'il avait amenés d'Italie. Aucun pouvoir ne scella jamais alliance plus étroite avec le peuple de la dérision.

En Grèce aussi, les souverains entretenaient des bouffons à leur service. On en trouve chez Alexandre, tyran de Phères, en Thessalie, à la Cour des Hiéron, en Macédoine, à la Cour de Philippe et des successeurs d'Alexandre, à Pergame, chez Attale. Ceux du palais de Denys de Syracuse étaient surnommés *Dionysocolaces :* les parasites de Dionysos.

Si l'on voit couramment les fous à gages se livrer à l'imitation de leur maître, le contraire ne se rencontre pas tous les jours. On n'en retiendra qu'avec plus d'intérêt l'exemple d'Antiochus IV Epiphane. Ce roi de Syrie – il régna de 175 à 164 av. J.-C –, voulant rivaliser de magnificence avec les fêtes que donnait le consul romain Paul Émile, se mêlait, dit-on, à ses bouffons, lesquels le traitaient d'égal à égal. L'un de ses successeurs au trône de Syrie, Antiochus IX de Cyzique, alla même jusqu'à apprendre le métier de mime. Légende ou vérité? On ne sait. Mais quel symbole!

Le croirait-on? Attila lui-même, le « fléau de Dieu », se délassait de ses barbares expéditions en compagnie de son fou. Quand Maximin et l'historien grec Priscus, envoyés de l'empereur d'Orient, Théodose le Jeune, arrivèrent en 449 près du roi des Huns, celui-ci les invita à sa table. Pendant le banquet, deux poètes célébrèrent en langue hunnique les victoires d'Attila. Puis entra un fou dont les contorsions et les inepties firent éclater de rire tous les convives. Ensuite apparut le Maure Zercon que Priscus nous décrit comme un nain, bossu, estropié, camus au point de paraître privé d'appendice nasal, bègue, et avec cela complètement idiot. Il y avait pourtant près de vingt ans que, d'un bout du monde à l'autre, on s'arrachait les services de cet avorton. Les Africains l'avaient autrefois offert au général romain Aspar, mais celui-ci l'avait perdu quelque part en Thrace, lors d'une campagne contre les Huns. Fait prisonnier, Zercon fut d'abord conduit au camp d'Attila, lequel refusa de le voir, puis chez son frère Bléda qui lui fit bon accueil et s'engoua bientôt de lui au point de ne pouvoir plus s'en passer. Il l'avait continuellement à ses côtés, à table, à la guerre, où il s'amusait follement à le voir se pavaner en armure, une grande épée au poing, avec des mines terribles et des poses de matamore. Le malheureux trouvait sûrement cela moins drôle car un jour il prit la fuite pour passer en territoire romain. Furieux, Bléda le fit rechercher partout, prêt à le racheter à n'importe quel prix. Peine inutile : quelques jours plus tard, ses soldats le lui ramenaient chargé de chaînes. A la vue de son maître, Zercon se mit à fondre en larmes en confessant sa faute. « Mais il faut me pardonner, ajouta-t-il, car j'avais une excuse. – Laquelle donc? gronda le maître. – C'est que tu n'as jamais songé à me donner une femme. » A l'idée que cet homuncule pourrait convoler, Bléda éclata d'un rire énorme. Néanmoins, il lui pardonna et lui fit même épouser une des suivantes de la reine, fille de noble famille mais tombée en disgrâce pour une raison inconnue.

En 442, après avoir fait assassiner son frère pour régner

seul, Attila envoya le Maure en cadeau au patrice Aetius, d'origine barbare mais passé au service des armées romaines, et celui-ci le rendit à son premier maître, le général Aspar. Lors d'une ambassade à Constantinople, Édécon, favori d'Attila, persuada le bouffon de revenir à la Cour de Hunnie réclamer son épouse. Zercon ne se fit pas prier et, profitant de la fête donnée en l'honneur de Priscus et de Maximin, il adressa sa requête à Attila en mêlant la langue latine à celle des Huns et des Goths dans un baragouin qui fit hurler l'assistance de rire. Mais les ambassadeurs (de qui l'on tient toute cette histoire), jugeant qu'ils avaient assez bu, s'esquivèrent de la salle du banquet à ce moment-là, de sorte que l'on ignore l'issue de la supplique.

Traversons quelques siècles et rendons-nous à Constantinople, au palais de l'empereur Théophile (829-842), afin d'y rencontrer le seul fou du Bas-Empire dont le nom soit parvenu jusqu'à nous, ce fameux Dandery, dont l'indiscrétion faillit, dit-on, causer la perte de l'impératrice Théodora. Voici les faits :

Précisons tout d'abord que Théophile faisait partie de la secte des *iconoclastes,* laquelle considérait comme une idolâtrie l'adoration des images représentant Dieu, la Vierge et les saints. Or un jour qu'il se promenait dans l'immense palais, Dandery surprit l'impératrice dans son oratoire, en prière devant des images de piété dont nul ne soupçonnait l'existence. Au lieu de s'éclipser sans un mot, il s'approcha d'elle et lui demanda l'usage de ces figurines. « Ce sont des poupées que je destine à mes filles », répondit-elle, non sans se troubler. Là-dessus, le fou s'empressa d'aller raconter partout que l'impératrice s'enfermait dans son oratoire pour y converser avec des poupées. Il ne fallut pas moins que toute la ruse de Théodora pour dissiper les soupçons de son mari. Mais à quelque temps de là, l'affaire étant tout à fait oubliée, elle saisit un prétexte futile contre Dandery et le fit copieusement fouetter. Il fallait décidément qu'il fût bien fou pour oser trahir le secret d'une femme...

Héritage de l'Antiquité après la chute de l'Empire ou survivance d'un usage connu des barbares? L'Histoire ne nous dit pas les chemins parcourus par l'homme à la marotte avant de réapparaître dans les châteaux et les couvents du Moyen Age. Avec l'avènement de la société féodale, un embryon de vie de Cour commence à s'organiser. Le puissant seigneur retranché dans son château abaisse volontiers son pont-levis pour laisser entrer les jongleurs, ménestriers et baladins de passage. C'est que la monotonie et la langueur pèsent lourd derrière les remparts désolés, et les occasions de se distraire sont rares. Aussi le maître du lieu s'assure-t-il les services permanents de quelque joyeux conteur de facéties. Grâce à lui, la veillée paraîtra moins longue, le rire fera résonner les hautes voûtes du donjon. Le rire! Bienheureuse substance qui arrache un moment le seigneur aux dures réalités de la guerre ou aux violents plaisirs de la chasse, et qui lui restitue son humanité. De là, sans doute, cette nuance affective qui se mêle presque toujours à ses relations avec son bouffon. De là également la situation privilégiée de ce dernier par rapport à toutes les autres catégories de bateleurs.

En l'an 943, Hugues le Grand, duc de Neustrie, prenant part à l'expédition du roi Louis d'Outremer contre les Normands, emmène avec lui son amuseur favori, que le chroniqueur qualifie tantôt de *mimus* et tantôt de *joculator*. Ce garçon devait avoir un tour d'esprit quelque peu libertin, car un jour qu'il se trouvait à la table de son maître, il lança une plaisanterie irrévérencieuse sur les cadavres de certaines personnes que l'on disait pourtant mortes en *odeur de sainteté*. La vengeance divine ne se fit pas attendre : la nuit venue, un violent orage déchira le ciel et la foudre s'abattit sur l'insolent [8]. L'histoire n'a pas retenu son nom, mais elle nous le présente comme le premier fou à gages de la

8. D'après Orderic VITAL, *Historia Ecclesiastica*, éd. Leprevost, t. III, p. 99.

féodalité chrétienne. Encore le mot *joculator* est-il incertain, car il désignait plutôt le *jongleur,* héritier des anciens bardes gaulois, fort répandus au Moyen Age. Mais comme ce *jongleur* n'était rien d'autre lui-même qu'un poète-musicien, et qu'il accompagnait souvent ses chansons de gesticulations propres à exciter le rire, rien n'empêche de le confondre avec notre bouffon. Au reste, *jongleur* vient du latin *joculator,* lequel vient lui-même de *jocus :* plaisanterie, bon mot.

Après le fol sacrilège, le fol prophétique. En 1047, les barons normands ligués contre leur jeune duc, Guillaume le Bâtard, plus connu sous le surnom de Guillaume le Conquérant, tentèrent un coup de main contre lui et ceux de son parti. Une nuit, alors qu'il couchait au château de Valognes, il est réveillé en sursaut par son fol, nommé Golet, à grands coups dans sa porte et à grands cris : « Levez-vous! Levez-vous! Pourquoi dors-tu, Guillaume? Tes ennemis vont prendre les armes! Si jamais ils te trouvent ici, tu ne reverras plus jamais ton Cotentin! » Grâce à la vision du fol, Guillaume échappa à ses assassins et put ainsi remporter, quelques jours plus tard, la célèbre victoire du Val des Dunes, qui mit fin à treize ans de rivalités sanglantes. Le brave Golet eût certes mérité une petite place dans la tapisserie de la reine Mathilde, mais on l'a injustement oublié. On peut y voir en revanche le petit Turold, nain de Guillaume, accompagnant les envoyés dépêchés par son maître auprès de Guy de Ponthieu. Ce qui prouve que les nains faisaient partie, dès cette époque, des députations officielles.

De Roger, fou de Henri II, autre duc de Normandie et roi d'Angleterre, on ne sait pratiquement rien, sinon qu'en 1180, on lui remit une somme de quarante sols pour lui permettre de rejoindre son seigneur en compagnie de deux chevaux et de sept chiens. Mais voici, quelque vingt années plus tard, un fol unique de son espèce : le seul fol « à titre féodal » dans toute l'histoire de la folie folliante. Il s'appelait Guillaume Picolphe et appartenait au redoutable Jean sans Terre, duc de Normandie, roi d'Angleterre, monstre hors mesure, pervers et cruel, avec des colères d'enfant gâté qui le faisaient se rouler à terre en hurlant de rage. Or, cet « ennemi de la nature », comme l'appelle un chroniqueur de l'époque, portait à son fol une affection si vive qu'il finit par lui accorder un privilège extraordinaire. Répugnant à le voir figurer avec ses chiens et ses faucons sur les comptes de la Couronne, il lui octroya vers l'an 1200 la terre de Fontaine-Osanne (peut-être *Fontaine-aux-Anes,* aujourd'hui Le Mesnil-Ozenne au pays de Mortain), avec toutes ses dépendances, à charge d'exercer sa fonction auprès du trône toute sa vie durant, en débitant le plus de joyeusetés possible. La charte de cette donation prévoyait qu'à la mort de Picolphe, son domaine passerait à ses héritiers, moyennant la redevance annuelle d'une paire d'éperons d'or. Cette charte, comme souvent à l'époque, stipulait encore, en bon latin, que le bouffon devait jouir de sa terre *« bene et in pace, libere et quiete »* (bien et en paix, librement et sans trouble). Ce n'était d'ailleurs pas le premier gage de gratitude qu'il obtenait du roi Jean. Peu avant la donation de Fontaine-Osanne, il avait reçu de ses mains deux autres domaines : la terre des Champeaux et le manoir de l'Oisellerie, moyennant le service annuel d'une paire d'éperons dorés et d'un présent d'oiseaux de rivière. Ces deux fiefs lui conféraient en outre le droit d'en jouir *honorablement* [9]. Si la profession de fol a compté dans ses rangs des hommes issus de la noblesse – la chose est tout de même assez rare – c'est bien la seule fois dans son histoire qu'elle a permis l'anoblissement d'un roturier. Il fallait un souverain sans terre pour faire de son bouffon le premier seigneur terrien! Était-ce payer trop cher? Faire naître un sourire sur les lèvres d'un tyran n'a pas de prix... Regrettons seulement que Shakespeare ait omis le personnage de Picolphe dans sa tragédie du *Roi Jean.* De toute évidence, ce fou gentilhomme manque à sa prodigieuse galerie de *clowns,* de *jesters* et de *fools.*

9. Ces chartes sont reproduites au tome XV des *Mémoires de la Société des antiquités de Normandie,* p. 96, col. I et II.

L'essentiel de notre information concernant les fols des Cours seigneuriales provient des livres de comptes. On y trouve, fidèlement consignées, les principales dépenses affectées à leur entretien. Quoique infiniment précieux, en particulier pour les détails vestimentaires qu'ils contiennent, ces registres ne peuvent naturellement donner qu'une image fragmentaire de ces personnages, et toute tentative pour reconstituer le puzzle de leur existence paraît d'avance vouée à l'échec. A moins, bien entendu, de laisser l'imagination remplir les blancs de l'histoire : *horresco referens!* A partir de cet éparpillement de chiffres et de dates, on peut néanmoins se faire une idée, sinon de leur personne ou de leur biographie, du moins de leur train de vie, et, par là, de la place qu'ils occupent au milieu de la Cour.

Or tous ces documents concordent au moins sur un point : les fous seigneuriaux jouissent de conditions matérielles tout à fait exceptionnelles. Non seulement par la somptuosité de leur garde-robe et par les fréquents cadeaux qu'ils reçoivent, mais encore par la sollicitude, voire l'affection dont ils sont parfois l'objet. Ils ont presque toujours un gouverneur pour s'occuper d'eux (ce gouverneur est indispensable lorsqu'il s'agit de débiles mentaux), un valet pour les servir, quelquefois deux, un ou plusieurs chevaux lorsqu'ils suivent la Cour à travers ses fréquents déplacements.

Quant à leur identité, notre connaissance varie en fonction des provinces. Pour la maison de Bourgogne, nous en sommes réduits à une simple énumération. La première mention d'un fou remonte à 1363. Il s'agit d'un nommé Nicolas, employé pour divertir le duc Philippe le Hardi, l'un des plus puissants seigneurs d'Europe. Ce Nicolas perçoit un salaire de « trois gros par jour » pour lui et son valet, Jehan le Bourguignon. En 1365, le même duc renvoie chez sa mère, « sans espérance de retour devers luy », un autre fol, Nicolas de Saint-Flarcy (avait-il déçu ou voulait-il rentrer au pays, on ne sait) et lui fait remettre pour son voyage dix deniers d'or et quatre pour se vêtir. Le premier Nicolas resta au service du duc jusqu'en 1371. Dès le mois d'octobre de cette même année, les comptes signalent un autre fol du nom de Girardin, puis vient Jehan Quarrée, mentionné plusieurs fois à partir de 1388. L'épouse du duc, Marguerite de Flandre, possède sa propre folle en la personne de Coquerée, et son frère, le duc de Berry, en emploie successivement trois : Lamy (en 1372-1374), le bien nommé Plantefolie (en 1376-1378) et Huot (en 1386). On relève en outre la curieuse mention d'un « fol sage », qui assiste aux relevailles de la duchesse et auquel le duc fait présent d'une ceinture d'argent de soixante livres-tournois.

Nous sommes à peine mieux renseignés sur la Cour de Bretagne. En tout cas, on n'y voit point de fol avant le règne du duc Jean VI [10], au début du XVe siècle. Au cours d'un séjour qu'il avait effectué à la Cour de France, ce prince, encore jeune, s'était beaucoup diverti aux plaisantes inventions de deux comiques à gages : l'un, nommé Hainselin Coq, appartenait au roi ; l'autre, nommé Coquinet, travaillait pour le duc d'Orléans. Quelques années plus tard, on trouve un Coquinet auprès de Jean VI. S'agit-il du même ou d'un autre, qui aurait repris ce sobriquet en hommage au premier? On ne sait. Quoi qu'il en soit, ce fou semble avoir été très en faveur à la Cour du duc Jean. Celui-ci étant invité en 1419 par le roi d'Angleterre, Henry V, à venir le retrouver à Rouen, ville nouvellement conquise par ce souverain, il décide de l'emmener avec lui : ainsi la route lui paraîtra moins longue. Et comme la monture du joyeux compagnon donne des signes de faiblesse, son maître lui en offre une nouvelle, qu'il paie cent dix sols à un frère jacobin rencontré sur la route.

10. Et non Jean V, comme l'écrit par erreur J. TRÉVÉDY, « Fous, Folles et Astrologues à la cour de Bretagne », dans : *Bulletin de la société archéologique du Finistère,* Quimper-Rennes, 1891, p. 5 sq.

Le sot de Philippe le Hardi, duc de Bourgogne. Dessin du Recueil d'Arras.
Cl. Giraudon.

Aucun texte ne signale la présence d'un fol à la Cour de François Ier (1442-1450), successeur de Jean VI au duché de Bretagne. En revanche, sa femme Isabeau entretient une folle nommée Françoise, sur laquelle on ne sait rien. Pierre II (1450-1457), quant à lui, avait reçu en présent de la reine Marie d'Anjou, femme de Charles VII, un fol dont on ignore le nom, mais qu'une femme, nommée Élisonne, accompagnait à titre de « gouverneresse ». Comme on ne connaît pas d'autre femme ayant rempli cet office, on peut supposer que le fol en question était un jeune enfant. Cela n'a rien d'exceptionnel : les bouffons entraient souvent très tôt dans la carrière. A Pierre II, mort en 1457, succède son oncle, Arthur de Richemont, compagnon de Jeanne d'Arc, qui remporta contre les Anglais les victoires de Patay et de Formigny et qui rendit la Normandie à la Couronne de France. Ce vaillant capitaine passait en outre pour un homme d'esprit, aimant à rire et fort ingénieux, nous dit la chronique du temps, pour inventer force facéties. Son fou favori se nommait Dago. Après des débuts à la Cour de France où il espéra vainement faire carrière, ce Dago fut appelé à la Cour de Bretagne et promu fou en titre dès le mois de novembre 1457. C'est vers cette époque qu'ayant suivi le duc Arthur à Rennes, il lui arriva cette petite aventure : un officier auquel ses plaisanteries avaient déplu lui balança quelques soufflets en présence du duc. Aussitôt, celui-ci rappela durement l'impétueux militaire au respect dû à la présence de son souverain, et alla consoler Dago en lui remettant de sa main un écu d'or.

Le règne du bon duc de Richemont ne dura pas plus d'une année. François II lui succéda le 3 février 1458. Celui que l'on appelait jusque-là le comte d'Étampes n'avait jamais pu s'offrir le luxe d'un amuseur à gages, car bien que « beau et de grande apparence », il était « pauvre prince et disetteux ». A peine monté sur le trône, il s'empressa d'en engager un dont il était, paraît-il, si fier qu'il ne put s'empêcher de le présenter au roi de France lors d'un voyage à Chinon. Charles VII en fut pareillement charmé, et lui fit remettre « six aunes de velours tanné pour faire une robe, trois aunes de drap rouge, blanc et vert pour faire un chaperon, enfin un pourpoint de velours gris ». Hélas, la faveur de maître Denis d'Espinel – c'était son nom – fut de courte durée. En novembre 1459, le trésorier du duc lui compta la somme de quatre livres, onze sous et huit deniers « pour s'en aller et ne revenir plus ». On ignore la cause de cette disgrâce. Peut-être un mot blessant à l'égard de son maître. Ou le conseil de se séparer de sa maîtresse, Antoinette de Meignelais, dont toute la Cour le pressait de se débarrasser? En tout cas, on ne lui connaît pas de remplaçant. On sait seulement que les deux épouses successives de François II employèrent au moins trois folles. La première portait, sans d'ailleurs en avoir l'exclusivité, le surnom évocateur de Madame de Toutes-Couleurs; quant aux deux autres, Françoise Gaillard et Colette, elles étaient traitées sur le même pied que les filles d'honneur de la duchesse. Enfin, Anne de Bretagne, fille de François II, avait une folle en titre lorsqu'elle apporta son duché à la Couronne de France, par son mariage avec Charles VIII d'abord, puis avec Louis XII. Par un acte du 18 janvier 1492, elle fait remettre « à Sinocte, pauvre femme », mère de sa folle, la somme de « dix-sept livres dix sols tournois, aumosnée pour lui aider à vivre et s'en retourner à sa maison ».

Dès le milieu du XVe siècle, l'usage d'entretenir des fous domestiques semble définitivement entré dans les mœurs. Il n'y a pas de Cour royale ou princière, en France ni dans le reste de l'Europe, pas de seigneur de haut rang, pas de riche prélat, pas d'abbaye d'un certain renom qui n'ait à son service un ou plusieurs de ces bouffons. Le roi René d'Anjou, prince éclairé s'il en fut, et grand protecteur des arts et des lettres, ne dédaignait pas ce genre de divertissements. Parmi les peintres, sculpteurs, poètes, musiciens dont il aimait à s'entourer, et qui firent de sa Cour l'un des hauts lieux de la Renaissance française à ses débuts, on pouvait voir une espèce de gnome contrefait dont la tête, bizarrement taillée en pointe et à peine plus grosse que celle d'une poupée, faisait un saisissant contraste avec un corps épais, tassé sur lui-même, comme un bloc de pierre mal équarri. On l'appelait Triboulet, du vieux verbe *tribouler,* dont il ne reste plus aujourd'hui que le mot *tribulation,* et que l'on peut traduire par « cervelle branlante [11] ».

Ce Triboulet, dont nous avons décrit plus haut le fastueux équipage, figure dans les comptes à partir de 1447, et son nom y revient d'innombrables fois pendant les trente-cinq années que durèrent ses bons et loyaux services. C'est assez dire la place éminente qu'il occupait au sein de cette société, qui passe pour l'élite de son siècle. C'est aussi la preuve que l'usage des bouffons, parfois qualifié de barbare, ne répugnait pas aux esprits les plus raffinés. Au reste, rien ne nous dit que ce nabot à la tournure grotesque ne fut pas homme d'esprit. Qui sait s'il ne germait pas, sous son crâne étriqué, des pensées ingénieuses, des inventions subtiles? Qui nous dit qu'il n'eut pas cette force comique, cette verve géniale que l'on observera plus tard chez un Brusquet ou un Chicot? Quoi qu'il en soit, il est l'enfant gâté de la Cour du roi René, où

11. Le verbe *tribouler* se rencontre, entre autres, chez Alain CHARTIER : « Aux bons, les adversités viennent et sont foulés et par fortune *triboulés* »; et chez FROISSART : « En Angleterre, pour cette saison, ils étoient tout *triboulés* et en mauvais arroi. » PASQUIER, de son côté, parle de *triboule-ménage* pour *trouble-ménage.* Selon certains, ce nom serait à rapprocher du latin *tribulus* (chardon), dont la tête, hérissée de pointes, désignerait la tête du fou. Selon d'autres, *Triboulet* dériverait du provençal *tribo,* trépan, instrument utilisé jadis pour guérir les fous, et dont on aurait fait *tribounat, triboulat,* c'est-à-dire *trépané.* – Comment ne pas penser également au *Tribulat Bonhommet* (1887) de VILLIERS DE L'ISLE ADAM, recueil de cinq nouvelles, au centre duquel le héros qui porte ce nom représente le bourgeois matérialiste et borné. Ajoutons enfin que *Triboulet* n'est pas seulement un sobriquet, mais qu'il existe comme nom de famille. JAL en relève plusieurs exemples au XVIe et au XVIIe siècle et l'on se souvient qu'un ministre de la Ve République s'appelait Raymond Triboulet. D'après A. DAUZAT, font partie du même groupe des patronymes tels que *Tribout, Tribol, Triboul, Triboulot* et le péjoratif *Tribouillard.*

chacun l'entoure d'attentions. On le couvre de fourrures et de bijoux, on met à son service un certain Jacquet qui lui sert à la fois de gouverneur et d'instituteur, on le loge dans les bâtiments des Halles d'Angers, et on augmentera son ménage de deux valets lorsqu'il sera devenu vieux. La reine Jeanne de Laval lui fait de fréquents cadeaux et le duc d'Orléans lui offre en 1464 une splendide haquenée d'une valeur de dix livres tournois. Pour ses étrennes de 1452, il reçoit de la main du roi « une chaîne pesant quatre marcs d'argent », et de la reine « une petite bourse de fils d'argent ». Suivant son maître dans ses déplacements, il oublie un jour à Tarascon une petite boîte à laquelle il est attaché, et ne s'en aperçoit qu'une fois arrivé à Martigue. Qu'à cela ne tienne : le duc dépêche sur-le-champ un coursier pour « quérir la boîte de Triboulet ». Sa vue commence-t-elle à baisser? On lui commande aussitôt une paire de lunettes, accessoire encore peu répandu. A-t-il vu des aiguillettes qui lui plaisent? Le sieur Jehan Babiloine, aiguilletier, est prié de lui en fournir trente douzaines, plus deux paires de gants, car l'hiver approche. On le soigne, on le bichonne, on lui passe tous ses caprices. Comme beaucoup de ses confrères, il raffole des chaussures neuves; on lui en achète cinq paires en août 1452, puis quatre paires en novembre, cinq paires en décembre de l'année suivante, et encore quatre paires deux mois plus tard... Enfin, dans le souci de perpétuer la mémoire de son bouffon et de transmettre sa physionomie aux générations futures, René d'Anjou fait graver une médaille à son effigie par Francesco Laurana, sculpteur du roi, l'un des « tailleurs d'images » les plus réputés de l'époque [12]. Quel plus bel hommage ce prince ami des arts pouvait-il rendre à son cher Triboulet!

L'œuvre de Laurana, exécutée entre 1461 et 1466 et

12. Outre cette médaille, Laurana a laissé de Triboulet un bas-relief en marbre, actuellement conservé à l'*Allen Memorial Art Museum* d'Oberlin (Ohio). Les deux œuvres sont très proches, mais le bas-relief ne représente que la tête du personnage (on le trouve reproduit dans TIETZE-CONRAT, *Dwarfs and Gesters in Art,* New York, 1957, p. 43).

conservée aujourd'hui à la Bibliothèque nationale, représente le fou de profil, tenant sa marotte à deux mains, comme une massue; les traits du visage paraissent mal dégrossis et comme taillés à coups de serpe; la nuque droite et raide, dans le prolongement du dos, le front bas et fuyant, les oreilles démesurément allongées, les yeux gros et saillants, la barbe en fourche : de tout cela se dégage une sorte de rudesse, de force brutale, presque bestiale, que dément étrangement la ridicule étroitesse de l'occiput. Des voyageurs bohémiens de passage à Angers en 1466 confirment cette impression. Le fou du roi René, qu'ils appellent *Tuybelim,* leur apparut en effet comme une curiosité physiologique; ils furent surtout frappés par la calotte qui lui servait de coiffure et qui s'ajustait sur sa tête comme une demi-écorce d'orange.

Si Triboulet reçut les marques d'une considération toute particulière, il ne fut cependant pas le seul à exercer son office à la Cour d'Anjou. On connaît deux autres fous en activité en même temps que lui, qui prendront la relève après sa mort; l'un, « Philipot le nain », qualifié de « petit fol », est mentionné dans les comptes à partir de 1476; l'autre, « Faillon le fol », n'apparaît qu'en 1480. Sans compter les folles : « Gillette la brune », la « Dame de Toutes-Couleurs » (encore!) et « Michon la folle », affectée à la maison de la reine Jeanne de Laval de 1456 à 1459.

Outre les fous salariés dont nous venons de parler, il existait une autre catégorie de fous que l'on peut qualifier d'indépendants. Ceux-là passaient leur vie à errer sur les marchés et les foires de villages, sur les places publiques, aux abords des châteaux, à l'entrée des gros bourgs, partout où ils avaient chance d'attirer l'attention, et ils payaient en grasses ou fines plaisanteries le seigneur qui les hébergeait pour la nuit ou le manant qui leur jetait la pièce. Parfois, ils se joignaient à une troupe de ménestriers ambulants, qui jouaient du luth et récitaient des contes, tandis qu'eux-mêmes faisaient rire l'assistance avec leurs facéties. C'étaient, en quelque sorte, les bouffons populaires, les amuseurs du pauvre.

Naturellement, ces saltimbanques sans feu ni lieu, proches de la gueuserie, vivant souvent de maraude, n'ont laissé aucune trace dans l'histoire. C'est à peine si quatre ou cinq d'entre eux échappèrent à l'oubli, parce qu'ils avaient eu l'honneur de recevoir un jour une parcelle de la manne royale. Ainsi, les comptes de l'*Argenterie* nous apprennent que le 2 juin 1380, un certain Jehan de Herault débite son rôle à l'Hôtel Saint-Pol, devant Charles VI, et en reçoit quinze sols parisis. La même année, le nommé Jehan de la Marche, « fol lequel prêcha devant le Roy, le jour de la Saint-Pierre à Montreuil », s'en retourne avec seize sols dans sa sébile. En 1493, à Moulins, un fol qui jouait du tambourin est admis à faire valoir ses talents devant la reine Anne de Bretagne qui lui fait remettre huit sols et neuf deniers tournois. Passant dans la même ville en 1541, le roi François Ier récompense l'un de ces farceurs ambulants d'un habit neuf et d'une paire de souliers. Les rues et les places des grandes villes attirent également les vagabonds de la marotte. Une gravure de Gaignières nous a conservé les traits d'une certaine Marguerite, qui allait par les carrefours et les ponts de Paris en jouant de la musette, et que pour cette raison on nommait *Margot la Musette.*

Il arrivait parfois que l'un d'eux, plus talentueux que les autres, se fît remarquer de quelque grand seigneur et le suivit dans ses ouvrages. Mais s'il ne savait pas se renouveler, son maître s'en lassait au bout d'un certain temps, et un autre venait prendre sa place. On désignait ces amuseurs temporaires sous le nom de « fols suivant la Cour »; ils ne tenaient à la maison du prince que par occasion, ne figuraient pas sur l'*État ordinaire* des dépenses et ne recevaient pour tout gage que de menues gratifications, quelques oboles, parfois des vêtements. Marie d'Anjou employa ainsi durant l'année 1454 deux vacataires folliants nommés Dago et Robinet; le premier reçut un peu plus d'un écu et le second dix sols tournois seulement.

C'est à cette dernière catégorie de fous « suivant la

Cour » qu'appartenaient, dit-on, trois personnages nommés Pierre Faifeu, Montbléru et Berthaud, sur lesquels on sait peu de choses, bien qu'ils aient inspiré plusieurs contes du XVe et du XVIe siècle. Sans trop nous fier à ces récits, car ils se rattachent pour l'essentiel à la tradition gauloise et empruntent beaucoup à Boccace et au Pogge, on peut toutefois en tirer quelques informations – sous toutes réserves, bien entendu. Une chose, en tout cas, est sûre : ces trois héros de nouvelles ont vécu simultanément une double existence, l'une bien réelle, l'autre légendaire. On sait par exemple que le « gay, gentil et noble » Pierre Faifeu, n'ayant pas d'emploi fixe, « vicariait en maint contrée et lieu », autrement dit qu'il travaillait pour son compte et vivait en nomade. On l'a comparé à Till l'Espiègle pour son sens de la farce et sa matoiserie. A en croire la nouvelle que lui consacre Bonaventure Des Périers, il aurait également joui d'une solide réputation de tire-laine :

> Pour mettre, comme une homme habile,
> Le bien d'autry avec le sien,
> Et vous laisser sans croix ni pile,
> Maistre Pierre le faisoit bien [13].

Montbléru, aussi doué que lui pour la rapine, ne portait pas non plus la livrée du métier; il n'appartenait pas à un seul maître, mais allait de l'un à l'autre, selon « qu'on le défrayait et payait ses dépens »; il passa ainsi du service de Monseigneur d'Estampes à celui de trois gentilshommes rencontrés à la foire d'Anvers qui lui firent bon accueil et, « pource qu'il est plaisant et gracieux comme chacun sait », le prièrent de venir loger avec eux, en lui

---

13. Bonaventure DES PÉRIERS, *Nouvelles Récréations :* XXIIIe nouvelle, laquelle est imitée du XXIe chapitre de la *Légende joyeuse de Maistre Pierre Faifeu, contenant plusieurs singularitez et véritez,* par Charles BOURDIGNÉ, imprimée pour la première fois en 1526 (in-4o goth.) Quant aux quatre vers de Des Périers, ils sont inspirés de la célèbre ballade de Clément MAROT sur le *Frère Lubin.*

promettant « qu'ils feraient la meilleure chère de jamais [14] ». Quant à Berthaud, auquel on fit croire un jour qu'il était mort et qui en fut persuadé pour de bon, c'était plutôt un idiot de village « qui servoit de passe-temps à tous allans et venans ». Selon Des Périers, le malheureux aurait perdu la raison à la suite d'une mauvaise farce de quelques « bons maistres de métier » qui l'auraient tenu éveillé onze jours et onze nuits de suite, en lui fichant de grosses épingles dans les fesses pour l'empêcher de dormir, « qui est la vrai recepte de faire devenir un homme parfaict en la science de folie [15] ».

---

14. *Cf. Les Cent nouvelles Nouvelles* (nouvelle LXIII).

15. *Cf.* Bonaventure DES PÉRIERS, *Nouvelles Récréations* (nouvelle LXVIII : « De maistre Berthaud, à qui on fit accroitre qu'il estoit mort »).

V

Le fol institutionnel

En ceste manière, disent les mathématiciens, un mesme horoscope estre à la nativité des roys et des sots.
(RABELAIS, *Pantagruel*, III, 37)

Remontons près de deux siècles en arrière, à l'an de grâce 1316 exactement, et transportons-nous dans la grosse tour du Louvre, centre de l'autorité royale, où d'importantes décisions se préparent relativement à nos fous. Philippe V, dit « Le Long » – mais que l'on appelle aussi « Le Grand », « Le Borgne » ou « Le Beau » – Philippe V donc, qui vient de monter sur le trône, cherche le moyen de s'attacher à vie le gentil fol Geoffroy, son amuseur favori. Quoi de plus triste, en effet, que de voir un fol que l'on aime bien et qui vous fait si bien rire, vous quitter pour porter ses talents ailleurs. A cela, il n'existe qu'un remède : lui accorder un statut administratif. Philippe V n'hésite pas : il institue un office spécial pour tous les fols qui exerceront successivement à la Cour de France; ils seront désormais qualifiés de fols « en titre d'office ». De simples serviteurs à gages, les voici devenus agents de l'État, titulaires de leur charge jusqu'à leur mort, payés sur les caisses du royaume pour entretenir la joyeuse humeur du prince. Bref, voici la folie promue au rang d'institution [1].

Comme on peut l'imaginer, l'accès à la fonction, que ce fût « en titre d'office » ou en qualité de fou appointé, attirait une foule de candidats. A la Cour de France comme à la Cour d'Anjou, de Bourgogne ou d'ailleurs, la vacance d'une marotte mettait en jeu à peu près autant d'ambitions que celle d'une crosse, d'une mitre ou d'un siège de judicature. Les avantages matériels n'expliquent pas seuls le phénomène; il faut aussi tenir compte des privilèges immenses dont le fol jouissait auprès du pouvoir. Quant aux modalités de recrutement, elles étaient très variées, et le hasard y tenait une part non négligeable. Il arrivait par exemple qu'au cours d'un voyage, dans une foire, ou chez un seigneur dont il était l'hôte, le prince rencontre un baladin ambulant, doué soit d'une difformité physique, soit d'une imbécillité congénitale, soit d'un joyeux babil, et qu'il l'engage sur-le-champ. Il pouvait aussi s'adresser à une famille nécessiteuse et chargée d'enfants, afin de choisir parmi ceux-ci le plus apte à cette fonction – c'était souvent le cadet, celui que l'on destinait à l'Église. Il semble même qu'il ait existé des tribus spécialisées, des centres d'« élevage » de fous, comme il y eut des fabriques de nains (n'enfermait-on pas les enfants dans des carcans pour stopper leur croissance?). C'est du moins ce qui ressort d'un récit de Guillaume Bouchet dans lequel il est question d'un idiot issu d'un de ces foyers de délirants : « Ce serviteur estoit d'une famille et d'une race dont tous estoient honnestement fous et joyeux; en outre, tous ceux qui naissoient en la maison où ce serviteur estoit né, encore qu'ils ne fussent de la lignée, venoient au monde fous et l'estoient toute leur vie; tellement que les grands seigneurs se fournissoient de fous

1. Geoffroy est nommé dans le compte des *receptes et mises* faites pour le roi, depuis le 12 juillet 1316 jusqu'au 1er janvier suivant. Voici l'article qui le concerne : « Pour une robe de trois garnemens [de trois pièces] pour mestre Geffroy le fol. »

en ceste maison, et par ce moyen, elle estoit de grand revenu à son maistre [2]. » Cet étrange institut existait encore à la fin du XVIe siècle.

Certaines villes avaient-elles le monopole de la folie? Aucune, à vrai dire, n'a jamais revendiqué cette inquiétante prérogative. Mais si l'on en croit Dreux du Radier, c'est à Troyes que l'on pouvait se procurer les meilleurs fous de France. Voici en effet ce qu'écrivait en 1767 l'auteur des *Récréations historiques* : « J'ai appris d'un échevin de Troyes en Champagne qu'on voyoit encore dans les archives de cette ville une lettre de Charles V où ce prince, marquant aux maires et aux échevins la mort de son fou, leur ordonne de lui en envoyer un autre, *suivant la coutume.* L'usage en étoit déjà établi, et la Champagne avoit apparemment *l'honneur exclusif* de fournir des fous à nos rois, du temps de Charles V [3]. » Est-il besoin de dire que cette allégation provoqua la plus vive émotion chez les érudits champenois? L'archéologue troyen Grosley, qui se disait ironiquement très flatté du choix de ses concitoyens pour exercer la folie à la Cour de France, mit cependant tout en œuvre pour retrouver l'original de la fameuse lettre; il fouilla de fond en comble les Archives communales, courut les cabinets des savants, interrogea les historiens locaux, les libraires, les antiquaires, les collectionneurs de vieux papiers. En vain. Le mandement royal demeurait introuvable. Mais voici qu'à la fin du siècle dernier, un quotidien régional, *L'Aube,* offrait en exclusivité à ses lecteurs le texte même de cette lettre, datée de 1372, reproduite ci-dessous, *in extenso* :

---

2. Guillaume BOUCHET, *Les Sérées,* éd. C. E. Roybet, Lemerre, 1873-1882, t. V, p. 51.

3. DREUX DU RADIER, *Récréations historiques, critiques, morales...,* Paris, 1767, t. I, p. 1. L'allégation de Dreux du Radier avait été déjà publiée quelque trente ans auparavant par LEGENDRE DE SAINT-AUBIN, dans son *Traité de l'opinion, ou mémoires pour servir à l'histoire de l'esprit humain,* Paris, 1733, 6 vol.

« Charles, par la grâce de Dieu, roy de France, à leurs seigneuries les maires et échevins de nostre bonne cité de Troyes, salut et dilection.

« Savoir faisons à leurs dessus dictes seigneuries que Thévenin, nostre fol de Cour, vient de trespasser de celluy monde dedans l'aultre. Le Seigneur Dieu veuille avoir en gré l'âme de luy qui oncques ne faillit en sa charge et fonction emprès de nostre royale seigneurie, et mesmement ne voulsit trespasser sans faire quelque joyeuseté et gentille farce de son métier. Pour quoy nous avons ordonné que luy soit dressé marbre funéraire représentant le dict sire avec une épitaphe condigne.

« Ores, comme par le trespassement d'icelluy, la charge de fol en nostre maison est de fait vacquante, avons ordonné et ordonnons aux bourgeois et villains de nostre bonne ville de Troyes, qu'ils veuillent pour droict à nous acquis déjà depuis longues années, nous bailler un fol de leur cité pour récréer nostre majesté et les seigneurs de nostre palais.

« Ce faisant feront droict à nos royaux privilèges, et pour récompense seront les dicts bourgeois et villains à tout jamais nos féaux et amés subjects. Ce tout, sans délais ni surcis aulcuns; car voulons que la dicte charge ne reste un plus long temps vacquante.

« En nostre palais de Paris, le XIV janvier de l'an de l'incarnation MCCCLXXII.»

Voilà, n'est-il pas vrai, une preuve irréfutable? Voire... Car à relire la lettre de près – et croyez que les Champenois la passèrent plusieurs fois au crible (il y allait de leur honneur!) –, on y observe d'étranges anomalies. Une évidence tout d'abord : le style n'est pas du XIVe siècle, pas plus que la syntaxe ni le vocabulaire (ne parlons pas de l'orthographe!). Ensuite, certaines précisions, certains détails ici ou là, paraissent vouloir suivre de trop près la description de Dreux du Radier, lequel, rappelons-le, n'a jamais tenu la lettre entres ses mains. Mais ce qui surtout éveille le soupçon, c'est l'annonce de la mort de Thévenin en 1372, alors que l'épitaphe que Charles V fit inscrire sur son tombeau nous apprend que son fol bien aimé trépassa deux ans plus tard, le 11 juillet 1374. Erreur dans l'épitaphe gravée sur le marbre du mausolée? Totalement invraisemblable! Erreur dans le manuscrit de la lettre? Encore moins probable! Conclusion? Eh bien, la lettre de Charles V n'est qu'un faux pur et simple, sorti d'une plume apocryphe – et facétieuse – afin d'accréditer une absurde légende... Dormez donc tranquilles, bons habitants de Troyes en Champagne! Vous n'avez jamais été plus sots que les autres et si vous avez une recette dont nul ne songe à vous disputer la gloire, ce ne fut jamais celle de la folie, mais celle de l'andouillette...

Curieusement, il semble que les origines sociales des aspirants à la charge de fol aillent en s'élevant à mesure que l'on avance dans le temps. Au Moyen Age, ce ne sont encore pour la plupart que de pauvres hères, souvent des orphelins ou des enfants naturels vivant dans un état proche de la misère. En plus de leur propre entretien, les livres de comptes font plus d'une fois mention d'une mère ou d'un frère ou d'une sœur en détresse (il est rarement question du père) à qui le seigneur envoie le secours de quelque obole. Mais, dès le début du XVIe siècle, on trouve parmi eux d'anciens apothicaires, d'anciens médecins, voire d'authentiques gentilshommes. Cette ascension sociale du recrutement correspond sans aucun doute à une exigence accrue quant à leur niveau intellectuel.

Au reste, ne devient pas fol qui veut. Il y faut des dispositions particulières que tout le monde ne possède pas. On a longtemps cru que la difformité physiologique ou l'infirmité cérébrale constituaient des conditions nécessaires pour entrer dans la carrière. Nous avons tenté de faire justice de cette opinion au chapitre précédent. La laideur, répétons-le, était surtout l'affaire des nains. Quant à la débilité mentale, elle se fait de plus en plus rare et finit par disparaître tout à fait.

Cela dit, il convient de combattre une autre erreur, trop communément répandue. Le métier de fol, en dépit de ce que l'on a pu dire ou écrire, n'est pas un métier facile. Il exige au contraire tant de qualités, et si diverses, qu'on ne les trouve que très rarement réunies chez un même individu. Tâchons de nous représenter ce qu'était son rôle exact auprès du souverain.

Il a pour première tâche de le divertir, de l'amuser, et, pour cela, de lui raconter quantité d'histoires drôles. Un fol « bien appris » devra donc savoir par cœur une infinité de contes, de *lais,* de fabliaux, d'anecdotes; il saura également composer lui-même des vers et des chansons, inventer des jeux, des énigmes, des devinettes, des rébus, des calembours. S'il ne possède pas naturellement l'art de la repartie, il lui faudra l'acquérir, le développer s'il le possède déjà, s'exercer à trouver sur l'instant le mot qui fait mouche, la formule qui surprend, apprendre à manier le sarcasme avec esprit, à doser le respect et l'irrévérence, à se montrer méchant sans jamais cesser d'être drôle. Dur labeur, en vérité! Et comme il faut varier les plaisirs du maître, il se fera à l'occasion danseur ou ménestrel, saura jouer de la vielle et de la cornemuse, assouplira son corps, le soumettra à la dure discipline des acrobates, le dressera à mille contorsions, le fera marcher sur les mains; seul devant sa glace, il étudiera son visage, le pétrira comme une pâte molle pour en tirer les grimaces les plus grotesques; il travaillera sa voix, lui fera prendre les inflexions de son souverain, ou de tel courtisan dont il veut se railler, la forcera à produire des cris d'animaux et à imiter toutes sortes de bruits.

Comparons-le à un clown – seuls le cirque ou le cabaret exigent une telle maîtrise de ses moyens –, mais à un clown qui ne quitterait jamais la piste, qui aurait l'obligation de faire rire sur commande, à n'importe quel moment de la journée, le public le plus rebelle à se dérider que l'on puisse imaginer, celui d'un roi entouré de sa Cour. Or, tous les gens de théâtre le savent : il est cent fois plus facile d'arracher au public des larmes que des rires. Mais que dire lorsque ce rôle, il s'agit de le tenir durant sa vie entière, et qu'il est de surcroît aux trois quarts improvisé? En effet, à part certains textes appris par cœur, le fol ne dispose même pas d'un canevas à quoi se raccrocher; il travaille « sans filet », invente ses gags au gré des circonstances, dans un jaillissement ininterrompu de trouvailles. On comprend dans ces conditions que celles-ci ne soient pas toujours de la meilleure veine. Et puis, il y a l'usure inévitable, car rien, comme on sait, ne lasse plus vite qu'une plaisanterie, fût-ce la meilleure. D'où la nécessité de se renouveler sans cesse. Tout public est changeant, avide de nouveauté – celui de la Cour plus que tout autre. Imagine-t-on les prouesses d'invention qu'il faut déployer pour changer perpétuellement de répertoire, pour l'adapter à la situation du moment ? En cela, le fol s'apparente quelque peu au chansonnier soumis aux aléas de la vie politique et rompu à modifier son tour de chant d'un soir à l'autre.

Comédien, clown, mime, acrobate, danseur, chanteur, musicien : le fol était tout cela en même temps ; autant dire un spectacle total à lui seul. Une tâche aussi harassante exigeait, outre des dons naturels, un rigoureux apprentissage. Dès son entrée en fonction, il était placé sous la direction d'un maître ès arts de folie – qui n'était le plus souvent que son « gouverneur », lui-même ancien bouffon – chargé de lui inculquer les rudiments du métier. L'entraînement était douloureux et pouvait durer des mois. A la moindre inattention, à la moindre défaillance de mémoire, l'élève recevait des coups d'étrivières ou allait faire pénitence aux cuisines, en compagnie des valets. Si la nouvelle recrue avait déjà une expérience, on se contentait de développer ses talents.

Outre des dons comiques, l'art du fol – car il s'agit bel et bien d'un art – supposait une solide connaissance des hommes, ou à tout le moins une intuition assez sûre. Le rire met en action les ressorts les plus secrets de notre être, ceux-là mêmes qui lui communiquent sa puissante vertu libératrice. Le rire collectif, celui d'une salle de théâtre par exemple, répond pour l'essentiel à des mécanismes éprouvés depuis la plus haute Antiquité et que les auteurs de vaudevilles connaissent bien. Il en va tout autrement du rire d'un seul ou d'un petit groupe. Là, les ficelles traditionnelles n'opèrent plus ; les phénomènes d'identification ou de distanciation se trouvent déplacés, voire supprimés, dans la mesure où le spectateur unique est lui-même directement engagé dans le jeu, puisqu'il est tout à la fois public et acteur, ou, pour mieux dire, réplique, faire-valoir de son propre clown. Comment d'ailleurs pourrait-il se soustraire à cette farce à deux personnages, se dérober à son rôle, celui du clown blanc qui, inlassablement, par ses questions, provoque les bouffonnes reparties de l'autre, de celui qui, justement – ô dérision! –, porte le nom d'Auguste? Ce dialogue éternel du clown blanc et de l'Auguste, l'un sérieux, l'autre burlesque, nous renvoie au couple archétypal et antithétique que forme le roi et son fol, c'est-à-dire le pouvoir et sa dérision. Antithétique mais organique, aussi indissociable que l'avers et le revers d'une médaille.

Conclura-t-on qu'il faut autant de sagesse pour faire le fol que pour faire le roi? Laissons à Shakespeare le soin de le dire, car nul n'a pénétré plus avant dans l'ambiguïté de leurs rapports : « Bien faire le fol, voilà qui demande une espèce de sagesse : il faut observer l'humeur de ceux que l'on raille, la qualité des gens, les circonstances, et, comme le faucon, fondre sur tout plumage qui lui passe devant les yeux. C'est là un métier aussi difficile que l'art du sage, car la folie sagement pratiquée a son prix, tandis que la sagesse qui déchoit en folie abdique tout esprit [4]. »

Un autre cliché – d'inspiration toute romantique celui-là – voit dans le fou de Cour un être vil, méprisé, rejeté par une société cruelle qui lui refuse jusqu'au droit d'être lui-même, jusqu'à sa dignité d'homme. Il va de soi que Victor Hugo porte une lourde responsabilité dans cette affaire, avec son Triboulet contraint de dissimuler son désespoir et sa haine derrière le masque du pitre. Avouons qu'il y avait là de quoi nouer les gorges les plus insensibles

4. SHAKESPEARE, *La Nuit des rois,* acte III, sc. 1.

du Théâtre-Français! Voilà notre fol promu au rang de grand premier rôle tragique! Un bouffon gai, léger, heureux? Cela ne peut exister. Le clown est triste. Irrémédiablement.

Un autre adepte du style troubadour, Paul Lacroix, dit « le bibliophile Jacob », auteur d'un essai sur les fous des rois de France (1837) qui se veut pourtant historique, ne fait qu'entretenir cette vision : « Quelle devait être, dit-il, la condition abjecte et pourtant enviée de ses créatures qui n'avaient plus à eux une pensée, un sentiment; qui riaient de bouche lorsqu'ils avaient des larmes au fond de l'âme, qui se voyaient ravalés au niveau des chiens et des singes, qui vivaient et mouraient au bruit moqueur de leurs grelots? Sans doute, il s'est rencontré plus d'une fois un cœur d'homme abattu d'indignation sous le déguisement d'un fou; sans doute une main qui aurait bien tenu la garde d'une épée, s'est crispée sur le manche d'une marotte, et plus d'une fois le fou a craché sa honte au visage du roi. »

Sans doute... Sans doute... Mais enfin, il ne faut rien exagérer. Du point de vue de leur situation matérielle, nous avons pu voir que certains menaient grand train : valets, chevaux, habits somptueux, cadeaux de prix, etc. Tous n'avaient certes pas cette chance, mais enfin, les moins favorisés n'avaient pas trop à se plaindre de leur sort. Nul doute, là encore, que leur condition ne se soit progressivement améliorée au cours des siècles. Parce que les livres de comptes les font figurer aux côtés des singes, des chiens et de la fauconnerie, on les a longtemps imaginés accroupis parmi les bêtes, au fond d'une obscure tanière. Mais les paysans de l'Ancien Régime vivaient-ils autrement? Au reste, rassurons-nous : dès le XIVe siècle, et peut-être même avant, leur statut doit plutôt se comparer à celui des peintres, des poètes et des musiciens pensionnés par le prince. Quant à leur insertion sociale, elle se réalisa, semble-t-il, assez tôt et sans difficulté majeure. Ils étaient en tout cas beaucoup mieux intégrés que les nains (ceux-ci ne le furent jamais et ne le sont pas davantage aujourd'hui [5]) et autant que les plus grands écrivains du siècle de Louis XIV, lesquels, rappelons-le, vivaient pour la plupart des aumônes des grands.

Le fou « en titre d'office » était payé sur les fonds des Menus plaisirs. Nous ne connaissons pas le montant exact de sa dotation annuelle – à supposer qu'elle fût régulière – du moins jusqu'en 1620. Pour cette année, le *Sommaire du revenu et dépense des finances de France* établi par Nicolas Rémond, secrétaire d'État, indique la somme de 1 800 livres délivrée à Me Guillaume (fou d'Henri IV puis du jeune Louis XIII) par les soins de Me Jean Lobeys, son gouverneur, et une autre de 1 200 livres, remise à sa consœur, la folle Mathurine. Rien n'explique l'écart de 600 livres entre les deux, sinon les inégalités des salaires entre les sexes, déjà. Quoi qu'il en soit, comparés à ce que gagne, la même année, le « joueur de paulme de Sa Majesté » ou un capitaine des gardes (2 000 livres chacun), ces chiffres peuvent paraître modestes. Ils sont néanmoins supérieurs à ce que touchera plus tard le maître d'écriture du jeune Louis XIV (300 livres seulement [6]). N'oublions pas non plus que les fous bénéficiaient de nombreux à-côtés. Outre les gratifications en argent ou en nature qu'ils recevaient en cours d'année (bijoux, fourrures, étoffes précieuses, etc.), la plupart d'entre eux ne se faisaient aucun scrupule d'arrondir leurs fins de mois par des pratiques illicites, en « escroquant quelques bons brins », comme dit Brantôme à propos de Brusquet, le fou d'Henri II.

En voilà un qui ne se montrait guère délicat à l'endroit du bien d'autrui; c'était même, disons-le, un parfait

5. Voir sur ce point l'excellent article de Pierre DARMON, « Autrefois les nains », dans *L'Histoire*, n° 19, janvier 1980, p. 48-57.

6. *Sommaire traicté du revenu et despense des finances de France, ensemble les pensions de nos seigneurs et dames de la Cour, escrit par Nicolas Rémond, secrétaire d'estat*, 1622. Malgré la date indiquée, c'est bien le budget de 1620 qui se trouve détaillé dans cette pièce publiée par Éd. Fournier dans : *Variétés historiques et littéraires*, Paris, 1856, t. VI, p. 85-130.

escroc. Mais loin de le conduire au Châtelet, ses larcins faisaient pouffer toute la Cour. On se répétait avec des éclats de rire le bon tour qu'il avait joué un jour au maréchal Strozzi en lui volant son manteau sans qu'il s'en aperçût. Il fit mieux encore. Henri II ayant invité le fou de Philippe II d'Espagne à passer quelques jours à Paris (ces échanges de fous entre souverains étaient fréquents), il chargea Brusquet du logement et de l'entretien de son collègue. A la fin du séjour, celui-ci ayant reçu de son hôte royal une magnifique chaîne d'or, Brusquet trouva le moyen d'en faire exécuter en quelques heures une copie en cuivre, rigoureusement identique, qu'il réussit à substituer à l'autre. Une fois l'Espagnol rentré chez lui, notre fol écrivit à Philippe II que son bouffon n'était « qu'un fat et un sot », car il avait pris une chaîne de cuivre pour une chaîne d'or, et qu'il ne méritait, en conséquence, que de recevoir une bonne fessée à la cuisine. Henri II l'obligea à restituer la chaîne, et le dédommagea royalement.

Sous Henri IV, Mathurine et Me Guillaume se faisaient de menus suppléments en vendant les pamphlets publiés sous leurs noms, sur le Pont-Neuf ou au Palais. Pierre de L'Estoile et les frères Dupuy en étaient très friands. Mais au prix d'un sol ou deux la brochure, ce petit négoce ne devait pas rapporter beaucoup. Aussi Me Guillaume usait-il d'autres expédients pour grossir ses revenus. Il s'y entendait mieux que personne pour se faire payer les services rendus à l'ambition de l'un, aux entreprises galantes de l'autre, il courait les tavernes de la capitale avec l'espoir – rarement déçu – d'y rencontrer le bourgeois qui l'inviterait à sa table, moyennant quelques plaisants propos, des anecdotes, et surtout des ragots sur la Cour. Sa commère Mathurine était, quant à elle, experte en trafic d'influence. Mademoiselle de Planci veut-elle s'introduire auprès du roi pour solliciter la grâce de son époux condamné à mort? Il lui suffira de glisser cinq cents écus dans la poche de la folle pour obtenir l'entretien désiré. Mais s'il s'agit de gagner les faveurs de quelque jolie fille, mieux vaut s'adresser à Angoulevent :

c'est le plus fieffé maquereau de la place de Paris. Quant à L'Angely, fol en titre de Louis XIII puis de Louis XIV – le dernier de la série –, il peut, sans flatterie, passer pour l'inventeur de la presse à chantage. Il savait tant de choses sur tout le monde, et connaissait si parfaitement les petits et grands secrets de chacun, qu'il finit par devenir l'un des personnages les plus craints de la Cour de France : on achetait son silence à prix d'or. Il amassa de la sorte une fortune considérable – près de 25 000 écus ! –, ce qui lui attira, de la part de Boileau, ce trait de hargne envieuse :

> Un poète à la cour fut jadis à la mode,
> Mais des fous aujourd'hui c'est le plus incommode.
> Et l'esprit le plus beau, l'auteur le plus poli,
> Ne parviendra jamais au sort de l'Angeli [7].

Accordons-leur pourtant des circonstances atténuantes, à ces fous et à ces folles jouant de leurs hautes relations pour améliorer leur ordinaire. Ces gens, souvent d'extraction modeste, se trouvent au centre de toutes les intrigues de la Cour; ils en connaissent les dessous, les ressorts, les intérêts. Une confidence, un conseil, un rendez-vous, cela ne coûte guère. Comment les refuser à un gentilhomme qui saura reconnaître comme il faut le service rendu ?

Mais l'estime du prince, la pratique de la Cour, ne garantissent jamais la considération unanime, c'est bien connu. Il faut compter avec les jalousies que suscite infailliblement une position en vue. Or les fous occupent, au sommet de la hiérarchie, une place trop exposée pour ne pas s'attirer d'ennemis. Passons sur les moralistes intraitables et les fanatiques de tout poil, aux yeux de qui ce narquois babillard, toujours présent aux côtés de Sa Majesté, représente le suppôt de la corruption, le messager de l'Antéchrist. Le diable, en un mot. Passons sur les courtisans qu'il irrite, parce qu'il tient un langage sans

7. BOILEAU, *Satire I*, v. 109-112.

fard et qu'il a l'oreille du roi. Passons sur les médiocres, les cocus, les ridicules que sa gouaille exaspère. Passons sur les favoris qu'il supplante dans la faveur du souverain. Passons enfin sur tous ceux qui l'enverraient bien se chauffer aux flammes du bûcher, avec les sorcières et les esprits forts. Ils sont légion. Curieusement, son adversaire le plus ancien, le plus irréductible, lui ressemble comme un frère. Lui aussi est un peu fou. Lui aussi vit plus ou moins aux crochets des grands. Mais sa folie est sacrée. C'est le poète. Une vieille rivalité les oppose, qui ne prendra fin qu'avec l'extinction de la race folliante. Le poète n'a jamais accepté de voir cet histrion, tout juste bon à rameuter la canaille sur un champ de foire, se pavaner à la Cour, entrer dans l'intimité du roi, traiter d'égal à égal avec les plus grands seigneurs du royaume, jouir enfin d'un emploi stable et d'une grasse prébende. Tandis que lui, le nourrisson des Muses, se voit réduit à la plus humiliante des mendicités, traîne ses semelles crottées dans l'antichambre des riches et dissimule sa maigreur dans les plis de son manteau constellé de trous. Plus d'un, parmi les fils du Parnasse, dut s'étrangler de rage en croisant le fier regard de son rival, tout gonflé d'importance sous le pourpoint de velours.

Ronsard affiche un souverain dédain pour les porteurs de marotte : ce ne sont, dit-il, que têtes creuses et débiteurs de sornettes. Répondant en 1564 aux « nouveaux rimasseurs », Florent Chrestien et Jacques Grévin notamment, il ne trouve rien de plus blessant à leur adresse que de comparer leurs œuvres aux « joyeuses saillies de Thony ou du Greffier » (deux fous de l'époque) : elles n'ont, dit-il, « non plus de poids ni d'autorité [8] ». Il lui fallut pourtant ravaler son dégoût le jour où Charles IX lui passa commande d'une épitaphe pour ce fameux Thony, qui avait su divertir Henri II puis

8. RONSARD, *Œuvres complètes,* éd. Laumonier, Paris, Didier, « Textes Français Modernes », t. XI, p. 127. On trouve d'autres pointes contre la sottise des fols dans le *Passavant* de Théodore de BÈZE, éd. Isidore Lisieux, 1875, pp. 34, 38, 180.

François II avant de passer à son service. L'auteur des *Amours* « daigna bien employer sa plume pour faire son épitaphe, comme du plus sage personnage de France », observe Brantôme, non sans une pointe de malice [9]. Cruel devoir, en effet, pour le prince des poètes, que d'avoir à chanter les louanges d'un fol!

De cette rivalité entre Mâche-laurier et Porte-marotte témoigne encore un sonnet de Jean Passerat, à l'occasion du trépas de Thulène, l'un des fous d'Henri III. Ce parallèle mi-sérieux mi-plaisant entre les deux états s'achève sur l'amer constat du poète condamné à la pauvreté :

Sire, Thulène est mort, j'ai vu sa sépulture.
Mais il est presque en vous de le ressusciter :
Faites de son état un poète héritier :
Le poète et le fou sont de même nature.

L'un fuit l'ambition et l'autre n'en a cure;
Tous deux ne font jamais leur argent profiter;
Tous deux sont d'une humeur facile à irriter,
L'un parle sans penser et l'autre à l'aventure.

L'un a la tête verte et l'autre va couvert
D'un joli chaperon fait de jaune et de vert;
L'un s'amuse aux grelots et l'autre à des sornettes.

Le plus grand différend qui se trouve entre nous,
C'est qu'on dit que toujours fortune aime les fous
Et qu'elle est peu souvent favorable aux poètes [10].

---

9. BRANTÔME, *Œuvres complètes,* éd. Ludovic Lalanne, t. III, p. 343. Quant à l'épitaphe elle-même, on ne l'a jamais retrouvée dans les œuvres de RONSARD; le poète la jugea sans doute trop peu digne d'y figurer.

10. Le poète Antoine de COTEL composa lui aussi, pour la même circonstance, un sonnet très proche de celui de PASSERAT, mais plus maladroit.

Thulène et son état sont éteints d'un coup, sire;
Toutefois, s'il vous plaît, encore est-il en vous
De les faire revivre : il est assez de fous
Et trop de demandeurs pour vous faire encor rire.

Imaginez dès lors ce que devient la morgue du poète lorsque le fou s'avise à son tour de s'abandonner au démon de l'écriture – ce qui est moins rare qu'on ne pense. Eh quoi! cet animal à deux cornes ose sortir de sa ménagerie pour faire le bel esprit? Fi donc! Qu'on le remporte parmi ses compagnons à plumes et à poils! Qu'il s'en retourne grimacer ailleurs avec ses frères chimpanzés! Et qu'il ne vienne pas troubler de ses discours insanes l'harmonieux concert des gens de lettres!

C'est bien ce qu'a l'air de dire François Ogier – du reste homme ouvert et intelligent, qui eut le bon goût de s'opposer à cet horrible cagot de Père Garasse. Voici en effet ce qu'il écrit en 1627 : « En vérité, c'est une chose étrange que ces deux grands personnages qui ont été nourris toute leur vie avec tous les perroquets et les singes du Louvre, et qui ne sont pas moins de la Cour que n'en était feue Mathurine, et qu'en sont les nains de la Reine Mère, n'aient point appris dans les cabinets à écrire raisonnablement, et que tant en leur prose qu'en leurs vers, on ne remarque que de fausses subtilités, des sottises étudiées et des raisons contraires aux bonnes [11] ».

Le rôle que tient le fou auprès du souverain ne ressemble à aucun autre. Il n'est ni valet, ni conseiller, ni

---

Entre un poète et un fou, il y a peu à dire :
Chacun d'eux est moqué et se moque de tous;
L'un est souvent dépit, l'autre est prompt à courroux;
Chacun d'eux dit et va où son plaisir le tire.

L'un porte un gai chapeau, l'autre des bonnets verts;
Chacun aime son chant; l'un jaloux de ses vers,
L'autre de sa marotte on ne saurait défaire.

Ils diffèrent pourtant d'un seul point en vivant :
Car l'on dit que fortune aide aux fous bien souvent,
Et qu'aux poètes elle est quasi toujours contraire.

11. François OGIER, *Apologie pour Monsieur de Balzac*, Paris, 1627, p. 100-101.

courtisan, ni favori, ni même bateleur ou ménestrel préposé au divertissement du prince. Certes, il est payé comme eux pour le désennuyer des affaires du royaume. Mais sa situation, tant sur le plan de la réalité historique que de sa signification symbolique, fait de lui le partenaire privilégié du monarque. Il est constamment là, à ses côtés, dans sa vie publique comme dans sa vie intime; il l'accompagne partout, en voyage, à la chasse, au Conseil où il prend quelquefois part aux discussions; il le suit dans ses appartements privés, et jusque dans la chambre de sa maîtresse; il use à son égard d'une licence à peu près illimitée, l'appelle par son prénom, le tutoie, l'interrompt sans cérémonie, le juge, le conseille, le persifle, le rabroue, le rudoie ou le caresse, sans jamais encourir le début d'une réprimande. Chose à peine croyable, en vérité, lorsqu'on songe à ce que coûterait à tout autre une seule de ces familiarités. Mais à lui et à lui seul, tout semble permis : il a le droit de tout faire, de tout dire. Même et surtout la vérité, si outrageante qu'elle soit pour le maître. Ce privilège proprement exorbitant dans cet univers de la Cour, où le mensonge et la flatterie semblent la règle, ne s'explique que par l'intercession de la folie. Réelle ou simulée, c'est elle qui assure l'impunité à notre bouffon. Va-t-on reprocher sa petite taille à un nain, sa bosse à un bossu, sa cécité à un aveugle? Alors, pourquoi ferait-on grief à l'insensé de dire ce qui lui passe par la tête, quand il lui plaît, et comme il lui plaît? Et si ce fou n'est qu'un simulateur, personne, bien entendu, ne sera dupe. Il suffit qu'il joue la folie, comme un acteur joue son rôle ou comme le roi joue le sien. Les rapports du roi et de son fol reposent en définitive sur cette convention unanimement acceptée. Le fou donne le spectacle de l'aliénation et acquiert à ce prix le droit à la libre parole. En d'autres termes, la vérité ne se fait tolérer que lorsqu'elle emprunte la masque de la folie.

On objectera que le masque de la démence est tragique, qu'il ressemble à celui de la mort, que l'on se dérobe à sa grimace, que sa vérité fait peur. Mais la folie de

Cour, la folie folliante, est d'une autre espèce, car elle transpose métaphoriquement la folie pathologique sur le registre du rire. On s'est d'abord moqué de l'aliéné à cause de sa différence comme on s'est moqué du nain, du boiteux ou du nègre, comme on se moque encore du sourd, du bègue ou de l'inverti, parce qu'ils désignent un écart par rapport à une prétendue normalité. Réelle ou non, la folie du fol ouvre sur l'extravagance; elle provoque la dérision et la symbolise tout à la fois. Et si la vérité passe par la folie, elle passe aussi nécessairement par le rire.

Le fou du roi ne joue donc la vérité que sur le mode burlesque, car tout autre mode lui demeure interdit. Sa fantasque livrée lui sert d'armure et il y aurait pour lui péril de mort à s'en dépouiller. Son rapport au pouvoir, répétons-le, n'est qu'un trompe-l'œil. Qui donc assène à ce pouvoir ses quatre vérités? qui le traite avec insolence? qui lui lance de mordants sarcasmes? Qui parle au roi? Ni Brusquet, ni Chicot, ni Mathurine, mais la *Folie* dont ils ne sont les uns et les autres que les modestes interprètes. Supposons un instant que l'un d'eux jette le masque, que l'homme se montre à nu sous la défroque de l'histrion, qu'il énonce ses vérités à visage découvert. Nul doute qu'il paierait son audace du prix de sa vie. Mais, inversement, qu'adviendrait-il si le roi se dépouillait à son tour des attributs de son pouvoir? s'il sortait lui aussi de la sphère du jeu? Nous savons qu'il ne pourrait le faire sans courir à sa propre perte, car il est « en représentation » devant ses sujets comme son fou l'est devant lui. Ni l'un ni l'autre, à vrai dire, n'appartient à l'humanité « normale »; leurs insignes respectifs les projettent dans l'intemporalité et l'universalité, ils ont pour effet de théâtraliser le pouvoir de l'un et le contre-pouvoir de l'autre. Le pouvoir est un jeu, avec son imaginaire et sa symbolique, de même que les rituels d'inversion et de parodie. Mais le roi relève d'un imaginaire de l'ordre et du sacré, tandis que le fou relève de l'imaginaire subversif. Pouvoir et contre-pouvoir se rejoignent cependant au pays des chimères, très exactement en ce non-lieu qu'est la région des morts, là même où jadis un jeune prince de Danemark à la cervelle troublée interpellait l'ombre d'un fol au crâne rongé de vermine : *Alas, poor Yorick...*

Une fois fixée sa condition préalable, l'immunité du fol, selon Jean Duvignaud, serait « celle qui s'attache aux objets sacrés ou aux personnages détenteurs d'une force magique [...]. Le bouffon sait arracher le souverain à son inquiétude, le délivrer du souci, c'est-à-dire de l'anxiété devant son salut personnel que sa situation de maître du pouvoir compromet gravement [12] ». Cette fonction « magique » n'exclut naturellement pas les menus services d'ordre pratique que le roi est en droit d'attendre de lui. Ainsi, lors de négociations décisives pour le royaume, le fol détourne l'attention des participants et ménage à son maître le temps de la réflexion. Il lui permet également de blâmer ses proches – princes du sang, ministres, grands officiers – par son entremise, car les critiques d'un insensé portent moins à conséquence que si elles tombaient des lèvres royales. Inversement, il lui arrive de subir les reproches et les impertinences que l'on n'ose adresser directement au monarque. Ce rôle d'intermédiaire s'étend, dans certains cas, jusqu'à celui d'éminence grise.

En même temps, le couple roi-bouffon théâtralise d'une certaine manière le couple maître-serviteur, dominant-dominé. Le fou conserve auprès du trône quelque chose de son essence collective. En lui s'investissent les mouvements et les aspirations populaires, et l'on peut dire à cet égard qu'il sert de trait d'union, voire de courroie de transmission entre le peuple et le pouvoir. Par son intercession, la nation tout entière siège aux lieux de la décision et peut s'y faire entendre. Le fol représente l'anti-courtisan; il est celui qui fait parvenir aux oreilles du souverain les informations que dissimule ou édulcore

12. Jean DUVIGNAUD, *L'Acteur. Esquisse d'une sociologie du comédien*, Paris, Gallimard, 1965, p. 47.

son entourage immédiat, celui qui ose le mettre devant ses erreurs, qui l'empêche de se détacher des réalités politiques et qui, tel le *servulus* accompagnant le général romain dans le char de triomphe, le détourne du piège de la démesure. Par le seul jeu de la dérision et du persiflage, il prévient le prince contre la tentation du pouvoir solitaire; il fait contrepoids à son vertige ascensionnel, le ramène sans cesse vers le bas, le rappelle à la matérialité du corps, l'empêche de s'abandonner à l'hystérie de la puissance.

Mais il ne lui révèle pas seulement ce que lui laisse ignorer l'hypocrisie des courtisans; il le révèle aussi à lui-même. Il est comme le *Touchstone* (« pierre-de-touche ») de *Comme il vous plaira,* ce clown si bien nommé qui anatomise d'un clin d'œil la folie du sage. On représente souvent le fol avec un miroir à la main : ce miroir, bien sûr, est celui de la vérité. Mais l'on peut dire que son être tout entier, paroles et gestes compris, se résout dans un corps réfléchissant. Il est le miroir dans lequel le prince, à tout moment, peut contempler son image. Une image bien différente de celle que lui renvoient ses portraits officiels, une image qui sans cesse se disloque et se corrompt, comme réfractée. Ce que voit le prince, quand il regarde son fol, c'est sa contrefaçon grotesque.

N'allons surtout pas en déduire que le fol symbolise, en face du pouvoir monarchique, une manière d'alternative démocratique, bien au contraire. Loin de prêter son masque à la pulsion révolutionnaire, il peut légitimement passer pour le plus sûr garant de l'ordre établi. Par son intermédiaire, la transgression se ritualise; elle devient spectacle, pantomime de transgression. Non seulement il exclut tout acte de subversion, mais il le rend impossible dans la mesure où il l'assume lui-même symboliquement. Aussi le pouvoir n'a-t-il jamais pu se passer de cette folie codifiée.

Dans certaines sociétés de type archaïque, chez les Agnis, par exemple, qui vivent dans le sud de la Côte-d'Ivoire, la mort du roi est suivie d'un deuil de sept jours pendant lesquels un fils d'esclave (suprême dérision) est investi de tous les pouvoirs. On l'appelle le *Fils d'Esclave-Roi.* Cette royauté temporaire, il l'exerce avec toutes sortes d'excès, poussant le rituel d'inversion jusqu'à la violence et à l'obscénité. Au terme de cette semaine de deuil, il doit être mis à mort. Cette identification du roi et de son contraire se rencontre assez communément et sous diverses figures symboliques – mais allégée du meurtre sacrificiel – dans nos sociétés occidentales. On connaît maints exemples de cette confusion imaginaire : le fol de la reine Élisabeth Ire d'Angleterre s'appelait *Monarch;* celui de la Cour de Mantoue était surnommé *Primogenitus* et s'adressait à l'héritier du trône, Federico Gonzaga, comme à son jeune frère. Le fou milanais Marchesino était le sosie exact de Malatesta de Rimini; la ressemblance était si frappante qu'il fallut consigner le bouffon dans sa chambre lorsque le *condottiere* rendit visite à son maître. Thomas Browne, érudit anglais et grand amateur de curiosités, raconte qu'il chercha en vain les portraits des deux personnages pour son *Musaeum clausum* [13].

Comme pour mieux montrer que les deux fonctions sont interchangeables, les peintres de la Cour d'Espagne, au XVIIe siècle, à qui l'on avait commandé une série de portraits prétendus des anciens rois de Castille, n'hésitèrent pas à prendre pour modèles les fous en exercice, qu'ils représentèrent assis sur le trône et affublés des insignes de la royauté [14]. C'est dans le même appareil,

13. *The Works of the Learned Sir Thomas Browne,* 1686, Tract. XIII, no 9.

14. Ces toiles sont conservées au musée du Prado. On peut voir la reproduction de l'une d'elles dans : TIETZE-CONRAT, *op. cit.*, p. 41. Rappelons également que Vélasquez exécuta une série de six portraits de bouffons de la Cour d'Espagne pour la résidence royale de *Buen Retiro.* Sur les quatre qui subsistent, trois sont conservés au Prado et le dernier au Cleveland Museum of Art. (Cf. José LOPEZ-REY, « On Velasquez'portraits of jesters at the Buen retiro », dans la *Gazette des Beaux-Arts,* avril 1981, p. 33-36.)

Le fol et son miroir. Bois du XVe *siècle. Cl. Bibliothèque municipale de Caen. Collection C. Quétel.*

coiffé de la couronne, le sceptre à la main et couché au pied du trône, que le fou de Philippe IV d'Espagne assiste en 1638 à la corrida donnée en l'honneur du duc de Modène.

L'assimilation du bouffon à son roi a fini par devenir une sorte de cliché littéraire dont on a épuisé, semble-t-il, les meilleurs effets. Dumas, entre autres, en a largement usé. Qui ne se souvient de cette scène de *La Dame de Monsoreau* où l'on voit Chicot, revêtu du costume d'Henri III, imitant à s'y méprendre les manières affectées du souverain et sa voix de fausset ? Ou celle au cours de laquelle les Ligueurs, croyant s'être emparés de la personne du roi dans la crypte de Sainte-Geneviève et l'ayant contraint à signer son abdication, lisent avec stupéfaction au bas de l'acte le nom de « Chicot Ier » ?

Avec *Escurial,* drame en un acte de Michel de Ghelderode (1948), cet échange prend une signification tragique dont la portée va peut-être au-delà du symbolisme angoissé de l'auteur. Dans un château funèbre, tandis que la reine agonise dans sa chambre et qu'au-dehors les chiens hurlent à la mort, le roi demande à son fou, Folial, d'inventer un jeu. Celui-ci lui propose alors une farce baroque et lugubre : ils vont inverser leurs rôles ; lui revêtir les attributs de la royauté, tandis que le roi se déguisera en bouffon. Mais à peine monté sur le trône, Folial déverse sur le roi le torrent de sa haine, lui rappelle ses crimes et ses turpitudes et lui fait enfin l'aveu terrible : il aime la reine et il est aimé d'elle. Saisi d'une espèce de délire, il se jette alors sur le roi et l'étrangle de ses mains au moment précis où la reine vient de rendre son dernier soupir.

Folial, c'est l'ultime incarnation du fou : la Mort du roi. Le roi est un principe conservateur en face duquel le fou figure le principe de désagrégation, de crise permanente. Son image symbolique ne correspond pas à proprement parler au contre-pouvoir, mais à la vacuité de pouvoir. A l'esprit d'ordre, de transmission, de tradition, représenté par l'autorité monarchique, il oppose la tentation du vide.

Le roi gère la continuité et le fol gère le chaos, en dilatant sur une longue durée ce qui n'est qu'un point dans l'histoire : l'instant précis où le roi succombe, où la Règle s'effondre avec lui dans l'abîme de la sédition ou de l'interrègne. Le rire du bouffon se confond alors avec le rictus de la Faucheuse : miroir cruel, il renvoie sans cesse à son prince le reflet de son absence : il est sa Mort.

A partir de Geoffroy commence une longue dynastie de fols « en titre d'office », qui ne s'éteindra que sous Louis XIV avec le fameux L'Angely. Nous ne possédons aucune indication pour le règne de Charles IV le Bel, qui succède à Philippe V en 1322. Sans doute entretint-il un ou plusieurs fols, mais les comptes de son argentier sont malheureusement perdus. Nous savons, en revanche, que Philippe VI, le premier des Valois, eut à son service un nommé Seigni Johan, probablement originaire du Rouergue, où le mot *Seigni* signifie *Seigneur* [15] et que Rabelais appelle « fol insigne de Paris ». *La Nef des fols du monde,* traduite en vers français en 1497, nous donne sa *pourtraicture,* et un épisode de *Pantagruel* l'a rendu célèbre. Plutôt que de paraphraser, laissons Rabelais nous le raconter lui-même dans son vert et savoureux langage :

« A Paris, en la rôtisserie du petit Chastelet, au devant de l'ouvroir d'un rôtisseur, un faquin (a) mangeoit son pain à la fumée du rôt, et le trouvoit, ainsi parfumé, grandement savoureux. Le rôtisseur le laissoit faire. Enfin, quand tout le pain fut bâfré, le rôtisseur happe le faquin au collet, et vouloit qu'il luy payât la fumée de son rôt. Le faquin disoit en rien n'avoir ses viandes endommagé, rien n'avoir du sien pris, en rien ne luy

---

15. LE DUCHAT, éditeur de Rabelais au XVIIIe siècle, fait venir *Seigni* du latin *Senex* (vieillard). Mais l'explication fournie par LA MONNOYE dans ses commentaires de la XLIe nouvelle de DES PÉRIERS paraît plus vraisemblable : « Le mot *Seigni,* en rouergois, dit-il, signifie *seigneur*; ce qui pourrait faire croire que le *Seigni Johan* du livre III de Rabelais était du Rouergue, d'où il avait été amené à Paris. »

a. *Faquin :* portefaix.

estre débiteur. La fumée dont estoit question évaporoit par dehors; ainsi comme ainsi se perdoit-elle. Jamais n'avoit esté ouy que dans Paris, on eût vendu fumée de rôt en rue. Le rôtisseur répliquoit que, de la fumée de son rôt n'estoit tenu nourrir les faquins, et renioit (a), en cas qu'il ne le payât, qu'il luy ôteroit ses crochets. Le faquin tire son tribart (b) et se mettoit en défense. L'altercation fut grande. Le badaud peuple de Paris accourut au débat de toutes parts. Là se trouva à propos Seigny Joan le fol, citadin de Paris. L'ayant aperçu, le rôtisseur demanda au faquin : " Veux-tu, sur notre différend, croire ce noble Seigny Joan? – Ouy, par le sambregoy (c)!" respondit le faquin. Adoncques Seigny Joan, avoir leur discord entendu, commanda au faquin qu'il luy tirât de son baudrier quelque pièce d'argent. Le faquin luy mit en main un tournois Philippus. Seigny Joan le prit et le mit sur son épaule gauche, comme explorant s'il estoit de poids; puis le timpoit (d) sur la paume de sa main gauche, comme pour entendre s'il estoit de bon alloy; puis le posa sur la prunelle de son œil droict, comme pour voir s'il estoit bien marqué. Tout ce fut fait en grand silence de tout le badaud peuple, en ferme attente du rôtisseur et désespoir du faquin. Enfin, le fit sur l'ouvroir sonner par plusieurs fois. Puis, en majesté présidentiale, tenant sa marotte au poing, comme si fût un sceptre, et affublant en teste son chaperon de martres singesses à oreilles de papier, fraisé à points d'orgues, toussant préalablement deux ou trois bonnes fois, dit à haute voix : " La Cour vous dit que le faquin, qui a son pain mangé à la fumée du rôt, civilement a payé le rôtisseur au son de son argent. Ordonne ladite cour que chacun se retire en sa chacunière (e), sans dépens, et pour cause (f). " [16] »

Le plus curieux de l'histoire, c'est que d'authentiques juristes, tels que le grave Barthole et le docte Tiraqueau,

a. *Renioit :* affirmait.
b. *Tribart :* gourdin.
c. *Par le sambregoy :* Sang Dieu!
d. *Timpoit :* faisait sonner.
e. *En sa chacunière :* chez soi.
f. *Et pour cause :* et voilà pour la cause!

16. Rabelais, *Pantagruel,* livre III, chap. xxxvii. La première version de ce jugement a été donnée par Jean André, jurisconsulte du xive siècle, mort en 1348. L'anecdote de Seigni Johan appartient donc bien au règne de Philippe de Valois ou de son prédécesseur.

invoquèrent l'autorité de ce mémorable jugement. On n'osera naturellement en déduire que Johan le fol fût réellement l'émule du roi Salomon. L'apologue de Rabelais ne sert qu'à illustrer cet adage qui lui est cher et sur lequel repose une partie de son œuvre : qu' « un fol enseigne bien un sage ».

Pendant les dernières années du règne de Philippe VI de Valois, le dauphin Jean, futur Jean II, dit le Bon, eut également son fou. Il se nommait Jehan Arcemalle, et les comptes de la maison du roi et des princes nous apprennent qu'il était traité, dès cette époque, avec une particulière munificence. On remarque, parmi les nombreux présents que lui offrit son jeune prince, un « riche chapel fourré d'hermine, couvert d'un rosier dont la tige était d'or de Chypre, les feuilles d'or ouvré », et les roses elles-mêmes « ouvrées de grosses perles ». Cet extravagant couvre-chef était en outre garni de « boutons de perles et menus orfrisiers, [...] d'esmaux [...] et de grosses perles ». Une fois sur le trône, en l'année 1350, Jean II continue de prodiguer ses générosités à Maître Arcemalle. L'argentier du roi nous fournit le compte exact des robes de « drap marbré », des « pennes d'agneaux blanches fines », des « cottes fourrées », et autres chaperons de fourrure dont on renouvelle périodiquement sa garde-robe, notamment pendant les fêtes de Pâques et de Pentecôte auxquelles il assiste en grand apparat aux côtés du roi. On sait encore qu'il a deux valets à son service, nommés Girardin et Magister, et qu'il dispose d'une « voicture » pour se déplacer. A table, ce grand personnage ne saurait boire dans le verre de tout le monde; il a son gobelet personnel, un gobelet d'argent que le roi prend soin de faire dorer, en même temps que son propre « henap », et pour lequel on fait exécuter un étui tout exprès.

Si enviable que soit le métier de fol, il comporte néanmoins quelques risques. On ne vit pas si près du pouvoir sans lier son sort à celui du prince. Et lorsque soufflent les vents contraires, on s'expose à partager son infortune. C'est ce qui arriva au malheureux Jehan

Seigni Johan. Bois du XVe siècle (à rapprocher du Mat du tarot). Cl. Bibliothèque municipale de Caen. Collection C. Quétel.

Arcemalle, contraint de suivre son maître lorsque celui-ci fut emmené en captivité par les Anglais, après le désastre de Poitiers (19 septembre 1356). Certes, le roi de France n'était pas traité comme n'importe quel prisonnier, ni Jehan comme n'importe quel fol, puisque nous savons qu'il put garder auprès de lui son valet Girardin. Mais enfin, ce n'était plus la splendeur de jadis. Les temps étaient durs, au point que notre fol, naguère encore arbitre des élégances, se vit réduit à garder sa « vieille cotte hardie » dont on se contenta de changer la doublure avec une « panne neuve ». On ne sait si ces épreuves affectèrent sa bonne humeur, mais elles eurent de fâcheux effets sur sa santé. A moins que ce ne fût tout simplement le brouillard londonien. Quoi qu'il en soit, « fol » et « varlet » eurent tous deux recours à un apothicaire-épicier de Londres, nommé Jehan Donet, lequel prescrivit « un électuaire cordial doré pour le maistre fol » et « un recepte de pareilles et plusieurs herbes, semences et flours pour faire une estuve et une emplastre pour la teste du varlet dudit maistre Jehan ».

Nous perdons la trace du fidèle Arcemalle sur les bords de la Tamise. A-t-il succombé à la fièvre, au mal du pays ou au cordial de l'apothicaire? Revenons plutôt à la Cour de France afin d'y rencontrer d'autres amuseurs de son espèce. Car Maître Jehan n'était pas seul à jouer ce rôle auprès du roi. Outre un personnage qualifié de « grimacier » ou « rechigneur », dont on ignore la fonction exacte, Jean le Bon avait à son service un autre fol, nommé Micton ou Mitton, peut-être originaire de Normandie [17], qu'Étienne de La Fontaine, argentier du roi, mentionne dans ses comptes à partir de 1350. Quoique entretenu par le roi et payé sur sa cassette, Mitton appartenait à son fils, le dauphin Charles, qui devint en 1364 cinquième du

17. On rencontre un Jehan Micton dans la ville d'Avranches en 1394, avec les fonctions de *pendart,* c'est-à-dire de bourreau. C'est lui qui pendit à la potence de Mortain un porc condamné par un jugement en forme, pour avoir tué un enfant dans la paroisse de Romagny. Hormis ce trait burlesque, il ne présente aucun lien de parenté avec notre fol.

nom, surnommé le Sage, homme réputé de grand savoir, amoureux des livres et fondateur de la Bibliothèque royale, auquel Michelet n'accordait cependant qu'une « petite sagesse négative ».

S'il faut en croire la poétesse Christine de Pisan, Charles V avait une particulière dilection pour le commerce des fous et autres baladins de même farine. Voici en effet ce qu'elle écrit dans son *Livre des faicts et bonnes mœurs du roi Charles*, véritable légende dorée de ce souverain, rédigée à la sollicitation du duc de Bourgogne, et qui demeure le plus bel ouvrage de cette femme aussi intelligente que sensible : « Après son lever et sa prière à Dieu, ce bon roi, avec ses serviteurs, par bonne familiarité, se truphoit (a) de paroles joyeuses et honnestes, par si que sa douceur et clémence donnoit hardiesse et audace, mesme aux moindres, de hardiment deviser à luy de leurs truphes (b) et esbattemens. Quelque simples qu'ils fussent, se jouoit de leurs dits et leur tenoient raison. » La célèbre historiographe ajoute qu'il prenait cette « récréation » afin d'éviter que les soucis du royaume ne vinssent altérer sa santé déjà fragile. Il faut dire que le gouvernement d'une France déchirée, à moitié livrée aux Anglais et violemment traumatisée par la révolution parisienne d'Étienne Marcel, représentait une charge bien pesante sur les épaules d'un prince si frêle qu'il ne supportait pas, dit-on, le poids de son armure.

A part Mitton, qui vivait probablement encore lorsqu'il monta sur le trône, Charles V avait un autre fol, nommé Thévenin, qui mourut en 1374 et fut inhumé dans l'église Saint-Maurice de Senlis. Le souverain lui portait sans doute une affection toute particulière, à en juger par le superbe mausolée qu'il lui fit élever. Ce monument, œuvre de l'architecte senlisien Hennequin de la Croix, disparut sous la Révolution avec l'église elle-même, mais l'historien Sauval, qui l'avait vu à la fin du XVIIe siècle,

---

a. *Se truphoit :* s'amusait.

b. *Truphes :* plaisanteries.

nous en a laissé une description fort exacte. Le tombeau proprement dit était formé d'une pierre de liais, longue de huit pieds et demi et large de quatre pieds et demi, sur laquelle était sculpté le gisant, grandeur nature, revêtu d'une longue robe à capuche, comme celle d'un moine, avec deux bourses à la ceinture, une calotte garnie d'une houppe sur la tête, et sa marotte à la main gauche. Le corps était de marbre blanc; le visage, les mains et les pieds en albâtre. Autour du tombeau, on pouvait admirer une multitude de petites figures de pierre dans des niches, le tout, nous dit Sauval, sculpté avec une admirable délicatesse. Le mausolée était placé sous une grande arche de pierre d'un tabernacle chargé d'ornements ciselés et de sept figures peintes. L'épitaphe, gravée sur une grande pierre, portait l'inscription suivante :

CY GIT THEVENIN DE SAINT LEGIER, FOL DU ROY NOSTRE SIRE, QUI TRESPASSA LE XIe DE JUILLET, L'AN DE GRACE M.CCC.LXXIV. PRIEZ DIEU POUR L'AME DE LY [18].

Un troisième fol, dont on ignore le nom, joignait sa marotte à celles de Mitton et de Thévenin de Saint-Légier pour divertir Charles le Sage. Son existence est attestée par une lettre autographe du roi datée du 28 février 1364 (et parfaitement authentique, celle-là), par laquelle il ordonne aux responsables de sa Trésorerie de débloquer la somme de deux cents francs « pour envoyer querre un fol pour nous, lequel est au pays de Bourbonnois ». Ce qui confirme bien, soit dit en passant, que la Champagne n'avait pas le monopole de la folie. Lequel de ce fol anonyme ou de Mitton fut inhumé à Saint-Germain-l'Auxerrois? Sauval nous apprend seulement que cette sépulture, qu'il n'a jamais retrouvée et qu'il décrit d'après

18. Henri SAUVAL, *Histoire et recherche des antiquités de la ville de Paris,* Paris, 1724, t. I, p. 331 et t. III, p. 34. D'après le chanoine MULLER (*Senlis et ses environs*, 1896, p. 86), il s'agirait d'une copie d'un monument plus somptueux, élevé à Saint-Germain-l'Auxerrois, qui serait l'œuvre du sculpteur Jean de Liège.

Le tombeau de Thévenin à Saint-Maurice de Senlis. Gravure extraite d'A. Gazeau, Les Bouffons.

le devis de la Chambre des comptes, avait servi de modèle à celle de Thévenin, et qu'elle pouvait rivaliser avec celle-ci par la magnificence. Toutes deux eussent paru plus dignes de recevoir la dépouille d'un roi que celle d'un fou.

Cette débauche d'honneurs posthumes rendus à la folie fut considérée comme puérile et ridicule par les historiens des siècles suivants. Il est intéressant, à cet égard, de lire les commentaires dont Sauval assaisonne sa description. Ces tombeaux fastueux, « presque aussi superbes que celui du connétable Du Guesclin », lui paraissent une « chose burlesque », et il comprend mal que Charles V, « le seul prince à qui la France ait donné le nom de Sage, ait eu tant de passion pour des fous. Outre qu'en ce monde, ajoute-t-il, il n'y a point d'homme, pour sage qu'il soit, qui n'ait sa folie, d'ordinaire les plus sages en certaines choses sont ceux qui paraissent les plus fous ». D'un côté donc, l'homme médiéval qui dédie à la folie des temples de marbre. De l'autre, l'honnête homme de l'ère classique, barricadé dans sa forteresse « Raison » contre l'assaillant à la marotte.

Un an après la mort de Thévenin, en 1375, un nouveau fou entre en fonction à la Cour de Charles V. Il s'appelle Grand Johan. On l'affecte d'abord à l'amusement du dauphin, le futur Charles VI, âgé de huit ans, qui le gardera à son service lorsqu'il recevra la couronne de France cinq ans plus tard. On ne sait presque rien de ce personnage, sinon qu'il mourut peu avant le 10 février 1382. En effet, les comptes enregistrent à cette date « douze livres de cire pour faire l'obsèque de feu Grant Johan le fol », et nous apprennent qu'il fut enterré lui aussi à Saint-Germain-l'Auxerrois : insigne privilège, puisque c'était la paroisse des rois de France depuis l'installation des Valois au palais du Louvre.

Avec le règne de Charles VI, « le roi fou », la fonction de fol à marotte va prendre un sens singulier...

Les chroniqueurs ont raconté à l'envi les circonstances mélodramatiques dans lesquelles ce jeune prince de vingt-quatre ans perdit définitivement la raison après douze années de règne. De ce jour funeste jusqu'à sa mort en 1422, la vie de Charles VI ne fut qu'une pitoyable alternance d'égarement et de lucidité. Lors de ses crises, il sombrait dans des états de langueur proche de l'hébétude, auxquels succédaient sans transition des accès d'agitation furieuse. Enfermé dans sa chambre, il passait des nuits entières à se battre contre des ennemis imaginaires, déchirant et détruisant tout autour de lui, lacérant les tentures à coups d'épée, se blessant lui-même jusqu'au sang, avant de retomber, à bout de force, dans une longue prostration. Puis, à mesure que s'écoulaient les heures, il laissait échapper des cris rauques, plaintifs, comme ceux d'un animal blessé, entrecoupés de sanglots et de rires, dont l'écho déchirait le silence de la nuit, franchissait les remparts du Louvre et allait se perdre au loin, comme un soupir au-dessus de la Cité.

Il ne trouvait un peu d'apaisement que dans la présence des figures féminines qui se penchèrent sur lui avec une maternelle sollicitude : sa jeune tante, Jeanne de Bourgogne; sa belle-sœur, Valentine de Milan; et surtout la plus fidèle, la plus touchante compagne de sa solitude, presque une enfant elle-même, Odette de Champdivers, celle que l'on appelait « la petite reine ». Chaque jour se déployait autour de lui une sarabande effrénée de jeux, de plaisirs, de mascarades, dans l'espoir de dissiper sa mélancolie, fût-ce l'espace d'un moment.

Même avant ses premières crises, il avait toujours ouvert généreusement sa porte aux bateleurs de passage. C'était, au Louvre, un incessant va-et-vient de saltimbanques de tous poils : ménestrels venus « jouer de leur mestier », « pauvres enfants » jouant aux barres ou à la paume, champions d'arbalète, funambules, comédiens, montreurs d'ours. Tout jeune, Charles VI s'amusait beaucoup, paraît-il, avec des vessies de porc, puis il se mit au trictrac, et surtout aux tarots, son jeu préféré. Le peintre Jacquemin Gringonneur avait exécuté « pour son esbattement » un admirable jeu de cartes enluminé sur fond d'or, dont on peut voir encore quelques pièces à la

Bibliothèque nationale. Outre cela, il prenait un vif plaisir à observer les animaux de sa petite ménagerie. A treize ans, il possédait déjà deux petits singes, deux poules d'Inde, des coqs et des gélines grégeoises, vingt-deux chouettes que lui avaient offertes les « galopins de la cuisine », et même un loup.

Mais ce sont les fols, bien entendu, qui tiendront le devant de la scène parmi les divertissements du prince. On devine que leur mission deviendra délicate – et combien paradoxale – lorsqu'il aura lui-même perdu le sens et qu'ils devront arracher le malheureux à ses visions. Imagine-t-on dialogue plus insolite que celui d'un fou qui s'efforce d'être roi et d'un sage qui doit jouer le fou, l'un représentant tout le tragique de la démence au pouvoir (ce qui donne à Charles VI sa dimension shakespearienne), et l'autre sa contrefaçon dérisoire : la folie de la folie, en quelque sorte.

A Grand Johan succède un nouveau fol du nom de Hainselin Coq, qui prend ses fonctions en février 1383. C'était, on s'en souvient, l'homme le mieux chaussé du royaume. Quant au reste de sa garde-robe, il n'avait pas non plus à se plaindre. Charles VI, qui s'habillait de neuf quatre fois par an, renouvelait les tenues de son fol aussi souvent que les siennes. En plus de ses toilettes saisonnières, dont une longue houppelande d'iraigne vermeille doublée de taffetas de même couleur, la livrée des deux valets qu'il avait à son service, Jacques Coiffart et Perrin du Croix, était en tout point digne du rang du maître.

Hainselin Coq joignait à ses talents comiques ceux d'un lutteur de foire. Lorsque ses plaisanteries n'amusaient plus Sa Majesté, il se livrait devant elle à des démonstrations de lutte dont on doit plutôt penser qu'elles étaient prétextes à des gags du genre « Charlot boxeur ». Les comptes de l'hôtel de Charles VI mentionnent en tout cas, le 28 février 1383, une dépense de seize sols pour remplacer la chemise qu'il avait déchirée au cours d'une séance particulièrement animée. D'après les mêmes comptes, Hainselin serait resté plus de vingt-quatre ans au service de la Cour de France, de 1383 à 1407.

Afin de varier les plaisirs, Charles VI avait souvent recours à ces fols « indépendants » dont nous avons parlé, et auxquels il offrait une obole en paiement de leur prestation. A un certaine Jehanne la folle, il remet 4 livres 16 sols « pour avoir une cotte hardie », ce qui est beaucoup. A un fol anonyme, venu le distraire un moment, il ne donne que 64 sols, ce qui est encore supérieur au cachet habituel dont le montant semble fixé à 16 sols. C'est la somme qu'il fait remettre à un certain Jehan le Herault, ainsi qu'à un autre Jehan, qui « prêcha » devant lui, à Colin d'Armentières, fol du comte de la Marche, et à un autre Colin, « maistre fol de Monseigneur le mareschal de Sancerre... pour avoir des chausses et pour aller en pèlerinage à Nostre-Dame de Cléry ».

Quant à la reine régente, Isabeau de Bavière, non contente de collectionner les amants, elle fait également usage d'un fou nommé Guillaume Fouel et d'une folle, Jehanne, qu'elle entretient avec sa mère et sa fille. Mais la grande passion de cette nouvelle Messaline, les hommes mis à part, c'est sa ménagerie. Rien de trop beau ni de trop cher pour ses adorables petites bêtes auxquelles elle ne refuse rien. Elle habille son singe d'une robe fourrée de petit-gris et fait exécuter spécialement pour lui un collier de cuir rouge, ferré et garni de boucles. Pour tenir compagnie à cet élégant macaque, elle héberge encore une léoparde qui dévore un mouton entier par jour, un chat-huant qui ne veut consommer que des poules, et une magnifique volière peuplée d'oiselets aussi variés de plumage que de ramage : tourterelles, chardonnerets, linottes, passereaux, pinsons, « et autres masles et femelles ». Et pour compléter le personnel affecté à « l'ébastement » de la reine, ajoutons une naine, à laquelle elle offre deux aunes de drap (deux mètres quarante!) pour se faire un corset.

Les frères du roi, Jean duc de Berry et Louis d'Orléans, ce dernier époux de Valentine Visconti à qui la redoutable

Isabeau l'avait ravi, avaient tous deux leurs propres fous. Le premier, le duc Jean, en avait deux, Jehannet et Milet, ainsi qu'un ours dont il ne pouvait se séparer et qui le suivait dans tous ses déplacements à bord d'une charrette. Lorsque le duc mourut en 1416, ses fous vêtus de deuil suivirent ses obsèques en grande pompe. On ne dit pas si l'ours fut de la cérémonie. Le fou de Louis, duc de Touraine, bientôt d'Orléans, s'appelait Coquinet. On sait qu'il eut successivement deux valets, Colin Castille et Edouard Lefort, et qu'il était traité sur un pied au moins égal à celui de Hainselin Coq, le fou du roi. Tous deux firent grande impression, le jour de Pâques 1388, lorsqu'ils apparurent en public, dans leurs somptueuses houppelandes vertes fourrées de petit-gris rouge, que l'on avait fait exécuter tout exprès pour la cérémonie.

On l'appelait le « roitelet de Bourges » parce qu'il était de « faible fondation » et qu'il avait l'inconstance d'un oiseau : Charles VII, dont les portraits trahissent la lourde hérédité, était un instable, un velléitaire dont la nature dépressive faisait place, quelquefois, à de brusques poussées d'exaltation. D'une timidité maladive, en proie à des frayeurs inexplicables, il s'affolait à l'idée de traverser un pont de bois et perdait contenance en face d'un inconnu. Son attitude à l'égard de Jeanne d'Arc le dépeint tout entier : d'abord médusé par l'aplomb de la jeune héroïne, il l'abandonnera ensuite à son sort et suivra le déroulement de son procès dans la plus totale indifférence. Dégénéré sans aucun doute, traumatisé aussi par les rumeurs touchant sa bâtardise, rumeurs que sa mère avait elle-même accréditées, Charles VII – dont tout indique pourtant qu'il était bien le fils de son père – n'avait aucune disposition pour le métier de roi. Haïssant la violence et la guerre, il trouvait refuge dans la solitude de sa bibliothèque, comme son grand-père Charles V. La chronique précise qu'il ne manifestait aucune morgue à l'égard des pauvres, mais qu'il recevait « toutes gens fort humblement et bénignement ».

La seule passion qu'on lui connût fut pour la belle Agnès Sorel qui, mieux que la Pucelle d'Orléans, sut éveiller en lui le sens de sa charge et les intérêts de l'État. Après la mort de sa *mie,* il sombra tout à fait dans la mélancolie, malgré les soins que lui prodiguaient ses serviteurs pour le distraire; il tirait l'arbalète, jouait aux échecs, entendait trois messes par jour, et quand il prenait son repas, « toujours y estoit son médecin et de ses gens et valets de chambre honnestes, qui parloient ou joyeusetés ou d'histoires anciennes, où il prenoit plaisir ». Mais, ajoute le chroniqueur, « il n'avoit cure des fols-sages ». Et de fait, il semble que l'office demeura vacant tout au long de son règne. Nous savons toutefois qu'il utilisait de temps en temps les services de fols ambulants. Les comptes de sa maison font état de deux « povres fols suivant la Cour » en 1454, dont l'un se nomme Robinet et l'autre Dago, parfois orthographié Nago. Celui-ci appartint quelques années plus tard au duc de Bretagne. On relève également la mention d'un troisième fol de la même espèce, un certain Colart, surnommé Monsieur de Laon, à qui l'on fait faire, en 1458, une robe de velours bleu garnie de parements de taffetas vert. En revanche, c'est par une extension tout à fait abusive de la fonction folliante que certains historiens ont cru devoir attribuer aux poètes Alain Chartier et François Villon le titre de fol. Ce n'est pas parce que le premier était d'une laideur proverbiale et se faisait appeler *poeta regius* (ce qui signifie *poète du roi,* et non *fou du roi* comme le prétend Ménage [19]) ni parce que le second fut, selon Rabelais, l'organisateur d'une farce pendable (*Pantagruel*, IV, 13), qu'il faut leur faire porter marotte à tous deux.

Si Charles VII ne voulut donc pas d'un fol attitré, la

19. « *Poeta Regius*, en bon françois, signifie le fou du roi [...] A ce compte, Faustus Andrelinus, qui prenoit tout ensemble la qualité de *Poeta Regius* et de *Regineus,* étoit le fou du roi et de la reine » (*Menagiana*, éd. de 1729, t. III, p. 183).

reine Marie d'Anjou employait à cet office une femme nommée Michon. Le 27 octobre 1454, elle lui fait « entailler » une robe et un chaperon « de vert gay » par son couturier et, quelques jours plus tard, elle prête sa chère Michon à une amie, Madame de Furgières, qui habite à quatre lieues de Chinon. Sans doute cette pauvre dame se languit-elle dans son château et éprouve-t-elle le besoin de se désennuyer. Un « homme de labour » conduira la folle sur son cheval et ira la chercher, moyennant la modique somme de treize sols six deniers tournois.

Ce n'est pas Louis XI, roi bourgeois, voire petit bourgeois, qui aurait dilapidé les caisses du Trésor pour habiller des histrions de toiles d'or et de fourrures, alors qu'il se contentait pour lui-même d'un méchant pourpoint de futaine grise et d'un feutre râpé. Il avait trop le sens de l'économie et préférait faire un meilleur usage des deniers de l'État. Qui l'en blâmerait? Au reste, s'il aimait à rire aux malicieuses boutades de son barbier et confident Olivier le Daim, de son médecin Coictier et de son *compère,* le prévôt Tristan L'Hermite, il éprouvait une sorte de méfiance à l'endroit des amuseurs professionnels. Peut-être leur gardait-il quelque rancune, en se souvenant que c'est le fou de Charles le Téméraire, un nommé le Glorieux, qui aurait, dit-on, conseillé à son maître de retenir le roi de France prisonnier à Péronne.

Selon Brantôme, il n'aurait pas eu à se louer davantage du seul fou qu'on lui ait jamais connu. Quant à ce dernier, il aurait mieux fait, pour une fois, de garder sa langue. Voici l'histoire :

Louis XI ayant fait, selon ses adversaires, assassiner secrètement et « par gentille industrie » son frère Charles, duc de Guyenne, affecta après sa mort un si profond chagrin que personne ne songea à le soupçonner de ce meurtre. Il poussa même l'hypocrisie jusqu'à recueillir le fol du disparu. Mais, comme ce prince alliait à la cruauté une dévotion naïve, la pensée du châtiment céleste ne cessait de le hanter. Un jour qu'il priait Notre-Dame de Cléry, sa « bonne patronne », agenouillé devant son oratoire, il s'oublia jusqu'à confesser son crime à haute voix, sans se soucier de la présence de ce fol qui se trouvait à deux pas de lui. Voici toujours selon Brantôme, en quels termes il soulagea sa conscience :

« Ah! ma bonne dame, ma petite maistresse, ma grande amye, en qui j'ay eu tousjours mon réconfort, je te prie de supplier Dieu pour moy, et estre mon advocate envers luy, qu'il me pardonne la mort de mon frère, que j'ay faict empoisonner par ce meschant abbé de Saint-Jean-d'Angély [20]. Je m'en confesse à toy comme à ma bonne patrone et maistresse. Mais aussy, qu'eussé-je sceu faire? Il ne faisoit que troubler mon royaume. Fay moy donc pardonner, ma bonne dame, et je sçay ce que je te donneray. »

Le fol entendit la supplique et, soit niaiserie, soit désir de venger son défunt maître, s'empressa de tout répéter pendant le dîner, en présence de la Cour au grand complet. Le châtiment fut à la mesure du scandale. Le pauvre insensé ne survécut pas à son algarade et obtint ainsi le triste privilège de figurer tout seul au martyrologe des fous aléthologues. Quant à Louis XI, il put méditer à loisir le précepte selon lequel « il ne fait pas bon se fier à ces fols, qui quelquefois font des traits de sages, et disent tout ce qu'ils sçavent, ou bien le devinent par quelque instinct divin ».

Quel crédit accorder à cette anecdote? Tout, à vrai dire, paraît invraisemblable, depuis la confession à haute voix (quoique bien savoureuse), jusqu'à l'incroyable audace (ou stupidité) du personnage. Au surplus, la manière dont Brantôme l'a recueillie accroît notre

20. « Jean-Favre Versoris, moine bénédictin, abbé de Saint-Jean-d'Angély, confesseur du duc de Guyenne, l'empoisonna à Saint-Sever dans une pêche, avec la dame de Chambes-Monsoreau, maistresse du prince, veuve de Louis d'Amboise, qui partagea la pêche avec son amant. La foudre écrasa le moine scélérat dans la grosse tour de Nantes, où le duc de Bretagne l'avoit fait mettre. » (DREUX DU RADIER, *op. cit.*, d'après les *Annales d'Aquitaine* de Jean BOUCHET, IVe partie, p. 277-278.)

défiance : « Il y a plus de cinquante ans, dit-il, que moy, estant fort petit, m'en allant au collège à Paris, j'ouys faire ce conte à un vieux chanoine de là, qui avoit près de quatre-vingts ans; et depuis, ce conte est allé de l'un à l'autre, par succession de chanoine en chanoine. » En clair : chanoineries que tout cela!

On ne connaît pas de fou en titre d'office à la Cour de Charles VIII. Comme son père, ce roi avait par-dessus tout la passion des oiseaux. Ayant reçu en héritage une volière déjà surpeuplée, il s'employa à l'enrichir d'espèces rares et mélodieuses, sans regarder à la dépense. Les trois papegaults qu'il achète en janvier 1481 lui coûtent la somme rondelette de cinquante-deux livres tournois : une petite fortune. Ce n'est pas qu'il méprise la gent folliante, loin de là, car s'il n'a pas de fou lui-même (mais peut-être en eut-il que nous ignorons), il se montre plutôt généreux avec les fous des autres. En 1490, il fait présent d'un couteau magnifique à M. d'Anguerrande, fol du Bâtard de Bourbon, offre un arc à celui du sieur d'Aubigny, adresse quelques oboles au fol de Dunois et à celui de Louis d'Orléans, futur Louis XII. En 1498, l'année même de sa mort, il fait tailler pour un fol nommer Le Vicomte un costume en tous points semblable à ceux que portaient les quatre tambourins de son écurie. Tout laisse penser que ce Le Vicomte n'était qu'un fol « suivant la Cour », momentanément attaché au service du roi. Il n'a laissé aucun souvenir.

Deux fols firent parler d'eux à la Cour de Louis XII. L'un s'appelait Polite et l'autre Caillette. Polite (diminutif d'Hippolyte) avait appartenu à un certain abbé de Bourgueil avant de se produire à la Cour. C'est à peu près tout ce que l'on sait de lui. Bonaventure Des Périers lui consacre bien une historiette, mais elle est entièrement tirée des *Facéties* du conteur italien Poggio-Bracciolini, lequel l'attribue d'ailleurs au plaisant de l'archevêque de Cologne. Quant à Caillette, dont le « pourtraict au naturel » figure lui aussi dans la *Nef des fols*, il tirait son sobriquet du diminutif de *caille*. On qualifiait de *caillet-*

tes les écervelés dont le babillage n'avait pas plus de consistance que celui des cailles qui caquètent dans les vignes. On disait encore, au XVIIe siècle, dans la région de Nîmes et de Montpellier, « être fou comme *caillette* [21] ». Selon Dreux du Radier, qui n'y va pas par quatre chemins, ce Caillette n'était qu'un « fou imbécile ». Rabelais, de son côté, ne contribue pas à réhabiliter son quotient intellectuel. S'il le fait descendre du « sang de Priam » et le range parmi les gens de « hault sçavoir et grand renom », ce n'est que pure dérision. Quant à la nouvelle de Bonaventure Des Périers, elle ne plaide pas davantage en faveur de ses lumières : deux pages l'ayant cloué à un poteau par une oreille et un seigneur de la Cour qui passait par là lui ayant demandé qui l'avait mis dans cette fâcheuse posture, il ne trouva à répondre que : « Que voulez-vous? Un sot m'a mis là, là m'a mis un sot [22]. » Non décidément, Caillette n'était pas de ces fols à

---

21. Selon LE DUCHAT, le sobriquet de Caillette ne peut venir que de l'écervelé petit volatile. « Et de là, ajoute-t-il, on peut conclure que si on a appelé *Caillettes* les Parisiens, c'est encore par rapport à la simplicité de la caille, ce qui regarde uniquement les *Badauds* de Paris, c'est-à-dire ceux qui n'ont jamais perdu de vue les clochers de cette grande ville. » – Mais à en croire LA MONNOYE, ce même sobriquet serait « tiré de cette tripe de veau, d'agneau ou de mouton (qui sert à faire cailler le lait); d'où, par mépris, les benêts ont été appelés *Caillettes* ». Enfin, suivant d'autres, il aurait été emprunté au blason des Cauchois, auxquels on appliquait par dérision le nom de *Caillettes,* dès le XVe siècle; ce qui indiquerait peut-être que notre fou était originaire du pays de Caux. Une chose est sûre, c'est que le mot était couramment employé, du vivant même du personnage qui nous occupe, avec un sens péjoratif. MAROT écrivait, en 1515, que s'il tombait jamais amoureux, il consentirait à se voir traité de *Caillette.* Théodore de BÈZE, dans son *Passavant*, dit au président Lizet : « Si tu parlais ainsi, même en Sorbonne, tous tes confrères se riraient de toi comme d'une *caillette.* » Citons, pour terminer, ce passage de la *Satire Ménippée*, qui confirme la première étymologie du nom : « Et ce n'est pas sans cause que les autres nations nous appellent *caillettes*, puisque nous, pauvres cailles coiffées (c'est-à-dire comme femmelettes) et trop crédules, les prédicateurs et sorbonnistes nous font donner dans les retz des tyrans. »

22. Bonaventure DES PÉRIERS, *Nouvelles Récréations* (nouvelle II, « De trois folz, Caillette, Triboulet et Polite »).

l'esprit virevoltant, comme on en verra plusieurs dans la suite de cet ouvrage. Il appartenait plutôt au genre marmouset naïf, gobeur de mouches, vaguement crétin; bref, un sous-développé de la corporation.

On l'a parfois confondu à tort avec un autre Caillette, de son vrai nom Jean Carrelin, qui vivait à la même époque. Aussi simplet que son homonyme – ne l'appelait-on pas « le roy des innocens »? – celui-ci exerçait librement sa profession de benêt parmi le petit peuple de Paris. Tout le monde le connaissait dans le quartier des Halles; il faisait partie du paysage. Et comme on le savait le plus misérable des gueux, chacun lui donnait de quoi vivre : commères, boutiquiers, apprentis, étudiants lui fourraient en passant quelque morceau dans sa gibecière. D'aussi loin qu'ils apercevaient sa grotesque tournure, les enfants, accourant vers lui, l'entouraient en braillant : « Mouche-toi, Caillette! Mouche-toi! » Alors Caillette baissant docilement sa culotte, se mouchait dans le pan de sa chemise, laissant pendre à l'air « sa coulette et ses dandrilles », à l'ébahissement des passants et à la plus grande joie des garnements. Parfois, de « mauvais garçons » lui jetaient de la boue et lui faisaient mille taquineries qu'il souffrait sans rien dire. Mais il lui arrivait de perdre patience et de poursuivre ses persécuteurs à coups de pierres, sans jamais en atteindre aucun, car ils détalaient aussitôt, puis revenaient le narguer sous son nez : « Hé! Caillette. Par ici!... Hé! Caillette! » Alors le malheureux abandonnait la partie et allait se réfugier sous un porche. Personne n'a jamais su pourquoi il appelait tous les hommes *papa* et les femmes *maman.* Lorsqu'il apercevait quelque nourrice bien grasse, il se précipitait vers elle, lui prenait les tétons à pleines mains et s'enfuyait aussitôt en glapissant : « Maman, maman, ne me battez pas! »

Avec sa silhouette efflanquée, ses accoutrements bizarres, son éternel « godet » sous l'aisselle et sa « branchette » à la main, il faisait partie de ces visages familiers – demeurés, vagabonds, extravagants – qui hantèrent de tous temps le pavé de Paris. On l'aimait bien, le « pouvre Caillette », et chacun le regretta lorsqu'il eut rendu son âme d'enfant. Il se trouva même un obscur rimailleur pour dédier quelques méchants vers à sa mémoire. C'était comme si le quartier lui aussi avait perdu un peu de son âme. Pauvre Carrelin, dit Caillette, cervelle creuse et traîne-misère, vrai innocent de Paris, tu as bien gagné ta place au paradis des fols...

VI

Le morosophe ou fol-sage

Celui qui serait sage n'auroit point de fou. Celui donc qui a un fou n'est pas sage; s'il n'est pas sage, il est fou; et peut-être, fût-il roi, le fou de son fou.

(DIDEROT, *Le Neveu de Rameau*)

Porté par le grand souffle de la Renaissance, l'*Éloge de la folie* marque une profonde mutation dans la figure du fol. Avec Érasme, nous entrons dans l'ère du *morosophe,* du fol-sage. En réalité, ce que l'on appelle quelquefois le « paradoxe » d'Érasme, par rapport à ce que nous savons de la conception médiévale de la folie, et plus spécialement par rapport au *Narrenschiff,* se retrouve dans l'opposition entre la représentation négative de la folie contenue dans l'Ancien Testament et la représentation positive qu'en donnent les Évangiles. Pour l'Ancien Testament, la folie désigne au mieux une conduite morale qui viole la loi mosaïque; au pis le paganisme, voire l'athéisme. Or, cette opposition folie-sagesse, les Évangiles vont la retourner en dotant la folie d'un puissant coefficient positif. Le sage n'est plus celui qui se conforme à la Loi, mais, au contraire, celui qui s'en détourne pour suivre la voie tracée par le Christ, celle-là même que le monde, demeuré sourd à son message, considère comme la voie de la déraison. « Pour l'impie, ce sont le message du Christ et la foi nouvelle qui sont folie, tandis que la prétendue sagesse du monde est la folie véritable devant Dieu. En ce sens, le premier fol-sage est le Christ lui-même [1]. »

Or ce retournement, où se fonde le « paradoxe du christianisme », va se développer tout au long du XVe siècle et trouver son plein épanouissement dans le concept du fol-sage, tel qu'il apparaît dans l'*Éloge de la folie.* Le fol conserve tous ses attributs extérieurs, mais il passe du champ négatif au champ positif. Érasme légitime et célèbre la folie comme source de joie créatrice et d'énergie vitale; il la substitue à la pratique d'une sagesse aussi contraignante pour le corps que stérilisante pour l'esprit. Or, reconnaître la folie comme une composante essentielle de l'humain, lui donner la parole, comme le fait Érasme, c'est arracher l'homme à cette « tyrannie de la sagesse » dont parlera Nietzsche, pour lui restituer son droit à la déraison et au rire; c'est privilégier la fête, le jeu, l'invention libre; c'est opposer à la vision tragique de Brant, l'immortalité dans l'art et dans la beauté; c'est déculpabiliser notre rapport à l'imaginaire. Laisser la parole à la folie, c'est aussi faire entendre la voix de la vérité, qui fait tomber les masques des faux sages. Que nous dit-elle, du haut de la chaire magistrale où l'a hissée le vieil Érasme?

« Je n'use point de fard, je ne simule pas sur le visage ce que je ne ressens pas dans mon cœur. Partout, je ressemble à ce que je suis; je ne prends pas le déguisement de ceux qui tiennent à jouer un rôle de sagesse, et se promènent comme des singes sous la pourpre et des ânes sous une peau de lion. Qu'ils s'affublent tant qu'ils voudront, l'oreille pointe et trahit Midas [2]. »

Si tous les hommes sont fous, le seul homme sensé ne peut être que le fou véritable. Tel est, en substance, le paradoxe d'Érasme. Et comme le fou n'est point responsable de ce qu'il peut dire ou faire, puisque l'on s'amuse,

1. Joël LEFÈBVRE, *op. cit.*, p. 20.
2. *Éloge de la folie,* éd. cit., p. 19.

venant de sa part, de choses qui vaudraient à tout autre les derniers châtiments, c'est donc chez lui seul que la vérité trouve refuge. Ainsi se justifie la présence du fol auprès du souverain. Mais cette vérité, le fol ne pourra jamais l'énoncer sous sa forme claire, immédiate; il lui faudra nécessairement passer par la métaphore du rire, donner à ses propos un tour imprévisible, cocasse, satirique. Car il s'agit de maintenir par tous les moyens la fiction de la démence, de ne jamais laisser oublier que c'est de la bouche d'un aliéné (comme on dit proverbialement *de la bouche des enfants* : c'est tout un) que sort la vérité. Concession de la folie au pouvoir? Disons plutôt ironie suprême. Le fou humilie le sage comme Marcolphe humiliait Salomon, comme Ésope – esclave avorton, rebut de l'humanité – humiliait Crésus, comme les bouffons de Shakespeare humilient les rois, non point parce qu'il est plus sage, mais parce qu'il est fou.

Aux rêves de conquêtes et de gloire, le morosophe oppose le simple amour de la paix, les dépenses qu'occasionne la guerre, la misère du peuple. Sans cesse, il ramène les ambitions sublimes aux viles réalités du quotidien; il démystifie, joue le réel contre l'illusion, la sécurité contre l'aventure, la matière contre la chimère; il déjoue la fausse grandeur des grands, le faux savoir des doctes et des théologiens; il est toujours Sancho Pança aux côtés de Don Quichotte, le fou d'un fou : celui qui dénonce les moulins à vent.

A la Cour de France, le premier de ces fols-sages porte un nom célèbre : Triboulet.

Au mois de juin 1900, le très grave *Journal des débats* annonçait à ses lecteurs cette nouvelle en soi bien banale : un certain Romain Mouton, directeur de théâtre forain, mariait sa fille en la paroisse Saint-Symphorien, non loin de Tours. L'événement fût passé totalement inaperçu s'il ne s'était trouvé que ce monsieur Mouton n'était autre, selon le quotitien, que le lointain descendant de l'illustre

Triboulet, fou de François Ier. D'authentiques parchemins établissaient sa filiation en ligne directe avec le roi de France lui-même... et la fille de son bouffon!

En fait de Mouton, il s'agissait bientôt d'un *canard* monté de toutes pièces par un rédacteur en mal de copie. L'information mérite pourtant qu'on s'y arrête, dans la mesure où elle tente d'accréditer la fable du *Roi s'amuse,* autrement dit, à faire passer la création du poète avant la vérité de l'Histoire. Combien de gens ne connaissent Triboulet qu'à travers le drame de Hugo et l'opéra de Verdi, de même qu'ils ne connaissent Chicot qu'à travers les romans de Dumas? Pour certains, son existence même est incertaine. Précisons tout de suite que la légende n'a pas attendu l'époque romantique pour s'emparer du personnage. De son vivant déjà – car il a bel et bien existé –, il inspira une foule d'anecdotes dont l'authenticité plus que douteuse ne facilite guère la tâche de l'historien. Il en va d'ailleurs de même pour tout ceux qui succéderont à Triboulet. Plus que jamais, à partir de la Renaissance, le fol devient une sorte de héros mythique, à mi-chemin de la fiction et de la réalité. Si tout le monde connaît le nom de Triboulet, nul ne peut savoir avec certitude ce qu'il fut, car il faudrait pour cela faire le partage entre l'Histoire et le roman de l'Histoire (*Cf.* p. 178.)

De son vrai nom, il s'appelait Férial ou Févrial, et avait vu le jour à Foiz-lès-Blois, petit hameau à une portée d'arquebuse du château de Blois, séjour préféré des rois de France jusqu'à Henri III. Louis XII n'eut donc pas à chercher bien loin pour mettre la main sur ce fils de paysans qu'il fit engager très jeune à la Cour. On nous le décrit à l'époque comme un « pauvre hébété », de constitution chétive, véritable souffre-douleur des laquais et des pages qui abusaient de sa faiblesse. Autant pour l'arracher à leurs persécutions que pour le dresser à son futur métier, Louis XII le confia à un gouverneur, nommé Michel Le Vernoy. Au dire de Bonaventure Des Périers, celui-ci n'eut pas la besogne facile : « Il y avoit belle matière », comme il dit, pour désengourdir l'esprit de son élève. Et pour preuve de ce qu'il avance, il raconte l'historiette suivante. Lors de l'entrée de Louis XII à Rouen, le 28 septembre 1508, Triboulet fut envoyé en avant pour annoncer l'arrivée de la Cour. Tout gonflé d'orgueil, sur son beau destrier caparaçonné à ses couleurs et brandissant « sa marotte des bonnes festes », le voilà qui se met à piquer vigoureusement son cheval, lequel l'emporte au grand galop. Son gouverneur avait beau s'égosiller : « Arrête-toi, malheureux! Arrête!! Si je t'attrape!!... », rien n'y faisait; Triboulet continuait d'éperonner de toutes ses forces, tandis que l'autre le houspillait de plus belle : « Tu n'arrêteras donc pas ? Arrête, ventredieu! » Alors Triboulet, hors d'haleine et caracolant toujours : « Par la sang Dieu! Maudite bête! J'ai beau le piquer tant que je peux, il ne veut pas s'arrêter [3]! »

S'il n'en fit pas un cavalier, Le Vernoy réussit tout de même à en faire un fol plus qu'honorable. Non sans d'innombrables volées d'étrivières, il est vrai. Mais enfin, pour arriver à ce résultat en dépit de méthode aussi détestables, il fallait que le sujet eût reçu quelques dons de la nature. Or ceux-ci ne semblent pas lui avoir manqué : Triboulet fut l'un des plus talentueux « plaisants » de son siècle, d'après ce qu'en dit, mi-sérieuse, mi-railleuse, cette pseudo-épitaphe composée longtemps avant sa mort :

> Triboulet suis, qu'on peut juger en face
> N'avoir esté des plus saiges qu'on face.
> Honneste fus chascun contrefaisant,
> Sans jamais estre aux dames malfaisant.
> Du luth jouay, tambourin et vielles,
> Harpes, rebecs, doulsaines, challemelles,
> Pipetz, flaiolz, orgues, trompes et corps,
> Sans y entendre mesure ni accords.
> En chantz, danses, fis choses non pareilles,
> Mais dessus tout de prescher fis merveilles;
> Car mon esprit, qui n'eut oncques repoz,

3. *Cf.* note 22, du chapitre V.

En vingt paroles faisoit trente propoz.
Armé en blanc, joustay d'espée et lance,
Aussi cruel à plaisir qu'à oultrance.
Devant moi pages tremblaient comme la fièvre,
Fyer menaceur, et hardy comme un lièvre.
Le roy adonc me fait seoir à sa table,
Où luy donnay maint passe-temps notable.
Oncques homme qu'il eust en son service
Ne fit si bien comme moi son office.

Sans être vraiment difforme, Triboulet ressemblait à une manière d'avorton, passablement voûté, avec un nez fortement saillant entre deux gros yeux, sous un front étriqué. C'est ainsi du moins que le dépeint en 1509 Jean Marot, valet de chambre et historiographe du roi, poète et père de poète, comme chacun sait, non sans rendre un bref hommage à ses talents (bref, mais assurément plus crédible que celui que l'on vient de lire) :

Triboulet fut un fol, de la teste escorné,
Aussi saige à trente ans que le jour qu'il fut né,
Petit front et gros yeux, nez grand, taillé à voste (a)
Estomac plat et long, hault dos à porter hoste.
Chacun contrefaisoit, chanta, dansa, prescha,
Et du tout si plaisant qu'onc homme ne fascha.

Mais ce portrait pourrait bien n'être qu'une charge, surtout si on le compare à la sanguine que l'on a faite de lui vers 1510-1520, et qui se trouve aujourd'hui au musée Condé de Chantilly. Triboulet, dont on ne voit que le buste, n'y présente aucune trace de gibbosité. La trogne enluminée, les mâchoires fortes et carrées, la lèvre inférieure gourmande et largement ourlée, l'œil plissé, pétillant de malice : tout respire, dans ces traits, la force vitale, l'appétit insatiable, la paillardise et la gouaille d'un personnage de Rabelais.

On a vu que les fous suivaient leur maître partout,

a. *Voste :* voûte.

jusque dans la disgrâce, et l'on se souvient à ce propos des malheurs de Jehan Arcemalle. Ils ne couraient pas moins de risques lorsque ledit maître allait à la guerre. C'est ainsi que Triboulet se vit contraint de suivre Louis XII dans son expédition contre Venise, en 1509. Pauvre Triboulet, traîné sur le champ de bataille comme un mouton à l'abattoir! Et quelle terreur lorsqu'il entendit pour la première fois résonner le canon au siège de Peschiera! Jean Marot, qui assistait à la scène, en a laissé cet amusant croquis :

> Triboulet, fol du roi, oyant le bruit, l'horreur,
> Couroit parmi la chambre, en si grande frayeur,
> Que sous un lit de camp, de peur s'est retiré,
> Et crois qu'encore y fût, qui ne l'en eût tiré.
> N'est de merveille donc si sages craignent coups,
> Qui font telle tremeur (a) aux innocents et fous [4].

Notre fol en fut quitte pour la peur. Il revint de la guerre sans coup férir, puisqu'on le retrouve cinq ans plus tard, en 1514, au troisième mariage de Louis XII (avec Marie d'Angleterre), arborant un somptueux sayon jaune et rouge. L'année d'après, tout de noir vêtu, il suit le convoi funèbre du même Louis XII. Le deuil réglementaire sitôt achevé, le voici donc au service d'un nouveau maître. Et ce maître, c'est François Ier, le plus brillant souverain de la Renaissance. Sous ce roi, que l'on dit magnifique en toutes choses (jusque dans ses bassesses), Triboulet voit s'ouvrir devant lui une carrière qui va le propulser au premier rang de sa profession. Sur le plan de la condition matérielle, d'abord. Non qu'il eût à se plaindre jusque-là. Louis XII l'avait toujours bien entretenu, ne le laissant manquer ni de beaux habits, ni de laquais, ni même de chapelain, puisqu'il en avait un affecté à sa personne. Mais enfin, on n'avait pas pour lui

---

a. *Tremeur :* frayeur.

4. Jean Marot, *Le Voyage de Venise,* éd. critique par Giovanna Trisolini, Genève, Droz, 1977, p. 127-128.

beaucoup plus de considération que pour Muguet, l'épervier du défunt roi, ou pour Ralay et Chailly, ses chiens favoris. Dans une pièce en vers de l'époque, *De Muguet, l'oyseau du Roy Loys XII,* le héros à plumage le met sur le même rang qu'eux :

Trois passe-temps parfaits a eu Loys douzième :
Triboulet et Chailly, et je fais le troisiesme;
Triboulet pour la chambre, Chailly pour champ est duit (a),
Et moi, je volle en l'air pour gibier et déduit (b).

Une autre pièce, à peu près contemporaine de celle-là, fait dire au chien de chasse Ralay :

Le bon Chailly, Triboulet et Muguet
Tous de par moi doivent aller au guet.

Comme on voit, le véritable univers du fol, c'était encore la ménagerie. François Ier en fera sortir Triboulet et lui donnera place parmi les grands du royaume. Avec lui commence véritablement le règne du fol, son âge d'or, qui durera jusqu'à la fin du XVIe siècle.

Triboulet occupait à la Cour une situation si brillante qu'il affirmait ne pas vouloir en changer pour une couronne ducale ou une mitre épiscopale; il se définissait lui-même comme le « seigneur souverain de tous ceux dont il se moque ». Auprès du roi, il ne joue pas seulement le rôle d'amuseur, comme la plupart de ses prédécesseurs, mais aussi de censeur, de sage, parfois même de conseiller politique; il assiste au Conseil du roi, et l'on écoute ses avis. Il est vrai qu'il ne ressemble plus guère au petit benêt souffreteux, toujours tremblant au claquement de fouet de son gouverneur, qu'il avait été quelque vingt ans plus tôt. C'est devenu un railleur caustique, habile à manier la parodie et la satire, daubant sur tout le monde,

---

a. *Duit :* dressé.
b. *Déduit :* plaisir, divertissement.

disant son fait à chacun, n'épargnant personne; et cela, avec tant de bonne humeur et un tel sens de la facétie que, sans jamais renoncer à son franc-parler, il réussit à ne pas déplaire. S'il a été réellement naïf dans sa jeunesse, il n'a pas son pareil à présent pour contrefaire la naïveté. C'est même là sa spécialité, son « emploi », comme on dit au théâtre. Il excelle dans le gros bon sens, derrière lequel se dissimule un esprit perspicace. Telle est du moins l'image (entendons : l'image mythique) que l'on peut se faire de lui à partir des innombrables bons mots, facéties, joyeux propos, qu'on lui prête et qui suffiraient à remplir un volume. Pour la plupart, ces contes sont apocryphes et se rattachent à la littérature « drolatique » et sapientiale du Moyen Age. Beaucoup ne sont d'ailleurs que des rhabillages d'historiettes plus anciennes, tirées de recueils français ou étrangers, notamment italiens ou espagnols. Triboulet y apparaît comme l'archétype du fol-sage, celui qui fait entendre au prince un peu de la sagesse de son peuple. Il incarne, au milieu de la Cour, une forme d'esprit dite populaire : mélange de gouaille, de rudesse bon enfant, de fausse naïveté et de solide bon sens. On le voit : rien de bien contestataire là-dedans, et surtout pas ce fameux « bon sens » qui, même lorsqu'on le croit opposé à la folie de ceux qui nous gouvernent, demeure toujours leur plus puissant allié.

Voici donc, parmi les plus significatives, quelques-unes des anecdotes qui servirent à forger la légende de Triboulet. Elles donnent une idée assez juste du genre d'esprit et de comportement que l'on attendait d'un fol.

La plus surprenante est racontée par Bonaventure Des Périers, à qui l'on doit plusieurs nouvelles attribuées à des fous. Un soir, François Ier se rend à la Sainte-Chapelle pour y entendre les vêpres, suivi de son cher Triboulet. Leur entrée se fait dans un silence impressionnant. Mais à peine sont-ils installés que l'évêque entonne le *Deus in adjutorium,* immédiatement suivi par le chœur, dont les voix puissantes éclatent alors sous les voûtes. Surpris par ce tonnerre, Triboulet se lève, bondit sur l'évêque et lui assène quelques vigoureux coups de poing. Sans s'émouvoir autrement, le roi appelle alors son bouffon et lui demande les raisons de sa fureur contre cet homme de bien. « Ta! Ta! mon cousin, fait l'autre, quand nous sommes entrés céans, il n'y avait pas un bruit et c'est celui-là qui a déclenché tout ce vacarme [5]. » Vraie ou fausse, la scène témoigne en tout cas de l'antique liberté qui régnait encore, en ce début du XVIe siècle, à l'égard des choses et des lieux du culte.

Une autre fois, un grand seigneur, ulcéré par une boutade un peu vive que lui aurait lancée le bouffon, menaça de le faire tuer à coup de bâton. « Ne crains rien, lui dit le roi, si quelqu'un osait porter la main sur toi, je le ferais pendre dans le quart d'heure qui suit. – Ah! cousin, gémit Triboulet, ne pourriez-vous, je vous prie, le faire pendre un quart d'heure avant? »

Évidemment, cela ne vole pas bien haut, mais l'anecdote accuse un autre trait distinctif du personnage : la poltronnerie. Triboulet est un couard; « hardy comme un lièvre », dit-on de lui. Souvenons-nous de sa frayeur au siège de Peschiera et d'autres épisodes de même farine. Ce dernier trait achève de faire de lui un type spécifiquement « populaire », car le peuple est poltron, selon l'idéologie de l'époque (il s'effraie d'un rien, ne sait pas tenir une arme, etc.), tandis que l'héroïsme est l'apanage de la seule noblesse.

Plusieurs historiettes montrent Triboulet intervenant dans les affaires du royaume. En voici deux :

En 1524, lorsque François Ier entreprit la désastreuse expédition contre le Milanais, laquelle allait s'achever par sa captivité après Pavie, il réunit son Conseil afin de

---

5. DES PÉRIERS, *Nouvelles Récréations* (nouvelle XCVIII : « De Triboulet, fol du roy François premier, et de ses facétieux actes »). Le conteur italien DOMENICHI rapporte le même fait, sans toutefois nommer Triboulet, dans ses *Facetie e Motti arguti di alcuni eccellentissimi ingegni,* Florence, 1548.

Caricatures (lisibles à l'endroit et à l'envers) du duc d'Albe par Théodore de Bry. Cl. Bibliothèque municipale de Rouen. Collection C. Quétel.

ET FOLLIE · ORGVEILLE ·
Qui par Orgueil aura forfait, Et aura vse de blasphème,
Il portera de son mesfait punition sur soy mesme.
T.DB.F.
De Hoouerdije is soo groots en verblindt
Datse Godt noch haren naesten en bemindt
En hout sij maet noch reden in haer herrschappije.

L'Académie des fols. Gravure du XVIIe siècle. Bibliothèque nationale. Cl. B.N. Collection C. Quétel.

Assemblée de fols. Gravure du XVIIe siècle d'après Bruegel. Cl. B.N. Collection C. Quétel.

Triboulet II, fou de François Ier. Dessin de l'école des Clouet. Chantilly, musée Condé. Cl. Giraudon.

Thony, fou d'Henri II. Dessin du XVIe siècle. Chantilly, musée Condé. Cl. Giraudon.

Cathelot, folle de Marguerite de Valois. Dessin aquarellé de l'école des Clouet. Chantilly, musée Condé. Cl. Giraudon.

déterminer le meilleur moyen de pénétrer en Italie. Chacun s'étant prononcé, Triboulet trancha par ces mots : « Voilà qui va fort bien, Messieurs, mais vous oubliez l'essentiel. – Eh ! Qu'est-ce donc ? demanda le roi. – C'est que vous parlez tous d'entrer en Italie, mais que personne ne songe au moyen d'en sortir [6] ! » François Ier, ajoutent les biographes de Triboulet, eût été mieux inspiré, ce jour-là, de suivre l'avis de son bouffon.

Une autre fois, en 1539, comme François Ier décidait d'accorder un sauf-conduit à Charles Quint pour traverser la France, Triboulet fit remarquer : « Si l'empereur est assez fou pour venir se jeter dans la gueule du loup, je lui ferai don de mon bonnet à grelots ! – Et si je le laisse passer librement, comme sur ses propres États ? demanda le roi. – Alors, Sire, c'est à vous que je l'offrirai. » Bien répondu. Malheureusement, il se trouve qu'en 1539, Triboulet avait quitté ce bas monde et que la réplique en question existe dans d'autres versions.

C'est ce stéréotype du conseiller débitant ses sages avis sous une forme piquante qu'a retenu la tradition. Nul doute que Rabelais y soit pour quelque chose, lui qui donna le premier à Triboulet ce surnom de *morosophe*. Mais Rabelais va plus loin, dans la dérision, que les « bons mots » que nous venons de citer. Ceux-ci se bornent, somme toute, à mettre des paroles sensées dans la bouche d'un fou, tandis que chez l'auteur de *Pantagruel* les sentences de Triboulet s'énoncent dans un baragouin incohérent qui parodie la langue oraculaire. C'est parce qu'il prononce des paroles insensées et qu'il se comporte comme un fou que Triboulet passe pour sage. Or, Triboulet n'est pas seulement fou du roi ; il est fou tout court, fou superlatif, parangon de la folie :

6. D'après Othon MELANDER (*Jocorum atque seriorum... centuriae aliquot,* 1602), cette repartie appartiendrait au fou de Léopold, duc d'Autriche, qui l'aurait proférée lors du projet d'invasion des trois cantons de la Suisse.

« Triboullet [dist Pantagruel], me semble competentement fol. » Panurge respond : « Proprement et totalement fol. » Pantagruel : « Fol fatal, de nature, céleste, jovial, Mercurial, lunaticque, erraticque, excentricque, aetéré et Junonien, arctique, héroïcque, génial, praedestiné [7]... » J'arrête là l'énumération, car elle ne comprend pas moins de deux cent dix épithètes! Comme on ne peut donc trouver plus authentiquement fol que Triboulet, c'est à lui que Panurge demandera s'il doit ou non prendre femme. Ledit Panurge lui ayant exposé son affaire « en paroles rhétoriques et élégantes », Triboulet, sans le laisser achever, rendit sans ménagement aucun cet oracle à la fois gnomique et gestuel. D'abord, il lui « bailla un grand coup de poing entre les espaules, luy rendit en main la bouteille, le nazardoit avecque sa vessie de porc, et pour toute response luy dist, branslant bien fort la teste : " Par Dieu, fol enraigé, guare moine! cornemuse de Buzançay! " Ces parolles achevées, s'esquarta de la compaignie, et jouoit de la vessie, se delectant au melodieux son des poys. Depuys, ne feut possible de tirer de luy mot quelconques, et, le voulant Panurge d'adventaige interroger, Triboullet tira son espée de boys, et l'en voulut ferir [8]. »

Triboulet occupe une place particulière dans l'œuvre de Rabelais. Il intervient au moment stratégique où Panurge, ayant épuisé toutes les ressources de la science officielle, se trouve dans l'impasse. C'est lui qui permet de relancer l'enquête qui conduira, après maintes pérégrinations, à la Dive bouteille. C'est de lui que viendra la réponse définitive, au cinquième et dernier livre. Ce fou prophète, par lequel s'éclaire le sens de l'œuvre, s'identifie donc à l'auteur démiurge; et c'est ce dernier, c'est Rabelais lui-même qu'il faut reconnaître sous son bonnet à grelots.

On ne sait à quelle date mourut Triboulet; on peut

---

7. *Pantagruel*, Livre III, chap. XXXVIII : « Comment par Pantagruel et Panurge est Triboullet blasonné ».

8. *Pantagruel*, Livre III, chap. XLV : « Comment Panurge se conseilla à Triboullet ».

seulement situer sa mort, sans nulle garantie, peu avant 1538, car c'est cette année-là que Jean Vouté publia l'épitaphe de notre fol dans ses poésies latines :

Vixi morio, regibusque gratus
Solo hoc nomine; viso num futuris
Regum morio sim Jovi supremo [9].

Si Triboulet fut le seul porte-marotte officiel à la Cour de François Ier, quantité d'autres fols se disputèrent l'honneur de faire sourire le souverain. Nous avons parlé plus haut d'Ortis, le *more du roi.* Il y eut encore, à part lui, un certain drôle du nom de Villemanoche, garçon d'humeur joyeuse, du genre pince-sans-rire. Quoique d'un entendement sans faille, à ce que dit Pasquier, Villemanoche avait deux lubies. La première touchait à ses origines, qu'il s'entêtait à vouloir antiques et nobles. Clément Marot s'est gentiment moqué de lui en dressant une généalogie fantaisiste dans laquelle il apparente ses ancêtres, qu'il appelle les Pichelins, à toutes les têtes couronnées d'Europe [10]. Son autre folie découlait de la première. Se réclamant d'un si haut lignage, il n'y avait pas, dans tout le royaume, de parti qui fût digne de lui, ni de princesse qui ne rêvât de l'épouser. A cela près, nous dit Pasquier, il avait le jugement parfaitement sain [11]. Admettons.

Ce Villemanoche n'était, selon toute vraisemblance, qu'un de ces fols occasionnels que l'on payait au cachet, mais qui n'appartenaient pas à la Maison du roi. Ce devait être aussi le cas du « plaisant » Guillaume de Louviers, auquel François Ier remet 22 livres 10 sols « pour le passe-temps » qu'il lui avait donné, ou de ce Pierre Briandas qui sut si bien gagner la faveur du roi que celui-ci lui fit don de l'office de « boutefeu et buvetier de

9. *Fol j'ai vécu, et fus chéri des rois, uniquement à ce titre. Puissé-je à l'avenir devenir le fou de Jupiter, le plus grand des rois.* (Le jeu de mots entre *morio,* bouffon et *morior,* je meurs, est intraduisible en français.)

10. Clément MAROT, *Chant de Folie de l'origine de Villemanoche.*

11. PASQUIER, *Recherches de la France,* p. 675.

la Cour des généraux des aides à Paris », lequel n'avait pas été pourvu depuis son avènement [12]. Briandas n'en resta d'ailleurs pas là, car on le retrouve huit ans plus tard, en 1546, avec le titre envié de « sommelier du Dauphin ».

On se souvient que, lors de l'entrevue d'Aigues-Mortes, François Ier avait offert une médaille d'or au « plaisant » du pape. Il ne pouvait naturellement faire moins pour celui de l'empereur, un nommé Perricquou. D'autant plus que ce Perricquou l'avait gratifié d'une fort divertissante « récréation ». Mais, soit imprévoyance, soit que le cadeau qui lui était destiné se fût égaré dans les malles, on eut beau fouiller partout, on ne trouva rien à lui offrir. Pris de court, le roi se précipita chez la nourrice du dauphin, lui emprunta la chaîne d'or qu'elle portait à son cou et la fit remettre sur-le-champ à Messire Perricquou. Quelques mois plus tard, il donna ordre de rembourser à Jeanne Laurence – c'était le nom de la nourrice – la coquette somme de 180 livres, pour prix de sa chaîne. Le « plaisant » de Charles Quint n'eut pas lieu de se plaindre [13].

Outre le fol en titre et les amuseurs de passage, la Cour de François Ier ne désemplissait pas de baladins en tous genres, dont les livres de comptes nous ont conservé les noms et les talents. Ce sont tous gens de voyage, emportant à leur semelle le rire et l'illusion. On se prend à rêver sur ces « visiteurs du soir », jongleurs, musiciens, comédiens, poètes, allant d'un château à l'autre... A quoi pouvait donc ressembler ce Messire Paulo Belmissere de Pontreuil, « lequel chacun jour fait compositions, devis, harangues de plusieurs sciences, es quelles il croit estre bien expert », et dont il donne « plaisir et récréation » au roi? Et ce Jehan de l'Espine, de Pont-Alletz, dit Songecreux, « qui a par cy-devant suivy le dit seigneur avec sa bande et joué plusieurs farces devant luy »? Et ces six

---

12. *Catalogue des Actes de François Ier*, Paris, Imprimerie nationale, 1887-1908, t. VIII, p. 267 et 280; t. III, p. 741.

13. *Ibid.*, t. VIII, p. 287 et 290.

acteurs de farces et de moralités, auxquels on remet 46 livres pour avoir joué devant le roi, à Villers-Cotterêts, quelques « nouvelles farces et comédies de matières joyeuses »? L'obole variait en fonction du plaisir du prince. La plus élevée revint à certain manipulateur espagnol, qui reçut la somme mirifique de 226 livres « à cause du passe-temps qu'il donna au roy du subtil maniement des cartes ». A titre de comparaison, les « filles de joye suivant la Cour » ne reçurent toutes réunies que 90 livres « tant à cause du bouquet qu'elles ont présenté au roy le premier jour de may dernier passé et de leurs étrennes du premier jour de ce présent mois » (janvier 1538)...

Le successeur de Triboulet à la charge de fol s'appelait de son vrai nom Jean-Antoine Lombard, mais on le connaît surtout sous le pseudonyme de Brusquet. Né à Antibes vers 1520, il avait entrepris des études de médecine, qu'il ne poussa pas très loin, semble-t-il, car on le retrouve dès 1536 – à l'âge de seize ans, environ – chirurgien de l'armée française retranchée sous les murs d'Avignon, administrant aux suisses et aux lansquenets force médecines de sa composition, « ce dont il tirait grand denier », ajoute cette méchante langue de Brantôme. S'il lui arriva d'en guérir quelques-uns, ce ne fut jamais que par accident. Pour les autres, c'est-à-dire les plus nombreux, « il les envoyait *ad patres* drus comme mouches ». Il fallait en effet une constitution peu ordinaire pour résister aux traitements de notre apprenti médicastre : ses préparations à base de sublimé, de sel de plomb et de cervelle de crapaud avaient la propriété de faire tomber raide le plus robuste des soudards.

On jugera de ses recettes par celle qu'il prescrivit un jour à l'ambassadeur de Venise. Étant allé visiter ce seigneur pour lui faire sa cour et lui « escroquer quelques bons brins », il le trouve au lit, en proie à de violentes coliques. A peine celui-ci aperçoit-il Brusquet qu'il lui demande, le sachant médecin : « Ne connaîtriez-vous pas quelque remède contre mon mal? – Bien sûr que si! répond l'autre sans se troubler. C'est un remède infaillible et fort simple, dont je me sers moi-même à l'occasion. Il vous suffit de mettre le doigt d'une main dans la bouche, et d'enfoncer le doigt de l'autre main fort avant dans l'anus, puis de les échanger à intervalles réguliers. Faites cela pendant une demi-heure : les vents s'échapperont d'un côté et de l'autre, et vous vous sentirez tout à fait soulagé. » Le très digne envoyé de la sérénissime République le remercia et suivit fidèlement sa prescription.

Quant à notre charlatan, il s'empressa d'aller raconter sa mystification à toute la Cour, qui s'en amusa follement. Elle était, à tout prendre, moins dangereuse que les traitements qu'il infligeait aux pauvres diables des armées du roi. Ceux-ci causèrent tant de pertes que le connétable de Montmorency, commandant en chef des opérations, finit par s'en émouvoir. Il fit comparaître devant lui le jeune disciple d'Hippocrate, le tança vertement et le condamna à être pendu haut et court. Déjà l'on préparait le gibet, lorsque le dauphin, favorablement prévenu par son humeur espiègle, suspendit le bras du bourreau, fit venir le condamné, puis, d'un ton mi-sévère, mi-amusé : « Eh bien, Jean-Antoine Lombard, lui dit-il, il paraît que tes potions font plus de victimes que les mousquets de nos ennemis? – Monseigneur, fit l'autre dans un large sourire, en est-il un seul parmi ceux que j'ai soignés qui soit jamais venu se plaindre à vous? Ne les ai-je pas tous guéris à perpétuité? » Conquis par tant de désinvolture, le futur Henri II lui accorda sa grâce. Il fit plus : il le prit à son service, d'abord comme valet de sa garde-robe, puis comme valet de sa chambre, titre fort envié qu'il eut l'honneur de partager avec les illustres poètes de son temps, Clément Marot, Bonaventure Des Périers et Ronsard [14].

14. Un érudit provençal, M. Raimbault, a retrouvé aux Archives des Bouches-du-Rhône, le brevet de valet de garde-robe de Brusquet, ainsi

C'est vers cette époque que Jean-Antoine Lombard adopta le surnom de Brusquet, le jugeant sans doute mieux approprié à sa fonction véritable, celle de bouffon royal, qu'il exerçait, nous assure-t-on, avec un talent sans pareil [15]. C'était, selon Brantôme, « le premier homme pour la bouffonnerie qui fut jamais et qui sera [...], fût pour le parler, fût pour le geste, fût pour écrire, fût pour les inventions, bref pour tout, sans offenser ni déplaire ». Flatteuse louange, de la part d'un homme qui ne passe pas pour les prodiguer à tort et à travers. Brusquet possédait par-dessus tout, il est vrai, l'art de multiplier les extravagances sans jamais se répéter. L'exceptionnelle fécondité de son imagination lui permit ainsi de servir sous trois règnes successifs, tout en se renouvelant sans cesse. Oh, certes, il ne se signalait pas par la finesse des reparties – ce n'était point là son fort –, mais il avait une espèce de génie pour provoquer les situations les plus follement cocasses. D'un coup de sa baguette magique, ce prince de la mystification métamorphosait la morne réalité quotidienne en étourdissant charivari. La vie, grâce à lui, se mettait à ressembler à un carnaval permanent.

---

que le procès-verbal du serment qu'il a prêté, lors de sa nomination, entre les mains de Louis de Ronsard, « conseiller et maistre d'hôtel ordinaire » du dauphin et père du poète. Ces deux pièces, datées respectivement du 23 et du 24 juin 1542, ont été publiées dans : RAIMBAULT, *Jean-Antoine Lombard, dit Brusquet, viguier d'Antibes en 1548*, Paris, 1905, in-8°. Signalons au passage que l'office de garde-robe du dauphin, comme tous ceux qui étaient rattachés à la maison des Enfants de France, exemptait son titulaire de la taille, des aides, gabelles, emprunts, subsides, péages, et autres impositions.

15. *Brusquet* est le nom provençal du *houx frelon* (latin : *bruscum*); il désigne en même temps une petite caisse en liège où l'on conservait le sel (*cf.* MISTRAL, *Trésor dou Félibrige*, au mot « Brusquet »). Le pseudonyme de Lombard pourrait donc être une allusion au *sel* ou au *piquant* de ses reparties. On appelait également *Brusquets* de petits chiens hargneux, tel l'insupportable roquet de M. Dimanche : « Et votre petit chien *Brusquet* gronde-t-il toujours aussi fort, et mord-il bien aux jambes les personnes qui vont chez vous? » demande don Juan à son créancier (MOLIÈRE, *Don Juan*, acte IV, scène III).

Si l'on eût pris soin de recueillir ses bons tours, on en eût aisément rempli un gros volume, affirme Brantôme, lequel en a consigné quelques-uns dans ses *Mémoires*. Brusquet n'était d'ailleurs pas seul à exceller dans cet art de la farce; il avait un fameux partenaire – et rival – en la personne du maréchal Pierre Strozzi, cousin germain de Catherine de Médicis, l'un des plus valeureux seigneurs de la cour d'Henri II, « bel homme de corps et de visage, ajoute Brantôme, plus furieux pourtant que doux, encores qu'il aimât à rire, à bouffonner et à dire le mot, ce qu'il sçavoit très bien faire ». Malgré la différence de leur condition, Strozzi et Brusquet étaient parfaitement compères en supercherie. C'était à qui des deux jouerait le plus mauvais tour à l'autre. A lire aujourd'hui leurs facétieux exploits, on est stupéfait par la somme d'ingéniosité, de temps et de patience dépensée pour mettre au point de tels stratagèmes. Car il ne s'agissait pas de simples petites attrapes, mais de supercheries colossales qui exigeaient non seulement de l'imagination, mais un scénario, une mise en scène, des comparses, des accessoires. Cela ne s'improvisait pas; il fallait les préparer longtemps à l'avance, peut-être même les répéter, comme un spectacle, afin d'en assurer le succès.

Un jour, c'est Strozzi qui, voulant se venger du bouffon qui lui avait dérobé des aiguillettes d'or, organise un véritable cambriolage au logis de son adversaire et lui fait enlever sous son nez toute son argenterie. Un autre jour, c'est Brusquet qui « emprunte » le fier destrier du maréchal à la porte du Louvre, lui coupe la crinière et la moitié d'une oreille, le dépouille de son magnifique harnais qu'il remplace par une vulgaire selle de poste, le charge d'une lourde malle, le fait courir ainsi jusqu'à Longjumeau, et pour finir renvoie la pauvre bête, fourbue, crottée, méconnaissable, à son maître écumant de rage.

A quelque temps de là, les deux lurons ayant décidé d'un commun accord une trêve de ces « jeux nuisants », Brusquet convie le maréchal à dîner avec une douzaine de gentilshommes, afin de sceller leur réconciliation, non sans promettre à son ancien rival une chère digne de lui et de ses convives. A peine les a-t-il installés à table que notre hôte s'éclipse, prétextant les nécessités du service. Les invités voient alors arriver une trentaine de pâtés tout chauds, exhalant un fumet des plus délicats. Chacun se sert, ouvre la croûte dorée à point, et découvre à l'intérieur – ô horreur! – des débris de sangles, d'arçons, de croupières, « de toutes vieilles penailleries » de chevaux de poste. Strozzi fut, paraît-il, le premier à en rire. Mais, peu après, rendant son invitation à Brusquet, il lui fait servir un festin de roi, puis, sitôt le repas terminé : « Eh bien, Brusquet, lui dit-il, n'as-tu pas fait bonne chère? T'ai-je trompé, comme tu le fis toi-même la dernière fois? – Il est vrai, répond l'autre, je n'ai jamais aussi bien mangé de ma vie. – Maintenant, veux-tu savoir ce qu'il y avait dans la fricassée? » Sur un signe affirmatif de Brusquet, Strozzi fait apporter sur la table la tête d'un petit mulet que le bouffon aimait tendrement. Voyant la pauvre bête accommodée à la façon d'une hure de sanglier, « il en rendit sur-le-champ si fort sa gorge, qu'il en cuyda crever ».

Une autre fois, Brusquet envoya deux cordeliers chez le maréchal, en les persuadant, moyennant un bel écu d'or à chacun, que ce seigneur était possédé par le démon, et qu'ils feraient œuvre charitable en allant l'exorciser. Voici donc nos deux moines trottinant résolument vers le faubourg Saint-Germain, munis d'une bonne provision d'eau bénite. Brusquet leur montre le chemin, les conduit même jusqu'à la porte de la chambre, les pousse doucement vers l'intérieur, mais se garde bien de se montrer. Ils entrent, s'approchent du lit où le maréchal était en train de lire et lui demandent benoîtement des nouvelles de son âme. Strozzi, qui ne passait pas pour spécialement dévot, se dresse sur son séant, éberlué par l'apparition de ces deux intrus encapuchonnés, et leur lance, furieux : « Que faites-vous là? Dehors, vertudieu! Videz-moi les lieux ou je vous fais jeter par la fenêtre! » Sans s'émouvoir, les deux exorciseurs se mettent à asperger le « possédé » d'eau bénite, en récitant les formules consacrées. Pris de fureur, le maréchal se précipite sur son épée, attachée au chevet de son lit selon l'usage du temps; mais l'un des deux cordeliers, ayant prévu son geste, s'en saisit avant lui; l'enragé maréchal le poursuit à travers la pièce, finit par le rattraper par son froc et le jette à terre, tandis que l'acolyte, qui marmonnait toujours ses patenôtres, se lance à son tour dans la bagarre, armé de son goupillon. Imagine-t-on plus incroyable mêlée que celle de ces deux révérends pères se colletant avec un capitaine des armées du roi qui se débattait comme un vrai diable et s'entortillait dans leurs frocs en rugissant des jurons à faire frémir tous les saints du Paradis? A ce moment, la porte s'ouvre et les serviteurs de Strozzi, alarmés par le vacarme, accourent délivrer leur maître, précédés par Me Brusquet en personne, venu assister au triomphe de sa machination.

Cette farce « hénaurme », que l'on croirait sortie tout droit de Rabelais, faillit se terminer fort mal pour son auteur car deux jours plus tard, le maréchal s'en alla porter plainte auprès de l'Inquisiteur de France, personnage des plus redoutables, de l'injure qu'on lui avait faite. On a beau se soucier de l'Église comme d'une guigne, on ne tient tout de même pas à passer pour un mécréant qui poursuit les hommes de Dieu à coups d'épée. Brusquet fut jeté en prison en attendant d'être jugé. Il eut le sentiment que, cette fois, il était allé trop loin, et qu'il avait peu de chances d'en réchapper. Mais, jugeant sans doute que la peur suffisait à son châtiment, Strozzi retira sa plainte, et, en signe de pardon, alla lui-même le tirer de son cachot.

Brusquet avait une femme, « la plus laide que le diable chia jamais », à ce qu'il disait. Curieuse d'observer de près cette incongruité de la nature, la reine Catherine de Médicis demanda qu'on la lui fît amener. Avant d'accéder à son désir, le bouffon vint prévenir la souveraine qu'en plus de sa laideur, sa malheureuse épouse était affligée d'une telle surdité que Sa Majesté n'aurait aucun plaisir à s'entretenir avec elle. « Qu'à cela ne tienne, répond Catherine, je tiens à la rencontrer, afin de lui parler de son ménage. » Le jour de l'audience, Brusquet avertit sa moitié que la reine étant sourde comme une enclume, elle devait lui parler le plus fort qu'elle pourrait pour se faire entendre d'elle. On imagine le vacarme dans lequel se déroula l'entretien : les deux femmes se mirent à vociférer avec tant d'ardeur que leurs cris s'entendaient, paraît-il, jusque dans la cour du Louvre [16].

Voilà encore l'une de ces « gentillesses », bien dans la matière de notre fol. Brantôme en a narré plusieurs autres, sans pourtant les épuiser toutes, car « il y en a tant et tant, dit-il, qu'on n'en verroit jamais la fin ».

Ce que l'on sait moins, c'est que derrière le masque de l'histrion se dissimulait un esprit industrieux et remarquablement doué pour les affaires. « Si vous eussiez vu Brusquet et ouy parler, dit de lui Guillaume Bouchet, vous l'eussiez pris pour un bouffon, mais en ses actions et affaires, vous l'eussiez pris pour un homme bien avisé. » S'il fut morosophe, il le fut essentiellement à son profit. Tout en amusant Henri II et sa Cour, il réussit à se faire attribuer la charge fort lucrative de « maître de la poste aux chevaux de Paris », qui valait à elle seule les meilleurs bénéfices ecclésiastiques du royaume. Du fait que la capitale avait ignoré jusqu'alors l'usage des voitures publiques et des chevaux de relais, Brusquet jouissait d'une sorte de monopole. Et comme il gérait fort bien ses intérêts, il ne tarda guère à faire prospérer son entreprise. D'après Brantôme, il avait toujours une centaine de chevaux frais dans ses écuries. A ces revenus s'ajoutaient ses gages de fol en titre d'office, qui s'élevaient à 240 livres tournois par an. Sans compter les produits de ses

---

16. BRUSQUET (à moins que ce ne soit BRANTÔME, qui rapporte l'anecdote) a tiré cette facétie d'un recueil de tours attribués à Gonella, fou du prince Nicolas d'Este, duc de Ferrare, recueil corrigé et augmenté par Reynaldo de MANTOUE, sous le titre de *Facecie del Gonella, composte per Maestro Francesco, dicto maestro Reynaldo di Mantua* (Bologne, 1506, in-4°).

nombreuses rapines. On sait, en effet, qu'il ne pouvait se rendre dans la demeure d'un grand sans emporter quelque objet de valeur : tantôt un vase précieux, tantôt un chandelier d'argent... Il s'arrangeait en général pour se les faire offrir; faute de quoi, il n'hésitait pas à se servir lui-même. Au reste, tous les moyens lui étaient bons pour subtiliser le bien d'autrui : on se rappelle comment il filouta son collègue, le fou du roi d'Espagne, en remplaçant sa chaîne d'or par une chaîne de cuivre. Loin de lui en tenir rigueur et de le poursuivre en justice, ses victimes s'amusaient plutôt des mille stratagèmes qu'il inventait pour les détrousser. L'escroquerie faisait partie de ses talents : on admirait la dextérité de l'escamoteur, peut-être même éprouvait-on un soupçon de fierté à se laisser berner par un fripon d'un si rare génie.

Grâce à ses lucratives activités, à ses rapines et à un sens de l'économie qu'il poussait, dit-on, jusqu'à l'avarice, Brusquet finit par se trouver à la tête d'une fortune assez considérable. Henri II, qui l'appréciait, voulut, en plus des avantages matériels dont il le gratifiait généreusement, l'honorer d'un office judiciaire. Il le nomma viguier de sa ville natale d'Antibes, et fit ainsi de lui un magistrat rendant la justice au nom du roi et présidant les assemblées du Conseil de ville. Fonction délicate, dont le bouffon s'acquitta « loyalement et diligemment » et qui lui rapportait – détail non négligeable – 120 livres de gages annuels, sans compter les « honneurs, auctoritez, prérogatives, préhéminences, franchises, libertez et droictz » attachés à l'office de viguerie [17].

Après le coup de lance de Montgomery qui devait causer la mort d'Henri II (10 juillet 1559), nous

17. On trouvera la copie des lettres patentes d'Henri II nommant définitivement Brusquet viguier de la ville d'Antibes dans : RAIMBAULT, *op. cit.*, p. 10-12. Signalons d'autre part que Brusquet avait également détenu l'office de « concierge et garde du palais du roi et des munitions de Marseille », et qu'il l'avait résigné le 29 juillet 1547 en faveur d'un certain Mathieu Everard (cf. *Catalogue des Actes d'Henri II*, Paris, Imprimerie nationale, 1979).

retrouvons Brusquet à la Cour de François II, lequel meurt après un an de règne, puis à celle de Charles IX où il jouit de la faveur du roi, au moins pendant les premières années. Il assiste, en 1565, à une fête magnifique à l'occasion de laquelle on lui offre des « chausses de velours noir découpées à petites bandes, avec franges d'or doublées de tocque d'or et bouillonnées de taffetas noir, rayé d'or et d'argent ». Mais, peu après, la chance qui n'avait cessé de lui sourire pendant près de trente ans lui tourne brutalement le dos. Les haines religieuses empoisonnent la vie de la Cour; elles créent un climat de suspicion et de délation qui fait craindre à chacun de se voir, comme on dit, « soupçonné de la religion ». Or, voici que d'inquiétantes rumeurs circulent sur le compte de Brusquet. Il aurait, assure-t-on, des sympathies dans le camp des huguenots et mettrait à profit sa haute main sur les postes de Paris pour faire disparaître les dépêches du roi qui leur sont défavorables. L'accusation n'était pas totalement dépourvue de fondement. Il se trouvait en effet que Brusquet avait un gendre réformé qui, loin de s'en cacher, en faisait ouvertement profession, sans se soucier du danger qu'il faisait ainsi courir à son beau-père. Or, ce gendre avait bel et bien détourné quelques paquets de courrier afin de servir ceux de son parti. C'est ce qui perdit Brusquet.

Dès les premières émeutes qui éclatèrent dans Paris, la populace incendia et pilla sa maison, et lui-même fut contraint de s'éloigner. Il trouva d'abord refuge à Nogent-le-Roi, chez la duchesse de Bouillon « qui le retira de bon cœur », puis au château d'Anet où la duchesse de Valentinois, mère de la précédente et plus connue sous le nom de Diane de Poitiers, lui offrit l'hospitalité, « pour souvenance du bon roy Henri ». Pendant le trop bref séjour qu'il fit chez l'ancienne favorite, il dut souvent évoquer avec elle, sous les frondaisons du grand parc, les souvenirs heureux de la vieille Cour sur laquelle ils avaient régné tous deux, elle par sa beauté, lui par sa folie. Mais il dut bientôt renoncer à ces doux entretiens :

le 25 avril 1566, Diane rendit le dernier soupir et Brusquet quittait les splendeurs d'Anet. Réduit désormais à la solitude et à l'oubli, abandonné de tous, ruiné, sentant l'âge venir, il s'arracha de ces lieux, sans savoir où aller. Heureusement, la bonne duchesse de Bouillon lui offrit l'hospitalité pour la seconde et dernière fois.

Du fond de son exil, il tenta de rentrer en grâce en faisant intervenir en sa faveur le jeune Philippe Strozzi, fils de son ancien compagnon de jeux, qui était tombé huit ans plus tôt au siège de Thionville. Il lui écrivit une lettre pathétique dans laquelle il le suppliait, au nom de la vieille amitié que lui avait portée son père, d'avoir pitié de lui et de lui obtenir son pardon, « afin qu'il pût parachever le reste de ses vieux jours en paix et repos ». Le sort ne le permit pas, car il mourut avant même d'avoir reçu la réponse, en 1567 ou 1568, on ne sait exactement. A supposer qu'il n'eût pas plus de seize ans lorsqu'il « saignait » les mercenaires au camp d'Avignon, il devait donc approcher de la cinquantaine.

Peu avant la disgrâce de Brusquet, en l'année 1559, les comptes de l'Argenterie du roi font mention d'un autre fol nommé Thony, diminutif d'Antoine, parfois orthographié Thonin, Thouin, ou même Thosnil [18]. Natif d'un village proche de Coucy, en Picardie, il appartenait à l'une de ces fameuses tribus de fols dont nous avons signalé l'existence. Ses deux frères exerçaient déjà cette profession. Du premier, on sait seulement qu'il s'appelai Gazau. Quant à l'autre, dont on ignore le nom, il appartenait à Hippolyte d'Este, cardinal de Ferrare, le fils de Lucrèce Borgia. Restait Antoine, le dernier-né. A peine l'eut-il aperçu que le duc d'Orléans, second fils de François Ier, jeta son dévolu sur lui. Sans briller par l'intelligence, l'enfant avait de la grâce, de l'enjouement; il était joli comme un

---

18. On trouve curieusement les quatre orthographes sur la même feuille et de la même main, dans les Portefeuilles manuscrits d'Antoine LANCELOT (B. N. Ms., N. acq. fr. 9739, fol. 192).

page et non moins effronté. Sa mère refusa d'abord de s'en séparer, car elle le destinait à la prêtrise, pensant par ce moyen racheter l'histrionage des deux autres. La pauvre femme ignorait que le plus fol des trois fût justement son petit dernier. Le duc parlementa, fit valoir que l'Église ne lui vaudrait rien, qu'un brillant avenir l'attendait à la Cour, usa pour finir de raisons bien trébuchantes, devant lesquelles une mère nécessiteuse, fût-elle la plus dévote du monde, ne saurait résister. C'est ainsi que Thony échappa à la tonsure ecclésiastique pour coiffer le chaperon de fol (*Cf.* p. 179.)

« Au commencement, nous dit Brantôme, il estoit un petit idiot, nyais et fat; mais il fut si bien appris, passé, repassé, dressé, alambiqué, raffiné et quintessencié par les nastretés (a), postiqueries, champisseries (b), gallanteries et fripponneries de la Cour » qu'il acquit en peu de temps les talents nécessaires à son nouveau métier. Mais cela n'eût probablement pas suffi s'il n'avait reçu en même temps les « leçons et instructions » de son gouverneur et maître ès arts folliants, un nommé Louis de la Groue, dit la Farce, ancien bouffon lui-même.

Après la mort du duc d'Orléans, on retrouve Thony au service d'Henri II, qui se prend pour lui d'une vive sympathie. Moins d'un an plus tard, il commande à son peintre attitré, Guillaume Boutelon, le portrait de son fol. La peinture est malheureusement perdue, mais les traits de Thony nous sont connus par un dessin de Clouet qui le représente coiffé d'une curieuse barrette sur laquelle se dresse une paire d'oreilles de chien, courtes et droites. En 1565, Thony assiste avec son compère Brusquet au tournois donné par Charles IX, dont nous avons parlé plus haut, dans un somptueux costume « à l'ancienne mode ». Il n'avait pas fallu moins de dix aunes de velours (environ douze mètres) pour confectionner son ample robe à traîne, telle qu'on la portait à la cour de Charles VI.

---

a. *Nastreté :* malice, rouerie.

b. *Postiquerie, champisserie :* bon tour, espièglerie.

Qu'il eût gagné si vite les grâces de son souverain aurait déjà de quoi surprendre : Henri II ne passait pas pour très démonstratif. Mais qu'il ait réussi à faire la conquête d'Anne de Montmorency, voilà qui tient du prodige! Le connétable avait l'humeur la plus intraitable du royaume. Jamais, au cours de sa longue vie, on ne l'avait vu céder à la tendresse, voire à la compassion. Les paysans soulevés contre l'impôt et les protestants révoltés contre les Guise se souvenaient des cruelles répressions qu'il avait ordonnées. Les survivants racontaient l'avoir vu ensuite se promener d'un pas tranquille, en récitant son chapelet, au milieu des villages incendiés et pillés par ses hommes, et passer indifférent devant les pauvres diables qui se balançaient au bout d'une corde. « Dieu nous garde des patenôtres de M. le Connétable! », murmurait-on dans les campagnes. C'est ce même Anne de Montmorency, on s'en souvient, qui avait condamné le jeune Brusquet à la potence, lors du siège d'Avignon.

Comment notre petit fol de Thonin parvint-il à enjôler le vieux guerrier endurci? Ce qu'il y a de sûr, c'est que le connétable s'attacha à lui au point de ne pouvoir plus s'en passer. Peut-être recherchait-il obscurément auprès de son jeune compagnon ce sens du jeu futile, gratuit, que la vie des camps ne lui avait guère enseigné, et dont il ignorait jusqu'alors les vertus. A plus de soixante-cinq ans, il découvrait l'envers du monde, sa face dérisoire, et cela, semble-t-il, l'enchantait. Si incroyable que cela parût, il aimait Thony et tâchait par tous les moyens de gagner son affection, allant même – privilège inouï et d'ailleurs significatif – jusqu'à le prier de lui donner le nom de père. Tous les jours, il le voulait à sa table : il l'installait à ses côtés et batifolait avec lui pendant tout le repas. Et gare à quiconque – page ou laquais – se fût permis la moindre liberté à son égard : une volée de coups de trique remettait aussitôt l'insolent à sa place.

Mais on ne retient pas un papillon auprès d'une flamme qui s'éteint. Les efforts du vieillard n'empêchèrent pas le jeune homme de prendre le large, sitôt que la disgrâce du connétable devint officielle. Thony était courtisan jusqu'au fond de l'âme; il excellait à suivre celui que caressait l'aube d'une faveur naissante, quitte à s'en détourner avant même qu'il rentrât dans son néant. Montmorency, comme toute la Cour, lui connaissait ce vice. Il le savait habile dans l'intrigue, capable des flatteries les plus basses, ingrat envers ses bienfaiteurs. Et malgré cela, il continuait de le traiter comme un fils. Le jour où il se vit délaissé à son tour, il se contenta de bougonner : « C'est le plus fol courtisan que je vis jamais. »

Comme Brusquet, Thony avait servi successivement sous trois règnes – Henri II, François II, Charles IX – avant de disparaître prématurément vers la fin 1572 ou au début de 1573. Il devait avoir trente-cinq ans à peine. On a vu plus haut que Charles IX avait chargé Ronsard de rédiger son épitaphe. Le poète dut s'exécuter, mais il *omit* d'insérer cette pièce dans le recueil de ses œuvres.

Au temps où le futur Henri II n'était encore que dauphin de France, sa maison n'était guère distincte de celle de ses frères, les ducs d'Orléans et d'Angoulême. Or les trois princes se partageaient les services d'un fol appelé Martin, dit Le Bailli, dont on n'a rien dit encore. On aurait même pu le passer sous silence s'il ne se signalait à notre attention par un détail extrêmement curieux. Ce Le Bailli fut, en effet, le seul fou de la Cour de France à porter le grand collier de l'ordre de Saint-Michel, fondé par Louis XI. Non le véritable collier, cela s'entend, mais une réplique en laiton doré à l'or fin. La chaîne se composait de cœurs entrelacés et le médaillon représentait, au lieu de l'effigie de saint Michel terrassant le dragon, une figure de diable. Cette décoration, que le fol portait en sautoir, le désignait publiquement comme la parodie à la fois maléfique et dérisoire du souverain [19].

---

19. On en trouve la description originale dans les comptes de l'Argenterie du roi (*cf.* JAL, *op. cit.*, p. 601).

Ne quittons pas la Cour d'Henri II et de Catherine de Médicis sans dire un mot des quelques folles qui la hantèrent, encore qu'aucune d'elles ne réussît vraiment à s'illustrer dans cette profession, les hommes paraissant en général plus doués que leurs collègues en jupons. A quoi cela tient-il? Peut-être à ce que les fous appartiennent généralement au roi et participent, de ce fait, au sacré de la fonction royale, tandis que les femmes, placées le plus souvent (mais pas toujours) au service de la reine, n'ont pas le même rayonnement. Peut-être aussi parce que l'on admet moins facilement qu'une femme offre d'elle une image grotesque. Jusqu'à une période récente, et aujourd'hui encore, la farce est demeurée l'apanage des hommes. Il y a peu de femmes clown et les grands comiques du cinéma américain, par exemple, ont toujours été des hommes. Quant à Mathurine, la seule folle de notre histoire qui jouisse d'une certaine notoriété, nous verrons plus loin qu'elle s'habillait moitié en femme, moitié en homme, et qu'elle portait l'épée au côté. Pourquoi donc chercher à faire oublier son sexe? Est-ce parce que l'on ne supporte pas que la femme joue sa propre dérision, sous le masque bouffon, alors que son statut social l'inscrit déjà dans une forme de *différence*, d'*étrangeté*? La folle ne ferait, en somme, que mettre en scène la réalité de sa condition : spectacle intolérable, car il ressemblerait alors à une mise en accusation. Mais il existe une autre explication, qui tient à la fonction que l'imaginaire a toujours prêtée au fol, celle de double dérisoire du souverain. La loi dite salique ayant exclu les femmes de la succession à la Couronne, le fol du roi ne pouvait être qu'un homme. A pouvoir masculin, contre-pouvoir masculin. Il est significatif, à cet égard, que la première folle d'un roi de France, Mathurine, folle d'Henri IV, apparaisse précisément au moment où le rôle du fou s'affaiblit pour les raisons que nous examinerons plus loin.

Faute de pouvoir servir leur souverain, les folles se voyaient donc le plus souvent attachées au service des reines et des princesses. Les comptes de l'Argenterie nous révèlent d'abord (en 1528) la présence à la Cour de François Ier d'une bouffonne pompeusement surnommée (Dieu sait pourquoi!) Madame de Rambouillet. Puis vient Cathelot, diminutif de Catherine surtout utilisé en Touraine et dans le Blésois, qui appartint à Marguerite de Valois, sœur de François Ier, avant de passer sous les ordres d'Éléonore d'Autriche, laquelle l'offrit plus tard à ses deux filles, Madeleine et Marguerite. Son portrait, conservé au musée Condé de Chantilly, nous montre une vigoureuse femme du peuple, aux pommettes rondes et fortes, à la lèvre ourlée de malice, que ne dément pas l'assurance gouailleuse du regard. Cathelot avait une gouvernante du nom de Françoise Girard, à qui l'on remit en 1534 la somme de 190 livres « à ce qu'elle feust plus soigneuse et curieuse de la conduite, nourriture et bon traictement de ladite Cathelot ». En 1556, La Jardinière succède à Cathelot. C'était une pauvre fille que l'on habillait de robes magnifiques, fourrées de menu-vair, et qui avait une gouvernante appelée Charlotte Mariel. Elle suivait la reine dans ses déplacements, montée sur une « chariotte » avec ladite gouvernante et les bagages. A La Jardinière succède une certaine Jacquette, mentionnée comme « plaisante », puis comme « folle » de Catherine de Médicis à partir de 1570 (*Cf.* p. 180.)

On connaît le goût de la reine Catherine pour les curiosités de la nature. Outre les folles, elle collectionnait les nains et les naines, les guenons, les perroquets et autres animaux exotiques. Mais la pièce maîtresse de sa collection, celle dont elle était la plus fière, était une paire de mahométanes, une Mauresque et une Turque, dont elle se faisait suivre partout et dont elle prenait grand soin, car l'espèce était rare. Outre leur entretien matériel, la reine songeait au salut de leur âme : elle remettait périodiquement six sols à chacune pour payer leur confesseur. Il arrivait aussi, mais plus rarement, que des fous du sexe masculin fussent attachés à une princesse. L'un d'eux nous est connu grâce à Brantôme. Il s'agit d'un certain Legat, qui émargeait à la Cour d'Élisabeth, fille de Catherine de Médicis, devenue reine d'Espagne en 1559. Ce Legat poussait très loin son droit à la licence verbale, ainsi qu'en témoigne cette indiscrétion tirée des *Dames galantes*. Un jour, Élisabeth, écartant un peu les jambes, dit qu'elle voudrait toucher d'un pied le palais de Madrid et de l'autre celui de Valladolid. A quoi Legat s'exclama : « Et moi, je voudrois estre au beau milieu, *con un carajo de bourrico, para encargar y plantar la raya* [20]. »

20. Tallemant des Réaux raconte à peu près la même anecdote, mais en attribuant l'*écart* à Catherine de Médicis et le bon mot à Bassompierre : « La Reyne-Mère disoit : – J'ayme tant Paris et tant Saint-Germain, que je voudrois avoir un pié à l'un et un pié à l'autre. – Et moy, dit Bassompierre, je voudrois donc estre à Nanterre : c'est à my-chemin. » (*Historiettes*, éd. Ant. Adam, Pléiade, t. I, p. 601.)

VII

Le fol romanesque

François II, mort à dix-sept ans, ne régna pas assez pour renouveler le personnel folliant. Il conserva les fols que son père lui avait légués et les transmit à son successeur. Rejeté au ban de l'Histoire à cause de la Saint-Barthélemy, Charles IX passe ordinairement pour un monstre sanguinaire. C'est oublier que l'effroyable massacre eut des inspirateurs – en fait, les vrais criminels – qui guidèrent sa main en s'abritant à l'ombre du trône. Tandis qu'à Rome, le pape célébrait en grande pompe la « grâce singulière » que ce carnage venait d'offrir à la chrétienté tout entière, le remords rongeait ce prince de vingt-deux ans. Remords qui le conduisit aux confins de la folie et ne lâcha prise qu'au terme de sa brève existence.

Fascinante personnalité, au demeurant, que celle de ce Valois en qui l'on trouve réunis les principaux caractères de sa race. Violent, fantasque, excessif en toutes choses, il brisait ses forces en des courses harassantes à travers les bois, poussait sa frénésie de la chasse jusqu'à tremper ses mains dans le sang encore tout fumant des bêtes, s'épuisait des nuits entières dans sa forge à manier l'enclume et le marteau. Mais ces exercices violents ne livrent qu'un aspect du personnage. Pour compléter le portrait, ajoutons qu'il s'enivrait aussi de musique et de poésie, ses deux passions, qu'il avait fait venir Roland de Lassus de Bavière, qu'il composait des vers et les montrait à

Ronsard, son maître et ami. De maîtresse, on ne lui en connaît pas d'autre que Marie Touchet, jeune bourgeoise d'Orléans qui fut comme une clarté fugitive au milieu des visions d'horreur qui peuplaient ses nuits après celle, tragique, de la Saint-Barthélemy. Ses plaisirs surprennent par leur caractère d'étrangeté : il aimait les masques grimaçants, les travestissements grotesques, les danses effrénées. Disons, en bref, qu'il eût pleinement mérité le surnom de *Prince du Bizarre* et que jamais souverain ne fut davantage en harmonie avec l'imaginaire de son temps.

Comment, avec de telles dispositions, n'eût-il pas été attiré par ces êtres singuliers qu'étaient les fols? Non qu'il s'en amusât, à la manière de ses pères. Mais il reconnaissait en eux cette même fracture du quotidien qui faisait de lui l'un de ces rois de légende, chez lesquels pouvoir et folie se confondent. Il suffit d'ailleurs de peu de chose : pouvoir et folie sont si proches! Entre ces baladins simulant la démence et sa propre névrose se tissaient d'invisibles accords, de sourdes connivences. Leur présence à ses côtés, comme celle de Folial aux côtés de son maître, lui était une perpétuelle interrogation sur lui-même. Nul doute que leurs « baliverneries » l'aient moins retenu que leur statut paradoxal. N'étaient-ils pas, comme lui, à la fois fiction et réalité?

Tout en gardant Thony et Brusquet (du moins jusqu'à sa disgrâce), Charles IX fit engager à son service le *Greffier de Lorris* dont le nom apparaît pour la première fois dans les comptes de 1561. Ce personnage connut une certaine renommée et figura dans maintes facéties du XVIe siècle. Nous ignorons la date de sa mort, mais une mention nous apprend qu'il n'était plus de ce monde en 1566. Il fut remplacé cette même année par Étienne Doynie qui, soit incompétence, soit défaveur royale, céda la place dès 1567 à Pierre de Provins, surnommé le sieur de Rozières, sur lequel nous ne savons rien.

Henri III représente l'apogée de l'extravagance baroque. On n'insistera pas sur ses bizarreries. Les historiens – et non les moindres – n'ont que trop longtemps glosé sur le dégénéré, l'être malsain et perverti, vautré dans l'indolence comme une princessse d'Orient, environné d'une nuée d'éphèbes musqués et couverts de bijoux, se préoccupant des soins de son corps avec des raffinements de courtisane, mêlant à ses mœurs dépravées la pratique d'une religion superstitieuse aux cérémonies funèbres et fantasques, accumulant pèlerinages et retraites, instituant des confréries de pénitents, suivant à la lueur des flambeaux d'étranges processions, dissimulé sous une cagoule de chanvre, en égrenant son rosaire à têtes de morts. La vérité, en fin de compte, n'aurait point trop à souffrir de ce portrait, s'il n'excluait l'idée d'un roi plus soucieux qu'on ne le croit des affaires de l'État et fort scrupuleux dans l'exercice de sa charge, d'un prince tolérant, ennemi de la violence; énigmatique, ô combien! pointilleux sur l'étiquette, il est vrai, mais profondément humain et plus généreux de son droit de grâce qu'aucun de ses prédécesseurs.

Si le personnage irrite ou déconcerte, c'est que nul souverain n'aura été aussi consciemment que lui l'*acteur* de sa fonction. A voir le faste qu'il déploie dans la représentation de la royauté, qui ne serait tenté de le prendre pour un roi de théâtre? Mieux : pour un roi d'opéra? Théâtralisation, goût du paraître, imagination fantasque, rien ne manque au dernier Valois – plus Valois que tous les autres, comme si la race s'exaspérait en sa personne.

On a dit d'Henri III qu'il fut l'allégorie vivante du XVIe siècle finissant. Rien de plus vrai, si l'on considère la manière dont il partage ses grandes obsessions esthétiques : l'ostentation, la réversibilité, la métamorphose... L'ostentation surtout. Il adore s'offrir en spectacle. Fils de Sodome, il affiche son homosexualité avec une audace qui frise la provocation : les yeux noyés dans le fard, les lèvres peintes, la chevelure frisée au fer, les incroyables culottes de satin moulant, les colliers de perles, tout cela compose une image quasiment emblématique de l'inversion. Ses jeux infantiles ne sont pas davantage secrets d'État : chacun sait, à la Cour, qu'il passe des journées entières à découper des images pieuses qu'il colle ensuite sur les murs de sa chapelle, ou encore à enfiler des perles, à jouer à la toupie, à caresser ses petits chiens, à faire combattre ses dogues contre les lions, les taureaux et les ours de sa ménagerie. Même puérilité dans ses dévotions à grand spectacle. « Caractère d'esprit incompréhensible, dira de lui Jacques de Thou; en certaines choses capable de soutenir son rang; en quelques autres au-dessus de sa dignité, en d'autres, au-dessous même de l'enfance. »

Ne l'a-t-on pas aussi traité de bouffon? Ne lui a-t-on pas reproché de vouloir élever son cher Chicot à la noblesse? Ne s'est-on pas indigné de l'amitié confiante qui le liait à lui? Mais comment nier que la folie folliante s'inscrivît tout naturellement dans son univers fantasmatique. Il avait trop le sens du théâtre, il *jouait* trop lui-même son propre personnage pour ne pas entrer dans le jeu de son fol. Celui-ci faisait partie de ces riens futiles que le roi – affaire de goût, mais aussi, peut-être, ironie foncière – affectait de considérer comme les choses les plus sérieuses du monde; nul doute qu'il vît en lui son partenaire naturel, sur la vaste scène du royaume de France.

Le premier fol que se donna Henri III portait le sobriquet de Sibilot (parfois écrit Siblot), qui désignait une petite oie dans plusieurs provinces, sans que l'on ait jamais su si c'est le volatile qui avait donné son nom audit fol, « à cause de sa simplicité et niaiserie », ou ledit fol au volatile [1]. Bien qu'il évoquât les sauveurs du Capitole, ce nom n'annonçait pas, en tout cas, une grande vivacité d'esprit.

1. Quoi qu'il en soit, le mot *siblot* vient du latin *sibilus*, sifflement.

D'après les comptes de l'Argenterie, Sibilot dut entrer en fonction autour de 1578. Il avait pour gouverneur Guy de La Groue, neveu de ce Louis de La Groue qui avait servi de mentor à Thony. Sans doute Sibilot connut-il de son temps une certaine renommée, car on le trouve souvent cité dans les libelles et pamphlets qui se mirent à proliférer comme chiendent au moment de la Ligue. Selon les auteurs de la *Satire Ménippée*, nul ne saurait prétendre au titre de roi s'il ne possède son Sibilot [2]. Pour Agrippa d'Aubigné, ce fol n'était qu'une « teste molle ». Parlant ailleurs de la légèreté de M. de Candale, qui avait embrassé le protestantisme par amour de la duchesse de Rohan, l'auteur des *Tragiques* le traite de « petit Sibilot », autrement dit de petit idiot [3].

Méritait-il cette réputation? Pierre de L'Estoile, qui l'appelle Jean Sibiloth, lui attribue deux quatrains qui, à défaut de révéler un grand esprit, témoignent d'une rude causticité à l'égard de son maître. Voici le plus méchant des deux :

Comment! N'est-ce pas grand pitié
Qu'un si beau royaume se perde,
Versant, sous l'ombre de l'amitié,
Le sang royal dedans la merde [4]!

Il n'empêche que pour le théologien ligueur Jean Boucher, l'un des prédicateurs les plus féroces de ce temps, pourtant fertile en terroristes du verbe, le fol ne valait pas mieux que son indigne maître. « Ce que fut Henri, vitupérait l'intraitable curé de Saint-Benoît, on en peut juger par cette brute impure, par cet épouvantable monstre de Sibilot. Quoiqu'il n'y ait rien de plus ignoble

2. *Satire Ménippée*, éd. Charles Labitte, Paris, 1874, p. 108 : « Harangue de Monsieur le recteur Roze ».

3. Agrippa d'AUBIGNÉ, *Confession du sieur de Sancy*, in *Œuvres*, Pléiade, p. 626.

4. Pierre de L'ESTOILE, *Mémoires-Journaux*, Paris, Lemerre, 1875-1896, t. II, p. 117.

que cet être, rien de plus enclin à l'ivrognerie et à la débauche, de plus porté à se souiller de blasphèmes, il affichait une joie bruyante en le voyant, le bâton à la main, l'écume à la bouche, comme un chien enragé, les yeux enflammés et furieux, bavant la sanie, assaillir soit dans le palais, soit sur la place publique, et mettre en fuite tous ceux qui se présentaient à sa rencontre. » En fait de coups de bâton, nous savons par l'*Anti-Choppinus* (1592) que le pauvre Sibilot se contentait de distribuer d'innocents coups de marotte. Mais ce qui surtout provoqua la fureur de Boucher, c'est que le roi aurait, dit-on, livré des religieuses « nues comme la main » à son bouffon lubrique.

Dans son libelle, intitulé *De justa Henrici III abdicatione* (1589), Jean Boucher fait suivre le nom du fol de la mention *nunc defunctus*, ce qui indique qu'il avait cessé de vivre en 1589, lors de l'assassinat de son maître par le moine fanatique Jacques Clément. Peut-être même a-t-il connu lui aussi une fin tragique, à en juger par cet extrait des comptes de l'année 1588 : « A Massac, médecin, demeurant à Orléans, la somme de 50 écus, pour avoir esté plusieurs fois en diligence et sur chevaulx, par commandement dudit seigneur [le roi], faire panser Sibilot d'une blessure qu'il a eue. »

Le brave Sibilot eût probablement sombré dans l'oubli, comme tant de ses confrères, si le curé Boucher ne l'eût gratifié de sa haineuse diatribe. Ce n'était, en fin de compte, qu'un bouffon très ordinaire; il ne s'était illustré ni par ses aventures, ni par son esprit. On ne saurait en dire autant de son successeur, le fameux Chicot, dont la renommée a traversé les siècles. Il est vrai qu'Alexandre Dumas a beaucoup fait pour sa mémoire. Qui se souviendrait encore de lui s'il ne jouait un rôle – et non des moindres – dans *Les Quarante-cinq* et *La Dame de Monsoreau*? Gageons pourtant que leur auteur n'eut point à se torturer l'imagination pour le faire revivre. S'il le mêle à des aventures inventées, le personnage, lui, ne l'est pas : il ressemble comme deux gouttes d'eau à son modèle. Dumas n'eut qu'à le tirer tel quel du vivier de l'Histoire, car tout le prédestinait à devenir héros de roman.

De son vrai nom Antoine Anglarez, il avait vu le jour à Villeneuve-sur-Lot, dans ce pays gascon où l'on reçoit presque en naissant la voix qui vibre et le geste large. Sa date de naissance nous échappe, mais on peut la fixer approximativement autour de 1540. On possède peu de renseignements sur ses parents. Nul doute cependant qu'il eut des frères, puisque leur mère avait prévu qu'il réussirait mieux que ses autres fils; il avait, pensait-elle, infiniment plus d'esprit qu'eux [5]. En quoi elle ne se trompait pas. Pourtant, malgré d'aussi heureuses dispositions, le jeune Antoine fut un écolier médiocre; il faisait partie de ces cancres de génie qui compensent leur faible goût de l'étude par une brillante faconde. Plusieurs années après, il conservait de cuisants souvenirs de ses humanités au Collège de Reims, situé à l'emplacement de l'actuel lycée Louis-le-Grand. « Bien que je n'aye pas estudié des mieulx, confessera-t-il, si ay-je eu plus de sept cens nonante et unze coups de fouet pour mordre à la grappe et apprendre le *Tu autem* [...] Quant à la théologie, je n'y ay jamais peu mordre [6]. »

On l'a dit parfois gentilhomme, sans que cela ait été jamais prouvé. Tout ce que l'on sait, c'est que sa famille avait occupé divers emplois à la maison de Françoise de Foix, laquelle avait apporté à son époux, Honorat de Savoie, futur comte de Villars et de Tende, la baronnie d'Aiguillon, située à une trentaine de kilomètres de Villeneuve et qui servait fréquemment de séjour à ce vaillant capitaine, entre deux campagnes. C'est lui qui remarqua pour la première fois le jeune Antoine Anglarez. Séduit par sa gaieté et son esprit d'aventure, et

5. *Perroniana. Editio secunda*, Cologne, 1669, p. 50.

6. P. de L'ESTOILE, *op. cit.*, « Bouffonneries de Chicot », t. XI, p. 153-154.

voyant de surcroît qu'il rêvait d'entrer dans la carrière militaire, il l'attacha à son service. C'est vers cette époque qu'on l'affubla du sobriquet de *Chicot*, sans doute à cause de sa petite taille [7].

Le métier des armes lui paraissait le plus beau des métiers. Il aimait à se battre et ne s'en priva pas, tout au long de sa vie. Tous les prétextes lui étaient bons. Fier, impulsif, vindicatif même, en un mot, plus gascon que nature, il s'acquit en peu de temps la réputation d'une excellente lame et d'un indomptable courage. Il sut d'ailleurs le prouver en maintes occasions, et notamment dans la querelle qui l'opposa au duc de Mayenne, l'un des puissants chefs de la Ligue. Celui-ci lui ayant fait donner une raclée de coups de bâton et de coups de fouet parce qu'il l'aurait raillé sur son énorme bedaine (certains disent que c'était pour une affaire de femme), notre ferrailleur guetta l'occasion de se venger avec un acharnement peu commun. « Il avoit un continuel dessein de mourir ou de tuer celui-ci, raconte Agrippa d'Aubigné, et en recherchant cette occasion, s'estoit fait tuer entre les jambes cinq chevaux en deux ans. » Comme on voit, l'auteur de *La Dame de Monsoreau* n'eut pas à inventer cette rivalité entre Mayenne et Chicot; il lui suffit de l'agrémenter de quelques scènes particulièrement cocasses.

Un cavalier aussi intrépide ne pouvait que s'illustrer sous les ordres d'un capitaine aussi vaillant que le marquis de Villars. En 1561, on le retrouve en Avignon, engagé contre les huguenots aux côtés de son maître, auquel il sert occasionnellement de courrier. C'est probablement en portant ses correspondances qu'il se fit connaître de Charles IX. En tout cas, il gagna rapidement son estime, car trois ans plus tard, le roi intervint en personne pour lui faire obtenir la charge de messager officiel de Sa Majesté. Voici en effet ce qu'écrit Cathe-

7. Dans le patois gascon, *chic* désigne un objet de peu de valeur et l'espagnol *chico* singifie petit. La langue française a conservé le mot *chicot* avec le sens de tronc brisé ou de dent cassée.

rine de Médicis à Gouffier de Boisy, dans une lettre datée du 26 décembre 1564 : « Mon cousin, j'ay bien vouleu accompaigner de la présente lettre que le Roy, Monsieur mon filz, vous escript en faveur de Chicot que cognoissez, qui désire estre pourveu d'un estat de chevaulcheur de l'escurie du Roy, mon dict seigneur et filz, au lieu et place d'un des trois chevaulcheurs qui ont commis quelque meurtre, et par icelle vous prier lui vouloir accorder l'un des ditz estatz et en faire expédier vostre rescription pour estre, en vertu d'icelle, pourveu. Et vous me ferez plaisir bien agréable [8]. »

La prière équivalait à un ordre. Chicot fut donc pourvu de la charge de « chevaulcheur », à vrai dire peu reluisante, mais qui correspondait admirablement à son naturel. Quoi de plus grisant, pour un garçon de son âge, épris d'aventure et d'humeur batailleuse, que de parcourir le royaume à bride abattue ! Que de hasards, de risques, de périls sur les grands chemins infestés de brigands ! Que de rencontres inattendues dans les auberges et les cabarets ! Que d'occasions, pour notre impétueux Gascon, de frapper d'estoc et de taille ! Que de belles dames à défendre ! Que de bergères à trousser ! Enfin s'ouvrent devant lui les grands espaces dont il a toujours rêvé.

Sa nouvelle fonction ne le détache cependant point du service de M. de Villars. En 1565, toujours avec son maître, il accompagne Charles IX à travers les provinces. Ce qui lui vaut de faire, le 3 mars de cette même année, une entrée très remarquée dans la bonne ville d'Agen, où il compte plus d'un ami. On imagine l'accueil réservé à l'enfant du pays, paradant sur son fringant coursier au milieu d'une Cour brillante !

A partir de cette époque, son destin ne se sépare pratiquement plus de celui de son protecteur, lequel lève partout des armées pour le service du roi. La lutte entre

8. *Correspondance de Marie de Médicis*, t. II, p. 246. Lettre citée par J. Mathorez, « Histoire de Chicot, bouffon d'Henri III » dans le *Bulletin du bibliophile*, 1914, p. 243.

catholiques et protestants a pris l'allure d'une véritable guerre. On s'arme, on s'organise dans les deux camps. Chicot suit son maître dans ses expéditions et remplit des missions de confiance. Ainsi, lorsque Castelnau arrive à Cambrai, en novembre 1567, à la tête des troupes qu'il a levées dans les Flandres, c'est lui qui va à sa rencontre, le prier de rejoindre le gros de l'armée royale à Senlis. Son expédition achevée, il retourne vers son maître. Assiste-t-il, sur son chemin, à la fameuse bataille de Saint-Denis! On le suppose, mais rien ne permet de l'affirmer.

Le marquis de Villars occupait, entre autres fonctions, celle de gouverneur de la ville de Loches. Il y avait entraîné avec lui son fidèle Chicot, pour qu'il l'aidât à organiser la défense du château contre une éventuelle attaque des huguenots. Arraché à ses vastes randonnées et réduit malgré lui à l'état sédentaire, notre « chevaulcheur » prenait son mal en patience, tout en se dépensant sans compter pour la sécurité de la ville. Son dévouement, sa joyeuse humeur, sa faconde méridionale lui avaient conquis la sympathie des habitants. Et comme on le savait de surcroît excellent conteur, il y avait toujours cercle autour de lui dans les cabarets de la ville. Bref, il devint populaire, et lui-même finit par s'acclimater à la vie tourangelle. Afin de meubler les nombreux loisirs que lui laissait sa fonction, il se fit attribuer, comme naguère son prédécesseur Brusquet, la charge de maître de poste au faubourg de Loches – situation fort lucrative, comme nous le savons. Enfin, comme la petite ville, frileusement repliée sur sa forteresse, vivait dans l'angoisse d'une surprise de l'ennemi, le Conseil de la ville remit à Chicot les clés des barrières et l'institua gardien de la cité, tandis que la population recevait l'ordre d'obéir à toutes les décisions qu'il serait amené à prendre.

Les Lochois purent ainsi dormir en paix : Chicot veillait sur eux. Probablement informés des importants dispositifs de sécurité mis en place, les huguenots n'osèrent même pas approcher des portes de la ville. A moins qu'ils n'y aient jamais songé... Quoi qu'il en soit, ce

« triomphe » fut porté au crédit de notre homme : il devint le héros de la ville, et le bruit de ses exploits, répercuté par Villars, parvint en haut lieu. Aussi, quelques années plus tard, en 1569 exactement, le duc d'Anjou, futur Henri III, qui avait ouï vanter les mérites du maître de poste et l'efficacité de son action, le désigna-t-il pour transporter à Loches les muids de blé, boisseaux de froment, barriques de vin et autres fournitures nécessaires à la campagne qu'il préparait contre les huguenots repliés dans leur repaire de La Rochelle. Chicot s'acquitta de sa tâche avec d'autant plus de zèle qu'elle lui rapportait un bénéfice non négligeable.

En récompense des services rendus, le voilà promu au rang de « porte-manteau » du duc d'Anjou. Le titre paraît modeste, voire insignifiant, mais la fonction ne l'est pas. L'office de « porte-manteau » consiste en effet à suivre le prince à cheval et à tenir à sa disposition du linge toujours frais : chemises, bas, mouchoirs, collerettes, etc. Pour le jeune duc, si attentif à sa toilette, ces choses ont de l'importance. Aussi accorde-t-il une attention singulière à celui qui en a la charge. Or, avec son nouveau « porte-manteau », le futur Henri III ne trouve pas seulement un serviteur empressé, mais un garçon de compagnie agréable, spirituel, prompt à la raillerie, qui ne tarde pas à gagner ses faveurs. Au reste, ils ont tout pour s'entendre : le prince aime les plaisirs; Chicot ne leur est pas ennemi. De mauvaises langues insinueront que celui-ci poussa un peu loin la complaisance envers son nouveau maître. Il n'en est rien. Du moins pour le moment. Nous n'en sommes encore qu'à l'amitié; allons même jusqu'à la complicité – mais pas davantage. Cela suffit, au demeurant, pour expliquer la générosité du duc à son égard. Ayant, en effet, renoncé à son équipée contre La Rochelle, il fit don à Chicot de toutes les provisions entreposées à Loches. Il s'agissait d'une cargaison considérable... et d'une excellente affaire. Or, tout épris de chevalerie qu'il fût, le protégé du marquis de Villars ne méprisait pas les richesses.

Cet aspect du personnage n'est certes pas des plus

plaisants, mais il paraît bien anodin à côté des graves accusations que certains historiens portent contre lui.

Selon eux, en effet, Chicot ne serait qu'un vulgaire assassin. C'est lui, disent-ils, qui aurait tué de ses mains le comte de La Rochefoucauld, l'un des chefs les plus brillants du parti protestant et l'un des seigneurs les plus aimés du roi. Voici les faits tels qu'on peut les reconstituer à partir des mémorialistes du temps :

La veille de la Saint-Barthélemy, le samedi 22 août 1572, La Rochefoucauld s'était attardé jusqu'à une heure avancée de la nuit dans la chambre du roi, en compagnie de quelques intimes. Sans doute se livraient-ils à l'une de ces séances de flagellation nocturne dont le roi raffolait. Au moment où il allait prendre congé, Charles IX l'arrête : « Foucauld, ne t'en va pas; il est déjà tard, nous balivernerons le reste de la nuit. » Le comte refuse, se retire, passe un moment chez sa femme, la princesse de Condé, puis s'enferme dans sa chambre. Au petit matin, il est réveillé en sursaut par de grands coups frappés dans sa porte. Pensant que le roi venait le chercher, armé de son fouet, pour folâtrer avec lui, comme il avait coutume de le faire, il se lève, s'habille en hâte pour éviter la fessée royale, tout en criant : « Ce sont des jeux du feu roi votre père! Vous ne m'y attraperez pas, car je suis tout chaussé et vêtu! » Puis il donne ordre d'ouvrir. A ce moment, deux hommes masqués se jettent sur lui et l'égorgent sauvagement. L'un d'eux ne serait autre que Chicot lui-même, et le second, son frère, Raymond Anglarez.

Je dis « serait », car la chose n'est pas formellement établie. Brantôme, de qui nous tenons la principale version du récit, écrit en effet : « *On dit* que ce fut Chicot, le bouffon, et son frère, le capitaine Raymond, qui fut tué à une escarmouche à La Rochelle [...] Dieu le punit en cela, et n'était si vaillant que son frère Chicot [9]. » Selon

9. BRANTÔME, *Œuvres complètes,* éd. Ludovic Lalanne, 1864-1882, t. V, p. 257. Voir aussi : les *Mémoires* de MERGEY pour l'année 1572, éd. du Panthéon littéraire, p. 270 et A. d'AUBIGNÉ, *Histoire universelle,* éd. de la Société de l'Histoire de France, t. III, p. 321.

Agrippa d'Aubigné, c'est Raymond Anglarez qui aurait seul porté le coup. Quant à Jacques de Thou, généralement bien informé, il ne fait aucune mention du bouffon. D'après lui, les assassins étaient conduits par un officier d'origine auvergnate, nommé La Barge [10].

Le crime fut-il commis à l'instigation de Charles IX lui-même? C'est ce que laisse entendre Brantôme, en précisant que le roi « fit semblant » de regretter son compagnon et tenta de mettre fin aux rumeurs en allant répéter partout qu'il avait tout fait, au contraire, pour le retenir avec lui la nuit du meurtre. Comme on le voit, rien n'est encore clair dans cette affaire, et il y a peu de chances pour que la lumière se fasse jamais.

A supposer que de Thou dise vrai, Chicot faisait-il partie de l'expédition de ce mystérieux capitaine de La Barge? Ou sinon, a-t-il fait le coup avec son frère? Celui-ci a-t-il agi seul, ou avec un autre qui n'était pas Chicot? Charles IX fut-il à l'origine du guet-apens? Autant de questions qui resteront sans réponse. Nous savons que Chicot avait le sang vif et qu'il lui arrivait, comme à tout bon Gascon, de mettre la main à l'épée pour un oui, pour un non. Mais de là à attaquer un homme au saut du lit, seul et sans armes, voilà, à vrai dire, qui ne lui ressemble guère. Chicot était un soldat et un brave; il avait le sens de l'honneur. En l'absence de toute preuve, accordons-lui donc le bénéfice du doute.

La Saint-Barthélemy peut se comparer à une fulgurante poussée de fièvre au milieu d'une maladie chronique. La convulsion une fois apaisée, la guerre reprit, si l'on ose dire, son cours ordinaire. Après la mort de Coligny, le marquis de Villars fut promu amiral de France et partit aussitôt pour la Guyenne et la Gascogne, en emmenant avec lui son cher Chicot. En octobre 1572, nous retrouvons ce dernier devant Agen, avec des responsabilités importantes. L'amiral le cite dans une missive au

10. Jacques-Auguste de THOU, *Histoire universelle,* Londres, 1734, t. VI, p. 401.

roi pour demander des renforts d'artillerie contre les gens de Caussade : « Si tous les faiseurs de mandements tombent entre nos mains, écrit-il, ils seront chastiez comme ils le méritent et mis entre les mains de Chicot, qui a déjà été à la guerre et failly estre pris. » En mai de l'année suivante, il est devant La Rochelle. De là, on le suit à Gourdon, où il se rend comme chargé de mission. Puis, après un bref séjour à Lusignan, le voilà de retour dans la bonne ville de Loches qu'en dépit de ses perpétuels déplacements d'un bout à l'autre du royaume, il n'a jamais cessé de considérer comme sa patrie d'adoption.

Or, à peine a-t-il le temps d'arriver – nous sommes en 1574 –, que le lieutenant du roi en son château de Loches, Jean Prévost de La Ménardière, vient à mourir. On se souvient alors des services que Chicot avait rendus quelques années auparavant et on le nomme au poste du défunt lieutenant. Le voici donc à la tête de la petite troupe de dix hommes armés qui composent la garde de la ville. Mais se sachant incapable de demeurer plus de deux jours en place, et soucieux d'ailleurs de ne pas perdre une source non négligeable de revenus, il n'abandonne pas, malgré son nouveau titre, la fonction de courrier du roi. Loches reste cependant son port d'attache : entre deux chevauchées, il retrouve ses toits aigus, ses clochetons, ses ruelles étroites qui grimpent jusqu'au donjon du XIIe siècle.

Vers le même moment, la mort de Charles IX laissait le trône libre à son frère, qui, n'attendant que cela pour fuir son royaume de Pologne, s'empressa de regagner la douce terre de France qui lui avait si cruellement manqué pendant son royal exil. Quant à Chicot, il eut maintes fois l'occasion de revoir son ancien maître, puisqu'il lui remettait régulièrement les messages que lui adressait M. de Prye, lieutenant général du roi en Touraine, lequel, en l'absence du marquis de Villars, avait la haute main sur la province. Henri III, de son côté, n'avait pas oublié son joyeux « porte-manteau ». Le 11 juillet 1575, il écrivait à M. de Prye : « J'ay receu vostre lettre du 7 juillet, transmise par Chicot[...] J'ay esté bien aise de veoir que suivant mes dernières lettres, vous ayez remis Chicot en sa capitainerie de Loches pour y commander; je désyre qu'il y soit conservé, en considération de ses services et pour l'affection et fidellité qu'il porte à mon service... »

Au mois de novembre 1575, en l'absence de Villars, Chicot reçoit le haut commandement du château. Peu après, la population, craignant encore pour sa sécurité, demande au roi de renforcer la garnison. Henri III prend alors les dispositions suivantes : « Ayant ordonné à Chicot la charge de nostre château de Loches en l'absence de nostre bien amé cousin, l'admiral de Savoye, nous l'avons prié de lever dix soldats, outre les dix qu'il a déjà[...] qui seront paiez à raison de 10 livres par mois, et ledict Chicot de 30 livres aussi par mois, pour son estat et entretenement. » C'est ainsi que le 11 février 1576, notre « chevaulcheur » put passer en revue sa petite armée, dont l'effectif se trouvait maintenant porté à vingt hommes. Et toujours pas le moindre parpaillot à l'horizon...

Entre-temps, sa condition s'était considérablement élevée. Il possédait à présent tout ce qu'il fallait pour paraître avec éclat dans la bonne société lochoise : une situation en vue, la protection du roi, des relations à la Cour, des revenus substantiels et une solide réputation de héros qu'il avait rapportée de ses nombreuses campagnes. Chacun le saluait avec respect et les mères ne pouvaient rêver de meilleur parti pour leurs filles. Ces demoiselles, de leur côté, n'étaient pas insensibles au charme de ce célibataire attardé – il devait approcher les trente-cinq ans – qui savait si bien mettre de l'enjouement en toutes choses, surtout dans la galanterie. Une seule cependant réussit à fixer son cœur. Elle s'appelait Renée Barré et appartenait à la bonne bourgeoisie de Loches. On fêta leurs noces au cours de l'année 1575, et dès le mois de décembre de l'année suivante, elle donnait à son époux un fils qui reçut le prénom de René. Cinq ans plus tard, un autre fils leur naissait, que l'on nomma également René, comme le premier.

Tandis que Chicot, entouré de sa petite famille, s'installait dans le confort douillet d'un notable de province, de grands bouleversements affectaient l'organisation du royaume. Aux termes de la paix d'Etigny, dite « paix de Monsieur », signée le 6 mai 1576, François d'Alençon, frère cadet d'Henri III, recevait les provinces de Touraine, d'Anjou, de Berry, ainsi que la place de La Charité. Dans les deux années qui suivirent, rien ne parut changer pour les habitants de Loches. La petite ville continuait de mener sa benoîte existence, bien à l'abri derrière ses remparts. Sans doute Chicot y eût-il vieilli paisiblement au milieu des siens et dans la considération générale si brusquement, au mois de mars 1578, le marquis de Villars, déjà fort avancé en âge, n'avait reçu d'Angers une lettre lui demandant de résigner son office. Bussy d'Amboise, qui avait la confiance du jeune duc d'Alençon, avait en effet persuadé celui-ci qu'il était dangereux de conserver à Loches un gouverneur militaire et un lieutenant demeurés en relations avec le roi. Villars se retira dignement dans son domaine de Pressigny, où il devait mourir un an plus tard. Quant à Chicot, il lui fallut, le cœur serré, abandonner son château de Loches, non sans avoir âprement négocié et tenté de retarder au maximum la prise de possession du donjon par M. de Narbonne, maître d'hôtel et chargé de pouvoir du duc. A la fin, cependant, il dut se résigner à quitter ce qu'il avait de plus cher : sa femme, ses enfants, sa maison, ses vignes qu'il avait plantées tout autour de la ville et qu'il soignait avec amour.

Les Lochois, de leur côté, ne virent pas s'en aller sans tristesse celui qui les avait si bien défendus; ils n'oublieraient pas de si tôt ce Gascon un peu hâbleur mais toujours d'humeur joyeuse, qui les faisait tant rire avec ses histoires et ses mots d'esprit, et qui savait si bien, à l'occasion, faire franche lippée dans les cabarets de la ville. Il n'y eut personne, depuis le riche hobereau des châteaux environnants jusqu'au plus humble manant, qui n'eût le sentiment de perdre un ami. Reverrait-il jamais son petit coin de terre tourangelle? Pour l'heure, sa destinée l'appelait vers Paris et le Louvre, où une nouvelle vie l'attendait : celle-là précisément qui justifie la place qu'il occupe dans le présent ouvrage.

Après avoir fait ses adieux, Chicot se dirigea vers le domaine de Pressigny, à huit lieues de Loches environ, où le recueillit son vieux maître, le marquis de Villars. Lorsque celui-ci eut rendu son dernier soupir à l'âge de soixante et onze ans, notre « chevaulcheur » se vit rendu à la liberté. Il partit aussitôt pour Paris et s'attacha définitivement au service du roi. Rappelons qu'il était demeuré « porte-manteau » de Sa Majesté et continuait d'exercer son métier de courrier royal, ce qui lui permettait de se rendre régulièrement dans la capitale et d'informer Henri III des dernières nouvelles de sa province.

C'est à partir de ce moment – nous sommes en 1580 – que commence véritablement sa carrière de fol. Nous avons déjà pu voir qu'il avait d'indéniables dispositions et d'abord un tour d'esprit porté à la satire. On redoutait ses bons mots, tant ils étaient méchants et drôles; il n'avait pas son pareil pour saisir les ridicules de chacun et, fût-on de ses amis, on n'échappait pas à ses brocards. Ennemis ou proches, grands seigneurs ou bourgeois, il en usait envers tout le monde avec la même souriante désinvolture. A l'égard du roi dont il avait fini par devenir l'intime, son franc-parler violait délibérément toutes les lois de l'étiquette, voire la simple convenance. Bien qu'il ait entièrement inventé les dialogues entre le souverain et son bouffon, Dumas en a remarquablement restitué le ton, tel que nous le connaissons par les mémoires et pamphlets de l'époque. Il est parfaitement avéré, par exemple, que Chicot tutoyait le roi et lui donnait familièrement le diminutif de *Henriquet*. On sait en outre qu'il lui servait de confident et qu'il lui arriva plus d'une fois de le conseiller sur les affaires du royaume.

La première mention de Chicot au titre d'amuseur royal figure dans les comptes de l'Argenterie en 1580. Il s'agit – s'en étonnera-t-on – d'une dépense de garde-robe :

« Sept aunes de taffetas noir pour faire accoustrement à Chicot, bouffon de S.M. » N'allons pas conclure de là que Chicot détînt jamais l'office de fou. Même s'il en exerça les fonctions, il n'en reçut ni le titre, ni la charge. On remarquera d'ailleurs que l'article cité le qualifie de *bouffon* et non de *fol*, comme le voulait l'usage. Quatre ans plus tard, on relève, dans les mêmes comptes, le versement d'un traitement de 400 livres tournois, non comme bouffon, mais comme premier « porte-manteau » du roi. En fait, Chicot faisait le fol « quand il voulait », nous dit Agrippa d'Aubigné, c'est-à-dire qu'étant resté militaire, il ne pratiquait la « folie » qu'à ses heures de loisir, comme une activité annexe. On ne le considérait donc pas comme un vrai professionnel de la marotte, mais plutôt comme un capitaine qui aurait eu de l'esprit, ce qui – à l'époque déjà – apparaissait comme un prodige. C'est d'ailleurs en tant que porte-manteau et lieutenant des armées du roi qu'il reçut ses lettres de noblesse.

Dès le mois de janvier 1584, Henri III avait songé à l'anoblir. Il en avait parlé à Monsieur de Nicolaï, premier président à la Cour des Comptes, et sondé là-dessus quelques conseillers. Tous se déclarèrent hostiles. La qualité de bouffon, fût-elle officieuse, leur paraissait un obstacle insurmontable : jamais les lettres de noblesse d'un Chicot ne pourraient être enregistrées. Le roi fit alors venir le président Nicolaï au Louvre et l'entretint en tête à tête, lui disant que tel était son bon plaisir, et que si la Chambre s'obstinait dans son refus, il se verrait au regret de passer outre ses avis. « Ces titres, ajouta-t-il, je les confère à beaucoup d'autres qui ne me font pas tant de services que lui qui me sert bien et me fait passer le temps. » L'argument parut sans réplique et le roi finit par l'emporter. En mars 1584, Chicot recevait ses lettres d'anoblissement, dûment libellées en ces termes : « Se faisons que nous, ayant mis en considération les bons, fidelles et recommandables services que nostre cher et bien amé Anthoine Anglarez, natif de Villeneuve d'Agenoys, nous a cy devant faictz et faict chascun jour avec grand soin, vigilance et au bon et fidelle debvoir qu'il a faict paroistre en la garde de nostre chasteau de Loches[...] conférons au dict Anthoine Anglarez et à ses descendans le droit de vivre noblement, avec toutes les prérogatives attachées à cette qualité. »

Autre événement heureux : quelques jours plus tard, l'épouse de Chicot mettait au monde un troisième enfant, une petite fille prénommée Anne, qui fut baptisée à Loches le 19 mars en présence d'une brillante assistance : les parrains et marraines n'étaient autres que Henri de Joyeuse, comte du Bouchage, frère du célèbre mignon, sa femme la comtesse du Bouchage, et Monseigneur de Nançay.

A la mort de François d'Alençon, qui avait pris entre-temps le titre de duc d'Anjou, lorsque la ville de Loches revint enfin à la Couronne de France, Chicot renonça à rentrer chez lui comme il en avait le droit et les moyens, pour continuer de servir le roi son maître. Au début de 1585, on le trouve en Normandie où il joue une farce pendable au marquis de Lavardin, celui qu'il appelait « la folle » (c'est tout dire!). Ses facéties, ses persiflages contre les grands, et tout particulièrement contre les mignons du roi, circulent dans les rues de Paris et font les gorges chaudes du petit peuple, spontanément hostile à ces favoris hybrides. Les auteurs de libelles et de pasquils – il s'en déversait par centaines en ces périodes troublées – ne manquaient jamais d'introduire Chicot dans leurs compositions : il y jouait ordinairement le personnage de l'homme sensé tournant en dérision cette Cour extravagante qu'un contemporain avait allégoriquement dénommée *L'Ile des Hermaphrodites*[11]. Voici le genre de couplets que l'on débitait alors sur les ponts et dans les cabarets :

11. Ce pamphlet de forme romanesque a pour auteur Arthus THOMAS, sieur d'EMBRY; il parut pour la première fois sans lieu ni date (1605 d'après P. de L'ESTOILE, *op. cit.*, t. VIII, avril 1605) et connut plusieurs rééditions au cours des XVIIe et XVIIIe siècles.

La roine-mère conduit tout,
Le duc d'Espernon pille tout,
La Ligue veut faire tout,
Le Guizard s'oppose à tout,
Les princes du sang perdent tout,
Le cardinal est bon à tout,
Le roy d'Espagne entend à tout,
Chicot tout seul se rid de tout.

La plupart de ces pamphlets sont de caractère politique. Il s'en imprima plusieurs sous le nom de Chicot, même après sa mort, ce qui prouve que son nom constituait un sérieux atout pour le parti qui en faisait usage. On le mit d'ailleurs à toutes les sauces, puisqu'il servit aussi bien en faveur de la Ligue et des Guise qu'en faveur du roi. Certains même n'hésitèrent pas à lui faire prendre la cause des huguenots. Chicot appartenait à tous. Quant à ses convictions personnelles, bien avisé qui pourrait les deviner. Il semble qu'il ait d'abord penché du côté de la Ligue, mais rien ne permet ensuite de mettre en doute sa loyauté envers Henri III. De toute évidence, il aimait son maître et Dumas n'était sans doute pas très éloigné de la vérité en dépeignant ses sentiments pour *Henriquet* sous les couleurs d'une affection profonde, quoique dissimulée derrière un persiflage de tous les instants. Il court pourtant sur son compte une histoire qui laisserait supposer un retour à ses sympathies premières pour la maison de Lorraine. Mais rien ne permet d'en vérifier l'authenticité.

On raconte en effet qu'aux États de Blois de 1588, où le duc de Guise devait tomber sous le fer de ses ennemis, Chicot aurait tenté de prévenir celui-ci du guet-apens qui l'attendait. Il l'aurait fait à sa manière, par un jeu de scène qui était en même temps un jeu de mots. Le matin de l'attentat, comme Guise montait le grand escalier pour se rendre auprès du roi, il aperçut Chicot assis sur une marche, occupé à fourbir une vieille lame. « Que fais-tu là, Chicot? lui demanda quelqu'un de la suite du duc. – *J'aiguise*! », articula-t-il en fixant le Balafré.

Joli! Trop joli même pour être vrai. Et d'ailleurs peu vraisemblable. Comment Henri III qui avait dissimulé ce secret à ses amis les plus proches et à sa mère elle-même, à laquelle il savait pourtant pouvoir se fier, serait-il allé le confier à un bouffon dont il connaissait de surcroît les anciennes attaches politiques? Cela ne tient pas debout. Mais à supposer même que Chicot fût informé par un moyen quelconque du drame qui allait se jouer, il ne pouvait non plus ignorer que son calembour prémonitoire risquait de lui coûter sa tête, sans pour autant sauver celle du duc. Combien de fois, en effet, celui-ci avait-il négligé les mises en garde les plus pressantes et les plus autorisées! Et il aurait suivi celle d'un Chicot? Non, décidément, mieux vaut remiser l'anecdote au magasin des bons mots que l'on a toujours si généreusement prêtés à nos fols.

A la mort d'Henri III, Chicot passa, en même temps que le mobilier de la Couronne, au service du nouveau roi de France, dont il sut très vite conquérir la confiance. Il n'eut pas à changer ses habitudes et put garder avec lui le même franc-parler qu'avec son prédécesseur. Il semble même qu'il redoubla d'impertinence et de familiarité vis-à-vis d'Henri IV : il l'appelait couramment « le premier hérétique de tous les rois de France », ou « son petit roi de Bourbon », ou encore, plus tendrement, « son petit couillon », et signait ses joyeuses missives : « Superintendant de la Bouffonnerie de Sa Majesté ». A en croire une brochure intitulée *Henri IV à Neufchâtel,* que cite Pierre de L'Estoile dans ses *Mémoires,* il aurait même vivement poussé le Béarnais à se convertir. Voici ce texte, tout à fait étonnant par la manière dont le bouffon traitait son souverain :

« Le roy aimoit Chicot tout fol qu'il estoit et ne trouvoit rien mauvais de tout ce qu'il disoit; qui estoit cause qu'il s'esgaroit en mille folies. Quand le duc de Parme vinst pour la seconde fois en France, en cest an 1592, il dit au roy devant tout le monde : " Monsieur mon ami, je vois bien que tout ce que tu fais ne te servira de rien à la fin, si tu ne te fais catholique. Il faut que tu voises à Rome, et qu'estant là, tu bougeronnes le pape, et que tout le monde le voie; car autrement, ils ne croiront jamais que tu sois catholique. Puis tu prendras un beau clistère d'eau bénite, pour achever de laver tout le reste de tes péchés ". »

Il lui dit une autre fois : « Penses-tu pas, Monsieur mon ami, que la charité que tu as à l'embrassement de ton royaume doit excéder toute charité chrestienne? De moi, je tiens pour tout asseuré que tu donnerois à un besoin les huguenots et papistes aux protonotaires de Lucifer, et que tu fusses paisible roi de France. Aussi bien dit-on que vous autres rois n'avez guère de religion qu'en apparence[...] Pour Dieu, Monsieur mon ami, gardez-vous de tumber entre les mains des Ligueurs, car vous pourriez tumber entre les mains de tel qui vous pendroit comme une andouille, et puis feroit escrire sur vostre potence : *A l'Escu de France et de Navarre, céans à bon logis, pour y demeurer à jamais*. Cela est dangereux pour le passage des vivres [12]. »

Chicot fut au total un fol d'une espèce particulière. Le seul qui eût jamais troqué la capuce à oreilles contre le morion, et la marotte contre l'épée. Nul doute, en effet, qu'il tirât plus de gloire de ses exploits militaires que de ses bouffonneries. L'argentier du roi ne s'y trompait d'ailleurs pas, qui notait sur son livre de comptes, en 1591 : « Cinquante escus en marchandises, dont le roy a faict don au cappitaine Chicot. » Capitaine! Voilà qui dut flatter son amour-propre plus que le présent lui-même.

Chicot s'est toujours voulu soldat. C'est en soldat qu'il vécut, et c'est en soldat qu'il trouva la mort – l'épée à la main. Cela se passait au siège de Rouen, en avril 1592. Henri IV, à la tête d'un détachement d'élite, avait foncé sur le quartier du comte de Chaligny, de la maison de Lorraine, et taillé en pièces un grand nombre de ligueurs, lorsque Chicot, profitant de leur déroute, se rendit maître du comte lui-même et l'amena devant le roi en claironnant : « Tiens, je te donne ce prisonnier qui est à moi! » Chaligny, ne doutant pas, à ces mots, qu'il avait remis son

12. P. de L'ESTOILE, *op. cit.*, t. V, p. 167-168.

épée à un bouffon – suprême déshonneur pour un gentilhomme de sa race – s'en ressaisit prestement et en frappa Chicot sur le crâne. La violence de l'estocade fut telle qu'elle empêcha d'abord le fol de réagir. Puis, reprenant peu à peu ses esprits, il en usa envers son prisonnier avec beaucoup de modération, et « ne se vengea de lui, selon de Thou, qu'en l'accablant de bons mots et de railleries ».

Mais l'entaille était profonde et nécessitait des soins. On le transporta au Pont-de-l'Arche, où il expira quinze jours plus tard, « non de la blessure, qui n'étoit mortelle – précise méchamment Pierre de L'Estoile –, mais de son intempérance et ivrognerie ».

VIII

Le fol politique

Dès l'époque de Chicot, on pouvait observer des transformations dans l'exercice de la fonction folliante. Le fol d'Henri III n'était lui-même qu'à moitié fol. Ses successeurs, à leur tour, vont contribuer à donner une nouvelle image de la folie de Cour. Sous Henri IV, le fol ne sert plus tellement à divertir le souverain – encore que ce soit toujours là son attribution officielle – mais à le conseiller, à l'informer de ce qui se dit ou se passe dans la rue, et, inversement, à se faire l'interprète de la pensée royale auprès des couches populaires. En d'autres termes, sa mission devient de plus en plus politique. Signe caractéristique de cette évolution : il se met à écrire, ou plutôt on écrit sous son nom. Ce phénomène, dont il convient de souligner l'importance, avait déjà commencé avec Chicot, auquel on avait prêté quelques pamphlets, les uns ligueurs, les autres antiligueurs. Il va se développer avec Mathurine et connaître son plein épanouissement avec Maître Guillaume. Les écrits folliants qui se multiplient au cours de cette période renforcent le statut politique du fol aux dépens de son rôle de bouffon.

Mais ce que le fol perd en *vis comica,* il le gagne en respectabilité. Ce n'est plus seulement un fantoche domestique, envié pour les seuls avantages matériels que lui procure sa charge, mais un personnage influent dont on cherche à gagner les bonnes grâces. De sa condition d'origine, il ne gardera plus finalement que le titre, lequel tendra lui-même à devenir symbolique. Cependant, à mesure que s'accroît son influence réelle, le fol représente de moins en moins ce contre-pouvoir de dérision qui faisait jadis de lui le double grotesque du souverain. S'il jouit toujours, en principe, de la même impunité qu'auparavant, il n'en use ni aussi fréquemment, ni aussi librement. Pouvoir et contestation n'avaient pu coexister, tout au long des siècles, qu'à la faveur d'une autorité aussi morcelée que l'était le territoire à l'époque féodale. La centralisation qui s'amorce sous Henri IV, entraînant avec elle la montée de l'absolutisme, rend cette cohabitation de plus en plus difficile. Elle deviendra radicalement impossible sous Louis XIV. Et pourtant, nulle mesure autoritaire ne sera prise contre la licence du fol; aucun texte ne l'interdira; elle s'évanouira lentement, insensiblement, par le cours des choses, par les conjonctures de l'Histoire, et surtout, peut-être, par l'évolution des mentalités.

Cette liberté, désormais restreinte, pour ne pas dire abolie, dans les rapports du fol à son prince, ne s'efface pourtant pas complètement. On la voit réapparaître dans les brochures satiriques publiées sous le nom du fol et que celui-ci débite souvent lui-même en plein vent. Chassée de la Cour, la contestation descendrait-elle dans la rue? Pas tout à fait, dans la mesure où ces pamphlets, libelles, pasquils, que Pierre de L'Estoile collectionnait avec délices, ne constituent pas le lieu d'expression de l'opinion publique. Le pouvoir les récupère le plus souvent à son profit et les utilise comme instruments de sa propagande. Et le fol, figure centrale de cette littérature, que devient-il dans tout cela? Force de subversion ou agent d'asservissement? Contre-pouvoir ou complice du pouvoir? Là réside toute son ambiguïté. Nous y reviendrons.

Le badaud musardant du côté de la Cité, dans les années 1600, pouvait apercevoir, certains jours de la semaine, une silhouette bizarre, montée sur une grande haquenée blanche et poursuivie par une bande de garnements qui lui cornaient aux oreilles : « Aga! Aga! Mathurine! Aga! Mathurine! » Les boutiquiers sortaient sur le pas de leur porte et les passants s'arrêtaient pour lui parler. Un cercle de curieux se formait autour d'elle et les questions fusaient : sur la santé du roi, sur ce qu'il avait dit ou fait, sur la reine mère, sur le petit dauphin, sur les bals et les divertissements de la cour... Elle répondait à tous avec sa brusquerie ordinaire, émaillant ses propos de jurons, tout en pourchassant les galopins qui s'agglutinaient autour d'elle comme des mouches. Mais sa grosse voix ne faisait peur à personne. On la savait paillarde, ribaude, malicieuse comme un vieux singe, maquerelle à l'occasion, intrigante comme personne, mais point méchante. Ses rosseries n'étaient que verbales. Les seuls véritables ennemis qu'on lui eût jamais connus, c'étaient les huguenots. Elle débitait contre eux de mordants pamphlets et s'évertuait à convertir tous ceux qu'elle rencontrait. On dit même qu'elle aurait harcelé le futur Henri IV pour qu'il fît ce qu'il appelait le « saut périlleux » de l'abjuration.

On ne pouvait rien voir de plus grotesque. De loin, on l'eût prise pour un soudard travesti en amazone. Avec ses épaules carrées, ses traits hommasses, sa démarche lourde, son pourpoint qui lui couvrait le haut du corps et son épée qui lui battait les mollets, elle n'eût certes pas paru déplacée dans un régiment d'infanterie. Hormis son éternelle jupe de velours vert et son chaperon de bourgeoise, rien, dans son allure, ne rappelait son véritable sexe. Quant au langage, il frappait lui aussi par sa verdeur soldatesque; Mathurine était, au sens propre, ce que l'on appelle une forte en gueule; elle jurait comme le pire des mécréants – encore qu'elle fût bonne catholique – et ne le cédait à personne pour la gaillardise des propos. Agrippa d'Aubigné a écrit contre elle une charge virulente, dans un dialogue qui la met aux prises avec le jeune Du Perron, frère du fameux cardinal. En voici un extrait :

DU PERRON : « Allez, morbieu, vous estes une maquerelle pour tout potage, et qu'on die à Rome que c'est vous qui avez converti les huguenots, ils diroyent bien que pour amener les paillards à la grande putain de Rome, que les maquerelles seroient nos docteurs.

MATHURINE – Et depuis quand, frère, dis-tu mal du mestier? A quoy as-tu gagné chausses et pourpoinct, avant que ton frère fût évêque, qu'à produire à l'Université la Controleuse, la libraíresse, la femme du chancelier? Je t'en nommeray vingt qui t'ont contenté du misérable quart d'escu. Mais quand ton frère t'eust donné ce manteau doublé de mizaine, tu pris crédit aux conseillères, et depuis aux présidentes, et tu fus lors le macquereau de la Cour de Parlement, et puis de la Cour. [...]

DU PERRON – Comment oses-tu parler, toi qui couches avec les pages, laquais et Suisses? Tu as donné un chancre au Pont de Courlay et à Engoulevent, et la vérole enfin au baron de Vignolles, en traittant de vos conversions. Le pis est que tu es une bougresse, car tu as gagné le cheval blanc et ta robe de velours vert figuré en payement du pucelage de ton petit... à Monsieur le Grand, sans rien nommer. Tu es laide comme un diable : la teste molle comme feu Sybillot, tondüe, puante par les aisselles et par les pieds. Va au diable, tu me feras rendre gorge [1]. »

On reconnaît bien là la rudesse verbale du capitaine Agrippa et sa haine de huguenot pour les convertis et convertisseurs de tout poil. Certes, le portrait de Mathurine n'est guère flatté, mais il ne fait que caricaturer ce que nous savons d'elle par d'autres sources. La suite du dialogue nous apporte d'intéressants détails biographiques.

On y apprend, entre autres choses, que notre folle avait d'abord servi dans les armées du roi en qualité de « goujatte », c'est-à-dire de cantinière, ce qui suffit à expliquer ses airs de virago et ses débordements sexuels. Elle aurait exercé cette fonction dans le régiment de

1. Agrippa d'AUBIGNÉ, *Confession du sieur de Sancy*, livre II, chap. I : « Dialogue de Mathurine et du jeune Du Perron » (*Œuvres*, Pléiade, p. 626).

Picardie et aurait été blessée, au cours d'un engagement, d'un coup d'arquebuse dans la cuisse. Est-ce dans les camps qu'Henri III fit sa connaissance? Peut-être. Tout ce que l'on sait, c'est que ce prince efféminé se prit d'une si vive sympathie pour ce troupier en jupons, qu'il lui proposa d'entrer à son service en qualité de folle. C'était une innovation, car jusqu'alors, seules les reines confiaient cette tâche à des femmes : les rois n'avaient jamais eu que des fous. Ce ne fut donc pas l'un des moindres paradoxes du dernier Valois, pourtant si étranger au beau sexe, que d'avoir été le premier roi de France à nommer une femme à cet office.

Malgré la rudesse de ses manières, Mathurine possédait, dit-on, un esprit à facettes et le don de la repartie incisive. Mais ce qui surtout attirait la curiosité, c'était la singularité qui se dégageait de sa personne. Mathurine était une sorte d'« hermaphrodite », à la manière de son maître. Quelque trente ans après sa mort, ce caractère de femme virile lui valait encore d'être assimilée à la reine Christine de Suède, autre hermaphrodite de son espèce. Le séjour que devait faire celle-ci à Paris en 1657 inspira un pamphlet anonyme intitulé *La Métempsycose de la reine Christine,* dans lequel on passait en revue les divers états qu'avait occupés son âme avant de lui échoir. Elle avait d'abord été Sémiramis « qui se travestissoit si bien et qui, tantost homme, tantost femme, jouoit toujours des siennes, et surtout lorsque, faisant appeler jusques à de simples soldats pour coucher avec elle, elle les faisoit poignarder au relevé, de peur qu'ils ne s'en vantassent ». Sa dernière réincarnation n'était autre que Mathurine, la « gentille folle de la Vieille Cour », autrement plus inoffensive, précisons-le, que cette mante religieuse de Christine. Au reste, son apparente virilité allait de pair avec une redoutable voracité sexuelle. Une autre brochure, imprimée de son vivant, *Les Essais de Mathurine,* lui fait confesser, entre autres choses : « Je suis toujours preste au service des gallands hommes; paix ou guerre, à toute heure mon harnois est en estat [on voit ce qu'il faut entendre par là...] car je le fais souvent fourbir avec un guimpillon fait à l'occasion et au contraire de ceux qu'on met dedans les pintes, car il est pelu au derrière du manche, et ceux-là le sont au devant. »

Mathurine la Folle. D'après une gravure du XVIe siècle.

On ignore son véritable nom. Elle prit celui de Mathurine en entrant en fonction, sans doute parce qu'on invoquait ordinairement saint Mathurin pour la guérison des fous. Sa date de naissance, sa famille, nous demeurent également inconnues. Au dire de certains, elle serait d'assez basse extraction; l'emploi de cantinière tendrait à le prouver, de même que son langage. Qu'elle eût peu d'instruction paraît probable. Mais que sa cervelle fût, comme on l'a prétendu, « tant soit peu moisie et disloquée », voilà qui relève de la diffamation pure et simple. Ses airs frustes et son parler populaire dissimulaient en fait une intelligence prompte et déliée. Nul ne savait comme elle négocier un échange de services, ce qui suppose, bien entendu, une conscience point trop exigeante : on la savait d'ailleurs prête à toutes les compromissions. Sauf en matière de religion, car elle avait là-dessus l'intransigeance d'un Caton doublée de la foi d'un charbonnier. Remarquons cependant que sa haine du parpaillot ne la fit jamais basculer dans le camp de la Ligue. Plusieurs satires burlesques qui couraient alors – et que l'on appelait d'ailleurs *mathurinades* – nous la décrivent aussi furieusement animée contre l'un que contre l'autre.

Si l'attelage qu'elle formait avec Henri III avait quelque chose d'insolite, en revanche elle se trouvait de plain-pied avec son successeur. Sa franchise, sa bonne humeur, son côté brusque et sans-gêne plurent immédiatement au Béarnais. L'ayant trouvée dans l'héritage de son infortuné beau-frère, celui-ci décida de l'adopter sur-le-champ. Paul Lacroix – toujours plus romancier qu'historien – imagine ainsi la première rencontre d'Henri IV et de sa folle :

« Lorsque Henri IV racheta sa couronne au prix d'une messe, et occupa sa capitale sans coup férir, durant la nuit du 22 mars 1594, il se rendit après le *Te Deum* au Louvre qu'il n'avait pas revu depuis la Saint-Barthélemy, et il rentra, les larmes aux yeux, dans cet antique palais de ses prédécesseurs, naguère encore rempli des menées incendiaires de la Ligue. Tout à coup vint à sa rencontre, sur l'escalier, la folle Mathurine, qui était restée dans le Louvre comme pour le garder à ses rois, et qui accourait avec joie pour saluer son maître, ainsi que le chien d'Ulysse dans l'*Odyssée*. Une folle de Cour, voilà donc quel avait été le représentant de la royauté des Valois aux États de la Ligue ! »

Si non é vero, é ben trovato! Ce monarque en larmes accueilli par cette folle sublime : quel beau tableau !

Malheureusement, la scène en question n'eut probablement jamais lieu, car on ne la trouve dans aucune chronique de l'époque. Elle est de surcroît remplie d'invraisemblances. En revanche, la présence de Mathurine aux côtés du roi, lors de l'attentat de Jean Chastel, ne prête pas au moindre doute; elle est attestée par les historiens les plus dignes de foi.

Le mardi 27 décembre 1594, sur les six heures du soir, Henri IV rentrant de Picardie se fit conduire directement à l'hôtel du Bouchage, derrière le Louvre, où logeait la belle Gabrielle d'Estrées. Dans sa hâte de retrouver sa maîtresse, il ne prit même pas le soin, dit-on, de retirer ses bottes avant d'entrer dans sa chambre. Il y avait là les comtes de Soissons et de Saint-Paul, ainsi que plusieurs autres gentilshommes, parmi lesquels les sieurs de Ragny et de Montigny, qui se précipitèrent pour lui baiser les genoux. Au moment où le roi se penchait vers eux pour les relever, il se sentit frappé d'un coup violent à la lèvre supérieure, du côté droit, porta la main à la blessure, et la retira pleine de sang. S'étant redressé, il jeta un regard circulaire dans la pièce, et avisant Mathurine qui se tenait tout près de lui : « Au diable soit la folle! s'exclama-t-il, elle m'a blessé! » Celle-ci, tout en niant de la tête, courut tirer le verrou de la porte, afin d'empêcher l'assassin de sortir. Au même moment, Soissons aperçut dans l'assistance un jeune inconnu dont la pâleur lui parut suspecte; il se jeta sur lui, le ceintura et le traîna devant le roi. L'autre se débattit, protesta de son innocence, puis, harcelé de questions, finit par avouer et jeta son couteau à terre. C'était un jeune homme de dix-neuf ans, nommé Jean Chastel, fils d'un marchand drapier à Paris. Il avait réussi à se glisser dans la suite du roi, avec l'intention de frapper celui-ci à la gorge, ainsi qu'il le reconnaîtra lui-même devant ses juges. Ému par la jeunesse de son meurtrier, Henri IV déclara qu'il lui pardonnait et donna ordre de le laisser aller; mais on passa outre et Chastel fut conduit sous bonne escorte à la prison du Fort-l'Évêque. La nouvelle de l'attentat se répandit incontinent dans la capitale, où elle causa l'émotion que l'on imagine. Mais dès que l'on apprit que la blessure était sans gravité – Henri IV s'en tirait avec la moitié d'une dent cassée – le peuple accourut à Notre-Dame, où un *Te Deum* d'action de grâces fut chanté sur les huit heures du soir. Moins d'une semaine plus tard, le roi lui-même, parfaitement rétabli, assistait en personne à une procession générale de Notre-Dame à Sainte-Geneviève.

Quant au régicide, il fut jugé sur-le-champ et condamné dès le 29 décembre, soit quarante-huit heures seulement après son crime, à recevoir la question ordinaire et extraordinaire, puis à faire amende honorable devant le portail de Notre-Dame de Paris, nu, en chemise, et tenant une torche ardente du poids de deux livres. Après quoi, on le conduisit en place de Grève, où il fut tenaillé au fer rouge aux bras et aux cuisses. On lui coupa la main droite qui avait tenu l'arme, son corps fut écartelé par quatre chevaux, puis brûlé, et ses cendres furent dispersées au vent. Comme Jean Chastel avait fréquenté les collèges des jésuites et continuait d'entretenir des relations avec eux, on les soupçonna d'avoir armé la main de leur ancien disciple. Les membres de la congrégation devinrent aussitôt la bête noire de l'opinion, et l'on dut même les faire protéger par la troupe contre la fureur populaire. Peu après, on les chassera du royaume, mais pas pour très longtemps.

Mathurine vivait avec le roi sur le pied d'une franche camaraderie. Les farces, les grasses plaisanteries, les taquineries, les jeux de mains même n'en étaient pas exclus, ainsi qu'en témoigne la première réaction du souverain, se croyant frappé au visage par sa folle dans le récit qu'on vient de lire. D'autres signes encore attestent l'amitié, disons même l'affection d'Henri IV pour sa porteuse de marotte. Chacun savait à la Cour qu'il ne pouvait rien lui refuser, et qu'il valait souvent mieux passer par elle pour obtenir une faveur. On se souvient que Mlle de Planci ne réussit qu'au prix des 500 écus versés à la folle à plaider auprès du roi la cause de son mari, passible de la peine de mort. Cela se passait le 19 septembre 1596. Alors qu'elle dînait aux Tuileries à la table du roi, Mathurine persuada ce dernier de recevoir l'épouse éplorée. Henri IV accepta et, touché par les larmes de la suppliante, lui accorda la grâce qu'il avait déjà refusée « à de bien grands seigneurs de la Cour ». Il est vrai que la dame était belle et qu'elle eut le bon goût de s'évanouir dans les bras du souverain en lui remettant son placet. On sait que le Vert Galant demeurait rarement insensible à la détresse d'une jolie femme.

L'influence de Mathurine à la Cour finit par devenir excessive aux yeux de certains qui, tel Pierre Colins, s'indignaient de voir cette « audacieuse folle, plus impudente que sotte », souper à la table royale, juste en face du monarque, au milieu des plus grands seigneurs et dames du royaume. L'année suivante, raconte Colins, Mathurine étant allée voir la « sérénissime infante » lors de son entrée à Bruxelles, celle-ci lui offrit une robe de velours rouge passementée d'or que la folle eut l'effronterie de porter aux côtés de la reine de Navarre, à Madrid. Et Colins de conclure : « L'on dit bien vrai que les impudents emportent les plus grandes faveurs de la Cour [2]! » Il n'était d'ailleurs pas seul à se scandaliser des privautés dont jouissait notre folle. D'une façon générale, les courtisans comprenaient mal que le roi l'écoutât plus attentivement que les ambassadeurs ou qu'eux-mêmes, et qu'elle eût l'air de faire la pluie et le beau temps à la Cour. Ce n'était, faut-il le préciser, qu'une apparence : Henri IV ne détestait pas recourir à certaines formes de simplicité bon enfant et populaire. La présence à ses côtés de ce personnage pittoresque, familier au petit peuple de Paris, avait quelque chose de rassurant. Un souverain prêtant l'oreille à ses conseils – et sans doute le faisait-il quelquefois – ne pouvait qu'être proche de ses sujets. En jouant

---

2. Pierre COLINS, *Histoire des choses les plus mémorables advenues en l'Europe depuis 1130 jusques à notre siècle*, seconde édition, Tournai, 1643, in-4°, p. 728-729.

pleinement ce rôle d'intercesseur, Mathurine a contribué, à sa façon, à forger la légende dorée du « bon roi Henri ». Avec le *cap* d'ail, le panache blanc, la barbe floconneuse et la non moins célèbre « poule au pot », elle fait partie de la mythologie du monarque populaire (« le seul roi dont le peuple ait gardé la mémoire », dira de lui le siècle *dit* des Lumières!).

Après l'assassinat d'Henri IV, le 14 mai 1610, Mathurine vint mettre sa marotte au service du dauphin. Louis XIII la connaissait depuis toujours. Que de fois, lorsqu'il était tout petit, fut-elle appelée auprès de lui pour le distraire, lui raconter des histoires ou jouer avec lui! Son médecin, Jean Héroard, fut souvent le témoin de ces scènes qu'il rapporte fidèlement dans son célèbre *Journal.* Ainsi, le vendredi 5 décembre 1603 (l'enfant n'a que deux ans), il note : « Le roi se lève pour aller à la chasse; le dauphin va achever de dîner avec la reine. Mathurine arrive, il la considère froidement; elle se joue avec lui; il en rit; elle se retrousse, il lui voit un haut-de-chausse, il se prend à rire et s'en moque. » Le mercredi 9 juin 1604 : « Mathurine lui demande : " Viens çà; seras-tu aussi ribaud que ton père? " Il répond froidement, y ayant songé : " Non! " » Le lundi 13 juin 1606, à Fontainebleau : « Il causait avec Mathurine, lui dit que si elle était morte, il la ferait mettre en terre. M. l'aumônier lui dit : " Monsieur, vous en ferez donc des reliques? – Ho! dit-il en souriant, une belle relique de folle! "» Un an plus tard, le samedi 5 mai 1607 (il a six ans), tandis que le peintre du roi, M. Decourt, exécute son portrait, Mathurine fait chanter devant lui trois petits garçons, afin de le faire tenir tranquille. Le mardi 18 mai 1610, soupant de prunes de Brignoles confites, il en donne quatre à Mathurine, en lui disant qu'il faut garder celles qui restent pour ses gentilshommes servants [3].

3. *Journal de Jean Héroard sur l'enfance et la jeunesse de Louis XIII,* éd. par Soulié et Barthélemy, Paris, Firmin-Didot, 1868, t. I, p. 56, 69, 226, 263, et t. II, p. 4.

Scènes charmantes de simplicité affectueuse, qui donnent peut-être l'idée la plus juste de la place que tenait la folle au sein de la famille royale.

On ne connaît pas la date de sa mort. Elle vivait encore en 1622, puisqu'elle figure cette année-là dans les comptes de la maison du roi, mais nous savons par le texte de François Ogier, cité plus haut, qu'elle avait cessé de vivre en 1627. Tallemant des Réaux nous apprend aussi qu'elle avait amassé du bien et laissé un fils, nommé Blanc-Rocher, qui fut, dit-il, un admirable joueur de luth, mais sur lequel nous n'avons aucun autre renseignement.

Compère de Dame Mathurine, et comme elle fol en titre d'office sous Henri IV puis sous Louis XIII, Maître Guillaume s'appelait de son vrai nom Guillaume Marchand ou Le Marchand [4]. Ses dons pour la bouffonnerie, il les avait reçus en héritage, non de son père, mais de son grand-père paternel, Guillaume Marchand, cuisinier de François Ier, qu'il avait suivi jusqu'en Piémont. Ce maître-queux possédait en effet, outre le talent de préparer les sauces, celui de divertir le roi et sa compagnie par une extraordinaire variété de calembredaines. Aussi François Ier donna-t-il, en 1538, ordre à son trésorier de remettre à Guillaume de Louviers, qualifié de « plaisant », la somme de 22 livres 10 sols, « pour le plaisir qu'il luy donnoit ».

Après une carrière passée dans les cuisines royales, notre cuistot chansonnier se retira à Louviers, berceau de sa famille, auprès de son fils Jacques, qui tenait une échoppe d'apothicaire, et de sa fille Perrine, épouse de Pierre Cordoux, patron de la meilleure auberge de la ville. C'est à Louviers que naquit Maître Guillaume, fils de l'apothicaire. Épris d'indépendance et ne supportant pas

4. Le *Perroniana* l'appelle Le Marchand, mais dans le *Voyage de maistre Guillaume en l'autre monde*, on lui prête ces mots : « Maistre Guillaume, marchand de Louviers, fils de Guillaume Marchand, apothicaire... » (p. 9).

l'officine paternelle, il abandonna, tout jeune encore, la demeure familiale pour aller garder les pourceaux chez un gentilhomme beauceron. Il fallut que son oncle Pierre aille le rechercher et le ramène chez lui. Mais voyant son peu de goût pour la préparation des drogues, il le mit en apprentissage dans son auberge. C'est ainsi que, sous l'œil vigilant de la tante Perrine, le petit Guillaume apprit le métier de son grand-père, dont il gravit peu à peu tous les échelons : d'abord gâte-sauce, il passa marmiton, puis cuisinier. Une fois sa formation achevée, on le fit entrer au service du cardinal de Bourbon, neveu de celui que la Ligue avait proclamé roi de France sous le nom de Charles X, et le régala tout autant de ses facétieuses inventions que de ses préparations culinaires, car il tenait de son aïeul ce double don.

Le prélat, de son côté, ne pouvait que se féliciter de sa nouvelle recrue, car plus encore que les petits plats, il aimait à plaisanter. Il ne fut d'ailleurs pas difficile à Guillaume de conquérir ses bonnes grâces : il les accordait, paraît-il, au premier venu. Indulgent, crédule jusqu'à l'excès, uniquement occupé des plaisirs de l'instant et d'une totale insouciance quant à l'avenir, le cardinal manifestait en toutes choses une légèreté peu compatible avec son état : les huguenots l'avaient baptisé « teste de marotte » et Guillaume dira plus tard de lui que ce n'était pas un homme, mais une simple « ressemblance ».

D'humeur capricieuse, Monseigneur de Bourbon se lassait de ses amis en moins de temps qu'il ne s'éprenait d'eux. Guillaume fut-il victime de cette inconstance, ou se lassa-t-il le premier de l'état de mendicité où l'avait réduit l'avarice sordide de son maître? L'histoire ne le dit pas. On rapporte seulement qu'il l'aurait quitté en 1589, profitant de la présence d'Henri IV en Normandie pour entrer à son service. Mais, selon d'autres sources, il n'aurait fait partie de la maison du roi qu'à partir de 1594, c'est-à-dire après la mort du cardinal de Bourbon. Cette dernière hypothèse semble confirmée par le quatrain qui courut à propos de la disparition de ce prélat :

Les Durets et Maître Guillaume
Ont perdu leur maistre à ce coup;
C'est à eux de dire un sept pseaume.
La France ne perd pas beaucoup [5].

On raconte aussi qu'au moment de la prise de Louviers par les troupes royales, le neveu de Perrine Cordoux aurait reçu sur la tête un violent coup de hallebarde dont il aurait conservé des séquelles toute sa vie. Un libelle lui fait dire en effet : « Ce grand coup de hallebarde que j'eus à la prise de Louviers, à l'épine du dos, sur le crâne, me l'a toute tergiversée [la cervelle], les chaleurs me l'ont ébaudie, la fleur des femmes et la canicule me l'ont antiperistaziée. » A la cocasserie du ton, on devine qu'il s'agit d'une blague destinée à le faire passer pour quelque peu dérangé, comme on l'avait fait pour Mathurine. Comme quoi, bien qu'ils fussent tous deux sains d'esprit, il importait encore de maintenir la fiction du désordre mental, même si personne n'y croyait plus.

Comme Mathurine, Maître Guillaume éprouvait une vive aversion à l'égard des huguenots; il les accusait d'avoir mis à sac sa ville de Louviers et n'utilisait jamais le verbe « réformer » qu'en lui donnant le sens de *ruiner*, en mémoire, disait-il, des troubles que la Réforme avait provoqués sur le royaume de France. Mais il avait une autre raison, plus personnelle, de leur en vouloir, si l'on en croit ce passage d'un pamphlet d'inspiration protestante, intitulé *Le Lunaticque à Maître Guillaume* : « Tu fais bien de ne pas aimer les réformés : le diable même ne les voit qu'à regret; car s'ils étaient crus, on retrancherait les fous et les bouffons! » Sa haine du protestant l'avait jeté dans le camp des ligueurs et, même après qu'il fut devenu fol d'Henri IV, il ne renia point ses engagements de jeunesse. Comme on sait que sa commère Mathurine détestait elle aussi la « religion prétendue réformée », mais vouait également la Sainte Ligue à tous les diables,

5. P. de L'ESTOILE, *op. cit.*, t. VI, p. 219-220.

le ménage risquait d'être orageux. Or il n'en fut rien; une pièce intitulée *Le Feu de joie de Mathurine* atteste même que la meilleure entente régnait entre les deux dignitaires de la marotte.

Guillaume n'eut point besoin de se trouver un sobriquet lorsqu'il entra en fonctions. Son prénom faisait l'affaire; il était suffisamment bas et ridicule, selon la mode du temps, pour convenir à un fol. Le célèbre Étienne Pasquier ne dit-il pas, en effet : « Nous avons deux noms, desquels nous baptisons en communs propos ceux qu'estimons de peu d'effet, les nommant Jean ou Guillaume. » Le même Pasquier rappelle, dans ses *Recherches de la France*, que le drapier bafoué de *La Farce de maître Pathelin* se nommait Guillaume; et il ajoute : « Dans le temps que cette farce fut composée, on se mocquoit des Guillaume. » Ainsi donc, Guillaume il était né, Guillaume il resterait, « comme par devant ». On se contenta de lui conférer le titre de Maître, soit par dérision, comme on l'avait fait pour plusieurs fols avant lui, soit parce qu'il était réellement maître dans la corporation des rôtisseurs. Faute de sobriquet, il s'inventa (Dieu sait pourquoi) le surnom de « Chevalier des chiffres ». Était-ce pour rappeler son patronyme de Marchand ou, comme on l'a dit, parce que le roi l'avait chargé de tenir les comptes des pages? Outre cela, on lui attribua des armoiries représentant deux flacons « my-partis l'un de blanc, l'autre de clairet », lesquels symbolisaient ses mémorables exploits dans les cabarets de la ville. Et comme il fallait une devise à ce chevalier de la bouteille, il fit graver celle-ci au-dessus de son blason : « Tout est de caresme-prenant! »

Pour ce qui est du pittoresque, notre homme n'avait rien à envier à sa commère. Les contemporains le disent tous d'une laideur peu ordinaire. D'après Héroard, il était « chauve et la barbe rase », ce que confirme une brochure du temps : « Guillaume n'avait pas plus de barbe que la papesse Jeanne; il était triste, blême, ridé, ce qui pourrait faire croire qu'il était eunuque, et cependant il était marié. » Il courait les rues, revêtu d'une tunique rouge qui lui descendait aux genoux et coiffé d'un petit bonnet « armé de cocques d'escrevisses ». Il ne se séparait jamais d'une espèce de trique qu'il appelait son « oysel », dont il se servait contre les laquais et les pages qui se ruaient à ses trousses, du plus loin qu'ils l'apercevaient. Dans sa *Satire contre une dame maigre et sauvage*, le poète Sigogne, apostrophant ladite dame, lui déclarait :

> Que les enfants, en tous endroits,
> Vous voyant, eslèvent leur voix,
> Comme les pages dans le Louvre
> Quand maistre Guillaume on descouvre [6].

On rapporte, en effet, que les pages le harcelaient continuellement de leurs quolibets et de leurs mauvaises farces : ils cousaient ses hauts-de-chausses ou emplissaient ses souliers de poix et, comme il avait mission de veiller à leur entretien et à leur bonne tenue, on devine que le pauvre homme n'avait pas la vie facile avec cette petite engeance d'effrontés. « En vérité, s'exclamait-il à bout de patience, si Dieu fait les anges, le diable fait les pages et les laquais! »

Maître Guillaume logeait ordinairement à l'*Écu de France*, l'une des hostelleries les plus convenables de Paris, mais aussi l'une des plus chères; elle avait surtout l'avantage de se trouver située près du Pont-Neuf, si bien qu'il n'avait que la Seine à traverser pour se rendre au Louvre. Mais, à en croire les ragots, on avait plus de chances de le rencontrer dans quelque cabaret à la mode qu'à son domicile. Quand il n'officiait pas à la Cour, il fallait le chercher au *Petit-More* (« qu'à cause du bon vin tout biberon honore »), fréquenté par la bohème littéraire, ou à la célèbre *Pomme de pin*, près du pont Notre-Dame, ou encore à la *Truie-qui-file*. S'il ne se trouvait dans

6. SIGOGNE, *Œuvres satiriques complètes*, éd. Fleuret et Perceau, Paris, Bibliothèque des curieux, 1920, p. 38.

aucun de ceux-là, on pouvait encore tenter sa chance chez *Cormier*, rue des Fossés-Saint-Jacques, ou chez la mère Coiffier, à l'enseigne de la *Fosse-aux-lions*. Malgré l'atmosphère enfumée de la salle, on reconnaissait du premier coup d'œil son petit sayon rouge. Attablé devant son pot de clairet, son bonnet posé sur les genoux et son éternel « oysel » à ses côtés, il était généralement entouré d'une bande de vauriens qui lui payaient à boire et qu'il régalait en retour de quelques bonnes histoires truffées de rosseries, qui mettaient la compagnie en joie. C'est qu'il n'avait pas son pareil pour dauber sur les autres, le petit père Guillaume! Grands et petits, tout le monde y passait : jésuites, huguenots, militaires, courtisans, financiers, bateleurs, astrologues, et j'en passe...

Quand il ne courait pas les cabarets, il s'installait sur le Pont-Neuf, les poches remplies de minces brochures satiriques de sa composition ou publiées sous son nom, qu'il débitait aux passants pour la modique somme d'un sol. Il faut dire que ces bagatelles en vers ou en prose ne payaient pas de mine : grossièrement imprimées sur un méchant papier, parfois illustrées d'un bois naïvement gravé qui avait déjà servi dix fois, elles ne dépassaient guère, pour la plupart, une vingtaine de pages. Elles sont devenues aujourd'hui d'une extrême rareté et fort recherchées des bibliophiles et des collectionneurs qui se les disputent à prix d'or dans les ventes publiques. On recense actuellement près de soixante-dix brochures attribuées à Maître Guillaume, mais il dut en paraître au moins trois fois plus. Malheureusement, nos ancêtres ne songeaient pas plus à conserver ces vils petits feuillets que nous ne songeons à conserver les numéros du *Canard enchaîné*. La comparaison n'a rien de fortuit, car il s'agissait bien, en fait, de bulletins d'information de caractère satirique, souvent féroces et cela – notons-le au passage – une trentaine d'années environ avant que Renaudot ne crée sa fameuse *Gazette*, autrement dit avant l'apparition d'une presse périodique. Est-il besoin de dire que ces opuscules paraissaient sans privilège ni permission d'aucune sorte, qu'ils étaient imprimés en secret, l'éditeur se dissimulant sous des noms de fantaisie comme *Julien le Dinde, Baron de l'Artichaut* ou *La Veuve de l'Auteur*, et vendus sous le manteau. Guillaume les cachait dans ses chausses et les écoulait à la dérobée.

Il ne faudrait pas croire que son éventaire clandestin n'attirât que la populace : un grand seigneur lettré comme Pierre de L'Estoile était très friand de ces libelles, qu'il appelait des « fadèzes », et consignait régulièrement dans son *Journal* la date et le prix d'achat de chacun d'eux. C'est ainsi qu'il note, le 16 septembre 1606 : « J'ai baillé ce jour à Me Guillaume, de cinq bouffonneries de sa façon, qu'il portait et distribuait lui-même, cinq sols; qui ne valent pas cinq deniers, mais qui m'ont fait plus rire que dix sols ne valent. »

Maître Guillaume n'écrivit sans doute jamais le dixième des livrets qu'on lui attribue. La supercherie ne fait aucun doute pour deux au moins d'entre eux. Ainsi, la XIVe satire de Mathurin Régnier, publiée pour la première fois en 1613, est réimprimée l'année suivante sous le nom du bouffon. De même, en 1622, pour le *Tableau des ambitions de la Cour*, première pièce de *L'Espadon satirique* de Claude d'Esternod, dont on avait supprimé les quatre premiers et quatre derniers vers pour donner le change aux lecteurs. Les auteurs des autres libelles, demeurés anonymes, préférèrent eux aussi emprunter l'identité de Me Guillaume. Il est vrai qu'ils n'y trouvaient que des avantages. D'abord, ce subterfuge leur assurait en général une bonne vente : le bouffon royal était populaire et il se chargeait lui-même du colportage. De plus, ce patronage autorisait toutes les libertés, car le pouvoir tolérait aisément d'un fol ce qu'il n'eût toléré d'aucun autre (la licence imprimée se substituant, en quelque sorte, à la licence de la parole); d'autant que ce fol était son meilleur allié. Enfin et surtout, Guillaume, comme Mathurine, comme Angoulevent dont il sera question plus loin, incarnait l'opinion populaire et ses écrits en étaient l'expression la plus vraie.

Une remarque, cependant. Si Guillaume représente le peuple, il ne représente que le peuple *citadin*, et plus particulièrement le petit peuple de Paris. Le monde rural, qui compose à cette époque près des neuf dixièmes de la population française, ne se reconnaîtrait certainement pas dans ce personnage trop singulier, trop excentrique, trop différent de lui. D'ailleurs, l'image du fol est liée à l'image de la ville; elle en a les couleurs, la vivacité, l'allure critique et frondeuse; elle ne correspond ni à la vie ni à la mentalité paysannes. Il existe bien une figure mythique du villageois, c'est celle de Jacques Bonhomme. Mais Jacques Bonhomme n'appartient pas vraiment à la culture rurale; c'est un produit de la ville, où le paysan assume un certain nombre de valeurs, positives ou négatives, nées de l'imaginaire urbain.

Une petite pièce satirique, *Discours de Me Guillaume et de Jacques Bonhomme* (1614), met aux prises les deux personnages. Jacques Bonhomme, qui incarne les vertus de la vie rustique, fait grief à son homologue parisien de ses débauches et de ses mœurs serviles :

« Tu quémandes de porte en porte, lui dit-il, de palais en palais des seigneurs de la Cour, humant l'odeur et la fumée de leurs marmites bouillantes, passant par devant leurs cuisines, desquelles tu es assez souvent chassé. [...] Avec mon hocqueton de treillis qui ne ressent que paix et amitié, j'ay plus de réputation entre les bons François que toi avec ta casaque rouge plissée à la turquesque [7]. »

On peut dire de Me Guillaume, comme de Mathurine et comme déjà de Chicot, qu'il mène une double vie, celle de la Cour et celle de la rue. Il appartient à deux maîtres à la fois, le peuple et le souverain, qu'il sert tous deux avec un zèle égal, et qu'il réunit sous l'autorité de sa marotte. D'où, bien sûr, sa permanente ambiguïté.

7. *Discours de Me Guillaume et de Jacques Bonhomme, paysan, sur la deffaicte de 35 poules et le coq, faite en un souper par trois soldats*, 1614, in-8°, p. 9.

Homme du peuple au milieu de la Cour, messager de la Cour parmi le peuple, il joue en fait le rôle d'un parfait médiateur. Son pouvoir de résorber symboliquement les tensions fait de lui un personnage de premier plan, dont l'importance paraît sans commune mesure avec les lumières de l'individu. Mais ce qu'il est réellement importe somme toute assez peu, au regard de ce qu'il représente.

Rien ne permet de dire, au demeurant, que Me Guillaume fût au-dessous de sa tâche. Au contraire, il s'en acquittait, semble-t-il, à la satisfaction générale. Henri IV tenait grand compte des anecdotes qu'il lui rapportait des quartiers de Paris. Grâce à lui, il savait ce qui se disait dans les échoppes des marchands, sur les places, dans les marchés, parmi les artisans, les commères et les écoliers. Quel conseiller, quel courtisan eût disposé d'assez de liberté pour tenir auprès du souverain ce rôle de gazette véridique? Il y fallait, outre la liberté, une bonne dose d'humour, car l'humour fait passer bien des choses. Et Guillaume, au dire des témoins, n'en manquait point. Outre un talent naturel pour chansonner l'actualité avec esprit, il s'était nourri la mémoire de divers recueils d'histoires facétieuses qu'il pouvait adapter à toutes les circonstances. Il avait pour livre de chevet le fameux *Évangile des quenouilles*, sorte d'*Almanach Vermot* de l'époque, rempli de dictons, calembours, coq-à-l'âne, gaillardises, dans lequel il puisait à pleines mains lorsqu'il se trouvait à court d'inspiration [8].

Ceux qui l'approchèrent le décrivent comme un conteur de talent, doué d'une imagination fantasque et farfelue. Bien qu'il empruntât souvent ses bizarreries aux prédicateurs de la Ligue qu'il avait entendus dans sa jeunesse, tels que Rose, le petit feuillant ou le bien nommé Feuardent, dont les sermons, portés par le souffle de la polémique, s'enflaient jusqu'à l'extravagance, il

8. *Évangiles des quénoilles, faictes en l'honneur et exaulcement des dames*. Recueil du XIVe siècle qui connut une grande vogue au XVIe.

avait lui-même, sans nul doute, des dispositions naturelles pour cette sorte d'invention lyrico-burlesque. Le cardinal Du Perron – quasi professionnel en matière de bouffonnerie – s'extasiait sur les « visions admirables » de Me Guillaume. Un autre contemporain, auteur anonyme d'une pochade intitulée *Remonstrance de Pierre du Puis sur le Réveil de Maistre Guillaume*, fait état d'un autre caractère de sa faconde : « Ce qu'il disoit, écrit-il, estoit tellement environné de griblettes, d'excuses et d'exceptions, que l'on ne pouvoit luy rien reprocher, sinon qu'il mordoit en riant. »

Comme le veut la tradition, Guillaume traitait d'égal à égal avec le roi; il l'appelait « Monsieur mon amy » et se permettait devant lui les remarques les plus désobligeantes. N'alla-t-il pas un jour jusqu'à lui déclarer publiquement : « Nous sommes en royaume de fouterie! » Certaines anecdotes nous font les témoins de ce sans-gêne vraiment inconcevable. Nous savons ce qu'il faut penser en général de ce genre de récits. Aussi n'en citerons-nous qu'un seul, que nous tenons de Du Perron. Non que cela rende la chose plus digne de foi – le cardinal avait l'esprit aussi facétieux qu'un fol de métier – mais parce que l'historiette nous paraît révélatrice de ce qui mettait en joie la société aristocratique, un demi-siècle seulement avant le règne de Louis XIV.

Le comte de Soissons, raconte Du Perron, ordonne un jour à Guillaume de se rendre au Louvre, au milieu d'une compagnie de dames de la cour, et de se déculotter devant elles. « Et surtout, ajoute le comte, garde-toi bien de dire que cela vient de moi, sinon je te donnerai le bâton. Si l'on t'interroge, tu n'auras qu'à répondre : " C'est ma mère qui me l'a appris. " » Sans trop se faire prier, notre fol exécute à la lettre ses instructions. Aussitôt, grand émoi dans l'assemblée; les dames se lèvent, offusquées, détournent le regard, se précipitent vers la porte. L'une d'elles s'avance vers l'énergumène et, le menton pointé : « Qui donc t'a appris ces horreurs? – C'est... c'est... le comte de Soissons! » balbutie-t-il. Et comme le comte, qui se trouvait là pour jouir du trouble de ces dames, s'avançait vers lui pour le corriger, l'autre, se reprenant : « Non, non! je me trompe... Ce n'est pas lui!... C'est... sa mère qui lui a appris cela!... » Telle était la délicatesse des mœurs à la Cour du Béarnais!

Et quand bien Guillaume eût-il montré son cul à la Cour entière, voire à la reine elle-même, croit-on que son maître s'en fût scandalisé? Ce serait mal le connaître. Henri IV n'avait pas toujours le goût très fin, c'est le moins que l'on puisse dire : les propos de « haute graisse » lui causaient infiniment plus de plaisir qu'un mot spirituel. Il traitait Guillaume et Mathurine avec cette bonne grosse familiarité qui règne entre vieux compagnons d'armes; il emmenait son fou partout, le faisait dîner à sa table, et le chargeait parfois de certaines commissions galantes. Il l'invita même à son abjuration à Saint-Denis, le 25 juillet 1593. Guillaume trouva l'occasion de s'y tenir assez mal : on raconte qu'il ne cessa, durant toute la cérémonie, de tirer la langue au clergé. Une autre fois, en octobre 1595, étant à Amiens avec le roi, et celui-ci ayant reçu plusieurs délégations venues lui rendre hommage, il se trouva parmi elles un député de Bretagne dont la harangue était interminable. Bien que le roi l'eût prié par deux fois d'abréger, il continuait toujours. A bout de patience, Henri IV le planta là en lui lançant : « Vous direz le reste à Me Guillaume. »

En dépit d'une éducation passablement négligée, son intimité avec Henri IV le faisait rechercher de la meilleure société. Il était reçu dans la famille de La Guesle, l'une des plus en vue du royaume (le magistrat Jacques de La Guesle se trouvait auprès d'Henri III lors de l'attentat de Jacques Clément), et entretenait des relations cordiales avec le cardinal Du Perron, le duc de Vendôme et d'autres personnages de haut rang, soucieux de demeurer dans les bonnes grâces du bouffon royal.

Le 14 mai 1610, Ravaillac plonge son poignard dans le cœur du roi. Me Guillaume assiste aux derniers moments du souverain et ressent à sa mort une douleur sincère et profonde. Mais, en même temps, se posent à lui d'angoissantes questions. Que va-t-il devenir? Sa pension sera-t-elle reconduite? Fort heureusement, le jeune roi Louis XIII, alors âgé de neuf ans, loin de l'abandonner, le maintient dans sa fonction. Il le connaît depuis si longtemps... On peut même dire depuis sa naissance, puisque Guillaume avait assisté à l'accouchement de Marie de Médicis. Ce n'était d'ailleurs pas un privilège exorbitant : l'usage voulait, en effet, que les héritiers au trône de France vinssent au monde en présence d'un public nombreux. Près de deux cents personnes se bousculaient dans la chambre de la reine lorsqu'apparut le nouveau-né. A la sage-femme, Madame Boursier, que cette cohue faisait grommeler, Henri IV dit, lui tapant familièrement sur l'épaule : « Tais-toi, tais-toi, sage-femme, ne te fâche point; cet enfant est à tout le monde, il faut que tout le monde s'en réjouisse [9]. »

Le dauphin manifesta d'abord peu de sympathie pour Me Guillaume. Comme beaucoup d'enfants, il éprouvait une sorte de répulsion pour tout ce qui lui paraissait sortir de l'ordinaire. « Il haïssait naturellement les plaisants et les bouffons », observe Héroard, lequel rapporte ailleurs cette petite anecdote significative : le jeudi 10 juin 1604 (l'enfant est alors âgé de trois ans) : « A deux heures, goûté, amusé, ramené en la salle du roi, il fait sortir un cul-de-jatte qui jouait du flageolet, disant : *Mettez dehors; qu'il joue, mais je ne le veux pas voir*. Il ne veut point voir Olyvette, folle de Mme de Bar, ne veut point voir maître Guillaume, n'aime point les fols de cette espèce. » Il va de soi que le mot *fol* avait depuis longtemps perdu toute connotation psychopathologique, et qu'il désignait bien ici l'un de ces plaisants professionnels tels que nous les connaissons. L'enfant ne pouvait

9. Louise BOURGEOIS, dite Madame BOURSIER, *Récit véritable de la naissance de mes seigneurs et dames les enfants de France, avec les particularitez qui y ont esté*, Paris, 1609.

donc l'assimiler à l'infirme musicien qu'il refuse de voir. Ce qui l'effraie, chez Me Guillaume, ce n'est pas le dérangement de son esprit mais l'excentricité de son déguisement, ou peut-être encore, tout simplement, son physique qui ne lui revient pas. La calvitie du bouffon et son visage glabre, à une époque où tous les hommes portaient la barbe, avaient dû frapper son imagination, car à quelque temps de là, apercevant un personnage également chauve et rasé qui lui faisait la révérence, il se tourna vers sa gouvernante, Mme de Montglas, qu'il appelait dans son babil *Mamanga*, et observa : « Mamanga, il ressemble à Maître Guillaume. »

Cette première impression ne dura guère, et il ne fallut que quelques mois au bouffon pour apprivoiser son jeune maître. Le 16 septembre de la même année (1604), toujours d'après le fidèle Héroard – source absolument capitale pour l'enfance et l'adolescence de Louis XIII –, Maître Guillaume étant entré dans sa chambre, « il le regarde, l'écoute, puis se prend à sourire de ce qu'il disait, comme ayant reconnu qu'il était fol. Il ricanait, redisait ses mots, s'en riant [10] ». Désormais, il prendra toujours plaisir à l'écouter débiter des contes de sa façon.

Plusieurs années plus tard, arrivé à l'âge de onze ans, on lui fait lire une petite pièce satirique intitulée *Le Voyage de Me Guillaume en l'autre monde vers Henri le Grand* [11]. L'auteur imagine que Me Guillaume, se rendant dans l'autre monde pour revoir le bon roi Henri, rencontre chemin faisant un certain nombre de personnages auxquels il décoche quelques traits mordants. Enfin, il se trouve en présence du feu roi, qui lui demande des nouvelles du royaume, de sa famille et de ses amis. Guillaume lui expose alors que tout ne va pas pour le mieux et le supplie de revenir mettre un peu d'ordre :

---

10. Cf. Jean HÉROARD, *op. cit.*, t. I, p. 69-70, 88, 195-196, 198, 218, 368-369, 394-395; t. II, p. 100.

11. Paris, 1612, in-8°, 72 p.

« L'Église vous désire, la noblesse vous demande, et le pauvre peuple ne crie qu'après Henry le Grand. [...] Tout pleure, tout se plaint, tout se lamente, ajoute-t-il, et n'y a point de moyen de consoler les personnes, si ce n'est que vous reveniez en l'autre monde. [...] Venez! Bastien vous donnera des melons, Roquelaure des jambons de Bayonne, M. de Nevers des poulles des bois de la Cassine, M. de Guise des figues de Marseille, M. de Vandosme des huîtres de Cancale, M. de Boisdauphin des pruneaux de Tours, M. de Lavardin des gros chappons de Mayne. Guérin et moy ferons un ballet... » Henri IV répond alors qu'il lui est impossible de revenir, car on ne franchit jamais deux fois les eaux de l'Achéron. Il s'agit, comme on peut voir, d'un panégyrique en bonne forme des vertus du feu roi, et d'une flatterie à peine dissimulée à son successeur, lequel était toujours sensible aux hommages rendus à son père.

Les auteurs satiriques ont si souvent fait voyager le bon Guillaume au royaume des ombres (on connaît quantité de libelles sur ce thème) que l'on avait fini par croire qu'il en reviendrait toujours. Or, il arriva qu'un jour il n'en revint pas. De quand date ce funeste événement? La question prêta naguère à diverses hypothèses, dont aucune, à vrai dire, n'emporte la conviction. Tout ce que l'on sait, c'est que Guillaume vivait encore en 1620, puisqu'il reçut cette année-là sa pension de 1 800 livres. Au reste, ce point d'histoire n'a guère d'intérêt en soi. Ce qui importe davantage, c'est qu'une fois disparu son personnage lui survécut pendant plus d'un demi-siècle. Cette relative immortalité, il la doit, bien sûr, aux innombrables pamphlets dont il fut sinon l'auteur, du moins l'inspirateur et, de son vivant, le diffuseur. Cette littérature le rendit presque aussi célèbre en France que Pasquin le fut à Rome ou que le sera le Père Duchêne en d'autres temps. Elle dépasse en tout cas de très loin, par la richesse et la diversité des sujets qu'elle aborde, l'individu qui lui donna naissance.

A travers les libelles portant la marque de Me Guillaume, ce sont vingt années de luttes religieuses et politiques qui revivent sous nos yeux. Non pas telles que les rapportent les livres d'histoire, mais telles que les a vécues le petit peuple de Paris, avec toute la malice et la gouaille dont on le sait capable. Tout en nous renseignant sur les grandes préoccupations de l'époque, ces livrets constituent un inégalable témoignage, plein de vie, de verve, de pittoresque, sur la manière dont les voyait l'homme de la rue au seuil du XVIIe siècle.

Peu de contemporains échappèrent aux griffes du bouffon ou de ceux qui se dissimulaient sous son nom. Le roi seul, son « bon amy », faisait l'objet d'inlassables flatteries. Encore arrivait-il parfois à Guillaume de le persifler gentiment, comme dans ces curieux *Commandements de Maistre Guillaume*, au nombre de vingt-neuf, dans lesquels il se permettait de lui donner des leçons, tant sur le gouvernement de la France que sur sa vie privée. Le lecteur s'amusera peut-être à en lire quelques-uns :

Hérétique point ne seras
De fait ny de consentement.

Bon catholique tu seras
En ton cœur et ton pensement.

Les Églises honoreras
Les redressant entièrement.

Les bénéfices donneras
Aux gens de bien tant seulement.

Ton peuple tu deschargeras
De taille et de rançonnement.

La justice réformeras
Qui va ton peuple dévorant.

La noblesse tu chastiras
Se querellant si librement.

La vertu ressusciteras
Qui s'en va tous les jours mourant.

La femme d'autruy tu rendras
Que tu retiens injustement.

Et la tienne tu aimeras
Si tu veux vivre sagement.

Toutes tes debtes tu payeras
Qui sont dües si justement.

Les offices plus ne vendras
Ou ce seroit ton détriment.

Avare plus ne seras
Dépensant plus libéralement.

Aux Jésuites ne te fieras
Si tu crois à ton Parlement.

Les maquereaux tu chasseras
Hormis le pauvre Engoulevent.

Les putains plus tu ne hanteras
Si tu veux vivre plus longuement.

Pages, laquais, fouetter feras
Qui me donnent tant de tourment.

Maistre Guillaume tu croiras
Et tu feras fort sagement [12].

Parmi les multiples controverses auxquelles fut mêlée la plume de Guillaume, la moins célèbre n'est certes pas celle du *Soldat français*. Sans entrer dans le détail de cette polémique, d'ailleurs passablement embrouillée,

12. Ces *Commandements* ont été réimprimés par Le Duchat, à la suite des *Aventures du baron de Faeneste*, Amsterdam, 1731, p. 280-283.

disons simplement qu'elle opposait les partisans de la guerre contre l'Espagne aux partisans de la paix. Au nombre de ceux-ci se rangeait le fou d'Henri IV, ardent défenseur de la thèse pacifiste, en faveur de laquelle il usait à la fois des arguments de la prudence et du bon sens, le tout assaisonné d'une bonne dose de sarcasmes. Dans l'un de ces pamphlets, Me Guillaume raconte qu'il est monté au Ciel où il a rencontré Moïse, lequel, en veine de confidences, lui a confié que l'opinion de Dieu rejoignait la sienne : la guerre était parfaitement inutile, et le royaume de France ne devait surtout pas courir ce risque. « Pour ainsy, point de guerre, conclut-il, nous serons plus aises que le roi d'Yvetot et aurons le loisir de réformer nostre royaume, nous chasserons les pages et les laquais [son obsession!], les sergents, les gabeleurs, et ferions un édit qu'il n'y auroit plus qu'une foi, qu'une loi, qu'un roi et qu'un M. Guillaume en France, et qu'au partir de là, tous les malcontens de France iroient en Canada [13]. » Ailleurs, prenant à partie les fiers-à-bras bellicistes qui poussaient Henri IV aux hostilités : « Soldat à l'adventure, s'exclame-t-il, tout ton babil sent fort la cuisine. Tu as bien meilleure mine au cabaret, en quelque bourdeau (a) ou en quelque coin de l'hostel de Bourgogne qu'en un camp de Mars. [...] Croy que Monsieur mon bon amy ne recerche telles gens que toy pour son service [14]. » Au reste, tous les moyens lui sont bons pour rallier les esprits à la cause de la paix, le meilleur restant évidemment de flatter la poltronnerie qui pousse chacun à se tenir tranquillement dans son coin. C'est exactement le sens d'un couplet tel que celui-ci :

---

13. *La Réponse de Maistre Guillaume au soldat françois, faicte en la présence du roy à Fontainebleau, le huictième septembre mil six cens quatre*, 1604, in-8°, 57 p. Plusieurs fois réimprimée.

a. *Bourdeau :* bordel.

14. *Le Triomphe de Maistre Guillaume contre la victoire du soy disant Soldat François*, 1606, in-12°, 23 p.

Pour moy, je consens librement
Qu'on s'estrille tout chaudement,
Pourveu que les coups ne m'approchent
Ou bien que me prenant au pois
Pour un cochon de quinze mois,
Quelques affamés ne m'embrochent [15].

Maître Guillaume se mêle encore de mille autres choses; il intervient dans les démêlés du pape avec les Vénitiens, se proclame hostile à l'édit de 1609 sur les monnaies, dit son mot sur l'affaire des princes « malcontens », sur le siège de Montauban, sur la réforme des cordeliers, raille les prétentions du roi d'Angleterre qui fait accoler à ses titres celui de « roi de France ». La fin tragique de « Monsieur mon amy » ne lui inspire qu'une courte pièce de sept pages, *Les Regrets lamentables de M. Guillaume sur l'assassinat du Grand Henri IV* (Lyon 1611), qui débute ainsi :

Ha mort! cruelle mort!
Tu as ravi mon sort
Qui me fera sans fin
Pleurer jusqu'à ma fin.

A l'évidence, le drame n'inspirait pas notre fol!

Le regret du temps passé constitue l'un des thèmes récurrents de cette littérature, et Me Guillaume apparaît, à travers elle, comme l'un de ces *laudatores temporis acti* qu'affectionne tout particulièrement la philosophie populaire. « Tout allait tellement mieux autrefois... Nos mœurs ne cessent de se dégrader... », semble-t-il gémir à tout propos. De ses fréquents voyages qu'on lui fait faire dans l'au-delà, il ne ramène, en général, qu'un lot de constatations désabusées sur le siècle présent. Ses visites à « Monsieur son bon amy », dans sa demeure d'outre-tombe, ravivent la nostalgie d'une époque pas si lointaine,

15. *Maistre Guillaume rendu soldat par nécessité, depuis le bruit de la guerre*, s. l. n. d., in-8°, 16 p.

qui prend néanmoins des allures de Paradis perdu en comparaison de celle qui l'a suivie. Au surplus, cette capacité extraordinaire de traverser le Styx à volonté et dans les deux sens confère à Guillaume une dimension quasi surnaturelle :

> Si je vis et meurs quand je veus,
> Messieurs, ne le trouvez estrange.
> Je vas, je viens, je veus, je peus :
> Maistre Guillaume müe et change.

On se doute qu'un être doué de tels pouvoirs doit également posséder une sagesse hors du commun :

> Les sept sages Docteurs furent jadis à Rome.
> M. Guillaume icy le huitiesme accomplit
> Qui d'un grade plus hault les fait mettre en oubly
> Pour sagesse et folie avoir en sa personne [16].

Mais Guillaume c'est aussi, nous l'avons dit, un vigoureux instrument de polémique. Il a ses bêtes noires, parmi lesquelles, nul ne s'en étonnera, les jésuites figurent en bonne place. Il ne pardonne pas à leur ordre d'avoir attiré le roi Henri dans les « lacs de son amielleuse religion » et voudrait bien les voir tous porter leur doctrine ailleurs qu'en France : « Allez gagner les pardons à Rome de tant de maux que vous nous préparez! » s'exclame-t-il dans *Le Passe-temps de M. Guillaume* (1611), petit libelle qualifié de « pure fadèze » par Pierre de L'Estoile. Mais il lui arrive aussi de prendre leur défense, si cela sert les intérêts de la politique royale, car celle-ci demeure, quelles que soient les circonstances, son unique doctrine. Jamais on ne le prendra en faute sur ce point. Ainsi, lorsque éclate l'affaire dite de l'*Anti-Coton*, du nom du pamphlet anonyme dirigé contre le père Coton, le jésuite

---

16. *La Maladie de M. Guillaume, morfondu au voyage de l'autre monde, revenant de voir Monsieur son bon amy*, Paris, Fleury Bourriquant, 1612, 15 p.

confesseur d'Henri IV, et signé des seules initiales P.D.C. (que l'on croit être celles de Pierre du Coignet), Guillaume aussitôt réplique avec virulence. D'abord, il feint de s'interroger sur ces initiales, et passe en revue diverses solutions possibles : « Père de Calomnie »? « Piqueur des Catholiques »? « Passevolant de Charenton »? ou encore : « Plein de Cruauté »? « Pas de Cervelle »? « Point de Conscience [17] »?... Dans un autre libelle, il prétend avoir mis à mort et envoyé à tous les diables l'auteur de l'*Anti-Coton* :

> Cy-gist Monsieur l'Anticoton
> Dans la terre jusqu'au menton,
> Par le bras de maistre Guillaume
> Qui en a purgé ce royaume [18].

Autres victimes de sa verve satirique : les parvenus de tous poils, mais surtout ces gens de rien, issus du peuple, qui veulent se mêler de politique et faire entendre leur voix dans les affaires du royaume : « Tout le monde veut entrer au Louvre, s'indigne-t-il, chacun aspire à être grand à quelque prix que ce soit : les plus sales et crottées harangères y veulent mettre le nez et marchander des estats pour leurs maris, voire se mesleront de parler de la guerre [19]. » Au reste, quoique symbole de la conscience populaire, Guillaume fustige ceux qui tentent d'échapper à leur misérable condition. Chacun à sa place : telle est sa morale sociale. Et malheur à celui qui troque son hocqueton de vilain contre le pourpoint du courtisan :

---

17. *Advis de Me Guillaume, nouvellement retourné de l'autre monde, sur le sujet de l'Anticoton, composé par P.D.C., c'est-à-dire Pierre du Coignet, jadis mort, et depuis n'a guères ressuscité*, 1611, in-12°, 68 p.

18. *Le Tombeau de l'Anticoton, mis à mort par Maistre Guillaume, sur la dispute de leurs escrits*, Paris, Pierre Meinier, 1611, in-8°, 12 p.

19. *Rencontre de Me Guillaume et d'un messager de fortune, parlant des affaires de ce temps*, 1620, in-8°, 16 p.

Hélas! pendant le temps passé
Cela du Louvre estoit chassé,
Et recevoit de tous les Gardes
Plus de cent coups de hallebardes;

Mais maintenant, si les païsans
Sont habillez en courtisans,
Qu'ils n'ayent qu'un esprit de busche,
Pourveu qu'ils soyent vestus de pluche,

Seront de chacun honorez
Et mesme aux princes préférez;
J'en sçay de qui les viles races
N'ont jamais porté que besaces,

Qui font ici florir leur nom
Et qui se donnent le renom
D'avoir à toutes les batailles
Despensé leurs deniers et mailles

Au service de nostre Roy.
Mais je vous jure sur ma foy
Qu'ils n'ont point monstré leurs merveilles
Que dedans les vaisseaux de Marseille (a) [20].

L'assassinat de Concini, le 24 avril 1617, provoque chez le pseudo-Maître Guillaume une explosion de joie. Il faut dire que le maréchal d'Ancre était l'homme le plus exécré de France; il inspira de son vivant et après sa mort des avalanches de pamphlets. Ceux qui portent la signature de Guillaume sont fort réjouissants, comme à l'accoutumée, encore que s'y mêle une bonne dose de xénophobie. Mais cela fait aussi partie du personnage. « Adieu donc, coyons décoyonnés, s'écrie-t-il en apprenant la bonne nouvelle, retirez-vous en vos pays et ne venez jamais nous faire la loy, car si jamais vous y venez,

a. C'est-à-dire aux galères.

20. *L'Estonnement de Maistre Guillaume sur le changement de la Cour*, 1624, in-8°, 12 p.

vous trouverez à qui parler [21]. » Dans un autre libelle sur le même sujet, on le voit courant à travers les cabarets de Paris et partageant sa joie avec tous ceux qu'il rencontre sur son chemin : « Je vis le roy bien contant. Je courus partout, aux jeux de brelands, de paulme et cabarets, la *Pomme de pin, L'Escritoire, Le Petit diable, Le Pigeon blanc, La Grosse teste, l'Escrevisse* et autres. Là, je voyois les cuisiniers, les rôtisseurs, marmitons, maudire le mareschal d'Ancre. » Après une course effrénée dans la ville, il descend aux enfers annoncer l'arrivée prochaine de Concini et lui faire préparer un bon feu; puis il lui dresse cette épitaphe :

Beuvez, chantez, François, menez réjouyssance.
Ici-gist englouti le malheur de la France.
Le Catiline est mort. Que te soucyes-tu, France :
Aucun à l'advenir ne te fera nuisance [22].

Ainsi vibrionne la plume de Me Guillaume, allant ici et là, piquant l'un, puis l'autre, au hasard de l'actualité, tout comme le feront plus tard les journaux satiriques. Tous les coups sont permis, à condition d'être drôles : le trait le plus cruel passera, pourvu qu'il soit relevé d'une pointe, d'un lazzi, d'un jeu de mots. De ce point de vue, les écrits prêtés à Guillaume souffrent d'une très grande inégalité; il y en a d'excellents; il y en a de moyens, de médiocres, et de franchement mauvais. Cette disparité suffirait à démontrer qu'ils ne sortent pas tous du même encrier.

Pour ce qui concerne les idées politiques, il faut bien reconnaître que Guillaume ne prend jamais beaucoup de risques. Il suit, en général, l'opinion du plus grand nombre, qu'il s'attache à caresser dans le sens du poil.

---

21. *Le Grand Triomphe de Maistre Guillaume sur les affaires de ce temps*, Rouen, Jacques Besongne, 1617, in-8°, 8 p.

22. *Le Voyage de Maistre Guillaume touchant le marquis d'Ancre*, Paris, Jean Sara, 1617, in-8°, 8 p.

Et lorsque cette opinion est elle-même divisée, comme sur la question des jésuites, il lui suffira d'alterner ses coups de marotte, tantôt pour, tantôt contre, au risque de se contredire parfois, mais l'œil toujours fixé sur l'attitude du prince. Car s'il est une volonté que Guillaume se garde bien de contrarier, c'est bien celle de son maître. Celui-ci, de son côté, trouverait difficilement un allié plus sûr et mieux écouté pour soutenir sa politique. Loin de s'en cacher, le bouffon proclame à qui veut l'entendre que la soumission au roi demeure le premier devoir de tous les Français, quelle que soit leur naissance. C'est ainsi que, dans une féroce parodie des cahiers présentés par les trois ordres aux États généraux de 1614, Guillaume fait dire à la noblesse, s'adressant au roi :

> ... Nous vous servirons tous
> Sans que plus rien nous mescontente
> D'obtenir des bienfaits de vous
> Plus par devoir que sur l'attente [23].

Et c'est avec une mâle éloquence qu'il plaide, dans *L'Alphabet moral de Maistre Guillaume*, pour l'union de tous les sujets autour de leur souverain. Il s'agit là d'un véritable texte de propagande, directement inspiré par le Louvre. Jugeons-en plutôt :

> Heureux est le sujet qui tient toujours la trace
> Que son Prince lui marque, et point ne la surpasse.
> . . . .
> Jamais un bon sujet n'a traversé son prince
> Ny bon citoyen n'a troublé sa Province.
> . . . .
> Nous serons à jamais invincibles en France,
> Tant que nous vivrons tous en bonne intelligence.
> Les ennemis forains (a) ne pourront rien sur nous.
> Mais si, folz insenséz nous venons à desmordre

23. *Les Articles des cayers généraux de France, présentés par Maistre Guillaume aux Estats*, Paris, 1615, in-8°, 15 p.

a. *Forains:* étrangers.

De ce lieu sacré qui nous tient en bon ordre,
Sans faute s'en est faict et nous périrons tous.
Offenser le repos et rompre la concorde,
C'est mettre dans l'estat la guerre et la dicorde [24].

Le sens est transparent; il s'agit, bien entendu, de contribuer à la réconciliation nationale et à l'unification du pays, en reconnaissant à Henri IV la qualité de monarque légitime de tous les Français.

En préambule à ce recueil de vingt-quatre stances, Me Guillaume raconte qu'allant un jour aux Tuileries avec Henri IV, le roi lui tint ce langage : « Maistre Guillaume, mon amy, il n'y a qu'un soleil au monde et il n'y en peut avoir deux, ny qu'un roy en France. Tu as veu que tant qu'il y en a plusieurs, les affaires n'alloyent pas bien, mais maintenant que je suis seul, tu vois comme tout y est gaillard. » Héros légendaire dès son vivant, Henri IV devint, après sa mort, une référence quasiment sacrée. Rapportées d'outre-tombe, fût-ce au travers d'une fiction fantaisiste, ses paroles prennent le caractère inviolable d'un testament; elles résonnent comme la voix du Père dictant ses ultimes volontés à ses enfants. Se détourner de cette voix, c'est commettre quelque chose de plus grave qu'un crime : une manière de sacrilège. Car toute sédition, en la matière, reviendrait à rompre la Sainte Alliance qui unit le monarque à ses sujets. Et pour rappeler ceux-ci à leurs devoirs, on fait appel au plus populaire d'entre eux, à Maître Guillaume. Qui donc eût assumé mieux que lui ce rôle d'intercesseur? Ainsi se manifeste, intacte, toujours vivante, la puissance mythique du fol dans la conscience collective.

En dépit des différences de style que nous avons soulignées, l'œuvre publiée sous le nom de Maître Guillaume – car il s'agit bien en effet d'une *œuvre* – surprend par sa remarquable unité. Unité de la figure centrale

24. *L'Alphabet moral de Maistre Guillaume, addressé aux françois pour leur servir d'instruction du temps qui court*, Lyon, Guichard Failly, 1616, in-8°, 13 p.

d'abord, celle du personnage même de Guillaume qui, malgré le pluralisme rédactionnel, conserve, d'un opuscule à l'autre, une homogénéité sans faille. Jamais on ne le voit s'écarter de sa vérité ni de sa logique propres. Unité du discours politique ensuite : discours dont l'audace s'épuise tout entière dans le langage, et qui témoigne d'un consternant conformisme sur le plan des idées. Pour le caractériser d'un mot, disons de Maître Guillaume qu'il est le prototype du petit bourgeois épris d'ordre, défenseur des traditions saines et respectables, volontiers moralisateur, malgré son esprit caustique, et nettement xénophobe.

On mesure la distance parcourue depuis le fol joyeux et libre des Cours médiévales! Quel changement depuis le briseur d'apparences, criant les vérités sur les toits, les bonnes et les moins bonnes à dire! Voici donc le champion de la subversion réduit au rôle de « godillot » de l'idéologie bourbonnienne! Quelle chute!

De fol, il ne lui reste plus guère que le titre... et la pension. Mais de folie, point! Le voici maintenant tout à fait sage, platement, bêtement, effroyablement et définitivement sage, de cette sagesse adipeuse d'où suintent des flatuosités molles et que l'on appelle « le bon sens ».

Nicolas Joubert, dit Angoulevent, complète le trio de bouffons qui exercèrent leur talent à la Cour d'Henri IV d'abord, puis auprès de Louis XIII. Mais il s'agit d'un fol d'une espèce particulière. Contrairement à Mathurine et à Guillaume, il ne l'était pas « en titre d'office », et son nom ne figure nulle part dans le registre des pensions royales. Mais, à défaut d'appartenir à la maison du roi, il possédait un titre que beaucoup lui eussent envié, celui de *Prince des Sots.*

On appelait ainsi le chef d'une confrérie burlesque, les *Enfants sans souci,* dont l'activité principale consistait, vers la fin du Moyen Age, à représenter des pièces satiriques et allégoriques, dites *soties.* Cette troupe, composée de jeunes clercs de la basoche et de fils de famille, avait reçu de Charles VI le droit de se produire sur des tréteaux dressés au milieu des Halles. Après un siècle et demi d'exercice, avec un temps fort sous le règne de Louis XII, les *Enfants sans souci* avaient abdiqué plus ou moins volontairement pour se fondre dans la confrérie de la Passion. A l'époque d'Angoulevent, ils n'existaient donc plus, mais leur chef, le *Prince des Sots,* conservait certaines prérogatives et notamment la jouissance, tous les jours de l'année, d'une loge à l'Hôtel de Bourgogne, avec droit d'entrée par la grande porte et préséance aux assemblées des maîtres, administrateurs et comédiens. Ce théâtre, qui sera réuni en 1680 à la troupe de Molière pour constituer la Comédie-Française, se trouvait alors situé au coin de la rue Mauconseil et de la rue Neuve-Saint-François, dans le quartier des Halles. Il appartenait toujours aux confrères de la Passion, mais comme ceux-ci avaient renoncé depuis longtemps à interpréter des *Mystères,* ils louaient leur salle à la troupe de comédiens dirigée par Valleran le Conte. Or, voici qu'en 1604 une sérieuse contestation s'éleva entre le Prince des Sots et les comédiens de l'Hôtel de Bourgogne. Le conflit déboucha sur un procès, lequel dura plusieurs années et ne fut définitivement jugé par le Parlement de Paris qu'en 1608. De quoi s'agissait-il?

Tous les ans, à la même date, le Prince des Sots avait obligation, sous peine de déchéance, de faire son entrée triomphale à Paris. Au cours de cette cérémonie que l'on appelait « l'entrée sotte », il devait se répandre en largesses et en festins, distribuer des dons et régaler la compagnie à ses frais. Or, une année, le brave Angoulevent crut pouvoir se dispenser de ce devoir dispendieux. Mal lui en prit, car les confrères de la Passion n'attendaient que cette occasion pour se débarrasser de l'encombrant personnage et de ses privilèges. Ils engagèrent donc une action en justice contre lui, en s'associant pour cela à deux autres dignitaires de la sotte confrérie : Macloud Poulet, « guidon de la sottise », et Nicolas Arnault,

« héraut d'icelle sottise ». Ils s'adjoignirent également Valleran le Conte, comédien et chef de la troupe de l'Hôtel de Bourgogne, lequel ne se fit guère prier pour attaquer le Prince de Sottise. Preuve d'un bel aplomb lorsqu'on sait qu'il lui volait couramment des idées de *gags* pour ses propres pièces :

> Et les bons tours d'Angoulevent
> Valeran emprunta souvent
> Pour faire la sauce à ses farces [25].

Le jugement fut rendu le samedi 19 mars 1605. Le prévôt de Paris intimait l'ordre au sieur Nicolas Joubert, sieur d'Angoulevent, de faire son « entrée sotte » à Paris, « en habit décent » (c'est-à-dire en costume de fol), dès le 1er mai prochain, en passant par les lieux, portes et places ordinaires, avec ses officiers, suppôts et sujets, « lesquels lui rendront les honneurs qu'ils sont tenus, sur peine de descheoir de sa grâce, privation de leurs chaperons et radiation de leurs gages ». L'arrêt autorisait ledit Angoulevent à vendre et engager tous ses biens meubles et immeubles pour faire face à la dépense. Faute de quoi, il se verrait déchu de tous ses droits, sa principauté de Sottise serait déclarée vacante, les portes de sa loge à l'Hôtel de Bourgogne lui seraient fermées, ses armes abattues, et défense serait faite à ses chanceliers, avocats et conseillers de se servir des marottes et chaperons « par lui bailléz ».

Angoulevent interjeta appel de ce jugement et confia la défense de ses intérêts à Maître Julien Peleus, avocat au Parlement, l'un des ténors du barreau parisien. Il ne pouvait mieux tomber. Doué d'une éloquence persuasive, il se trouve que Peleus possédait en outre une bonne dose d'humour : avantage non négligeable pour plaider une cause de cette nature. Et de plus – clin d'œil du hasard ou effet de la préméditation? – l'affaire fut appelée le jour

---

25. *Le Désert des muses*, p. 66.

même du mardi gras de l'année 1606. L'avocat ne pouvait laisser passer une si belle occasion de laisser libre cours à sa verve. Il prononça une plaidoirie d'une fantaisie ébouriffante. En voici quelques extraits :

« Toutes choses concourent en cet homme pour le rendre digne de sa principauté, car il est né et nourri au pays des grosses bêtes, il n'étudia jamais qu'en la philosophie cynique. C'est pourquoi il n'est savant qu'en la faculté des bas souhaits. C'est une tête creuse, une coucourde éventée, vide de sens commun comme une canne; c'est un cerveau démonté, qui n'a ni ressort ni roue entière dans la tête, qui se change comme la Lune; bref, pour n'en rien dire de plus, il est si sot que l'on en pourrait faire le dieu des stoïciens. Voilà pourquoi son obligation par corps ne saurait subsister. Il ne faut donc point dire qu'il n'est sot qu'à cause de son office; il donne tous les jours trop d'arguments de sa sottise. »

Puis, élevant le débat à la fonction même de la *Sottise* au sein de l'État, il n'hésite pas à proclamer haut et fort, et le plus sérieusement du monde, qu'on ne saurait s'en passer :

« Je dis que ce Prince ne peut disposer de sa personne; il n'en est pas le maître; elle est entièrement au roi et au public auxquels il rend tous les jours service en deux fonctions très nécessaires et de grande importance. Premièrement, chacun sait qu'il a la conduite de l'Hôtel de Bourgogne, qu'il préside aux jeux publics, et que le théâtre des plaisirs et récréations du roi et du peuple dépend de sa principauté : charge non seulement plaisante, mais grandement nécessaire à l'État. [...] L'appelant n'est ni farceur, ni joueur, mais c'est le Président, le Prince et le Monarque des joueurs, comédiens et farceurs [26]. »

De tels propos nous paraîtraient incompatibles, aujourd'hui, avec la dignité du prétoire. C'est que nous avons, de la justice, une vision trop solennelle, trop compassée. De même sommes-nous toujours frappés par le mélange de sérieux et de canular qui caractérise

26. Julien PELEUS, *Les Plaidoyez*, Paris, F. Huby, 1614, in-4°, f° 35 r° et v°.

l'institution judiciaire sous l'Ancien Régime. Comment de joyeuses confréries, telles que les *Clercs de la Basoche* ou les *Enfants sans souci,* purent-elles prendre naissance en son sein? Il faut relier ce phénomène à celui de la religion avec les sermons comiques, et à celui du monarque avec son fol. Tout se passe en effet comme si les institutions les plus vénérées de nos sociétés, celles dont dépend directement le destin des hommes – Monarchie, Église, Justice –, sécrétaient par elles-mêmes leurs propres contreparties de dérision, comme une compensation nécessaire à leur équilibre et à leur fonctionnement.

Mais revenons à notre homme et à son procès. La burlesque défense de Maître Peleus ayant convaincu le tribunal, le prévôt rendit un arrêt qui annulait le précédent et donnait au Prince des Sots main levée de sa loge. Enfin, au terme de laborieuses procédures et d'interminables débats, le Parlement rendait, le 19 juillet 1608, un arrêt définitif portant que Nicolas Joubert était maintenu dans son titre de Prince des Sots et des droits y attachés. Tout en le déchargeant de son « entrée sotte » à Paris, jusqu'à ce que la cour en eût autrement ordonné, on lui reconnaissait le droit de faire, le jour du mardi gras, son entrée solennelle par la grande porte, au théâtre de l'Hôtel de Bourgogne, d'y présider les assemblées et d'y disposer de sa loge durant toute l'année [27].

Angoulevent triomphait sur toute la ligne : non seulement il se voyait dispensé d'une coûteuse obligation, mais il retrouvait sa principauté de la Sottise, avec tous ses privilèges. Il régna sur elle jusqu'à sa mort, mais n'eut point de successeur, car l'usage s'éteignit en même temps

27. Le texte original de cet arrêt se trouve dans : FÉLIBIEN, *Histoire de la ville de Paris,* 1725, t. V, p. 44. Sur cette affaire, on peut également consulter l'*Histoire du théâtre françois* des frères PARFAICT (1734-1749), t. III, p. 252 et les *Récréations historiques* de DREUX DU RADIER, t. I, p. 41-42. D'autre part, FURETIÈRE nous apprend que plus d'un demi-siècle après la disparition du Prince des Sots, il y avait encore une loge à l'Hôtel de Bourgogne que l'on appelait la loge d'Angoulevent.

que lui. Le jeune Louis XIII, âgé de dix ans, eut, à propos de cet étrange royaume, un mot délicieux. Un soir, au dîner, comme on lui parlait d'Angoulevent et de sa principauté de Sottise, il s'exclama spontanément : « C'est le plus grand royaume du monde ! » Un autre jour, alors qu'il était beaucoup plus jeune, il avait pris Angoulevent pour un membre de la famille royale, à cause de son titre de prince, et lui avait demandé, se plantant devant lui : « Que vous est papa ? » On se souvient que le petit dauphin n'avait pas une particulière affection pour les bouffons. Si Me Guillaume réussit à l'amadouer, le pauvre Angoulevent, lui, n'y parvint semble-t-il jamais. Le mercredi 22 novembre 1606, note le fidèle Héroard, le Prince des Sots étant entré dans sa chambre, il l'en chassa à coups de pied. Quelques jours plus tard, son valet de chambre lui ayant dit qu'Angoulevent était parti pour Langres, il demanda pourquoi : « Pour des affaires, Monsieur. » Sa réplique cingla net : « Les fous ont-ils des affaires [28] ? »

On voit, par ces quelques anecdotes, que le Prince des Sots faisait également office de fol auprès du dauphin, et sans doute aussi auprès de son père. Pierre de L'Estoile, toujours si friand de petites scènes de rue, raconte qu'un jour, le 22 janvier 1604 exactement, Henri IV sortait du Louvre en compagnie du père Coton, ce fameux jésuite naguère criblé de pamphlets, devenu depuis lors le confesseur du roi. Angoulevent, qui passait par là, aperçut Henri IV en grande conversation avec le disciple de Loyola, et se mit à brailler de toutes ses forces : « Vivent le roi et le père Coton ! » Aussitôt, un gentilhomme courut à lui et lui assena un grand coup de bâton, pour lui apprendre à donner des compagnons à Sa Majesté. Le soir même, ce quatrain courait les pavés de Paris :

Autant que le roi fait de pas
Le Père Coton l'accompagne.
Mais le bon roi ne songe pas
Que le fin coton vient d'Espagne.

---

28. HÉROARD, *op. cit.*, t. I, p. 227, 228, 387 ; t. II, p. 81.

On connaît peu d'écrits publiés sous le nom d'Angoulevent; à peine une dizaine en tout, qui se distinguent de ceux de Mathurine et de Me Guillaume par leur caractère apolitique. L'un d'eux est une petite dissertation burlesque sur un personnage qui causa une terrible frayeur dans les premiers mois de l'année 1613. Cet homme parcourait de nuit les rues de Paris, armé de gantelets de fer avec des ergots au bout des doigts, dont il fouaillait le sexe des femmes; on l'appelait *Le Tasteur* [29]. On attribue encore à Angoulevent des pièces satiriques « bâtardes » et « folâtres », qui ne se soucient point trop de décence verbale [30]. Enfin, son procès avec l'Hôtel de Bourgogne donna lieu à deux libelles dirigés contre Macloud Poulet, surnommé l' « Archi-Sot » parce qu'il avait prétendu à la principauté de Sottise au moment où son souverain légitime avait failli la perdre. L'une d'elles s'intitule *Défense du Prince des Sots, ou plaidoyer faict en Chastelet le 19 de mars pour Nicolas Joubert, sieur d'Angoulevent, prince des sots et premier chef de la Sottize de France, à l'encontre de Macloud Poulet, soi-disant seigneur de la Sottize* (s.l., 1605, in-8°, 19 p.). L'autre est une charge au vitriol contre l'usurpateur. Elle commence ainsi :

> Je m'afflige de voir ta Majesté réduitte
> Soubs le joug de celuy qui faict ceste poursuitte;
> Je m'afflige de voir qu'un sujet de ta loy
> Ne fasse point estat d'un prince tel que toy,

29. *Discours sur l'apparition et faits prétendus de l'effroyable Tasteur. Dédié à Mesdames les poissonnières, harengères, fruitières et autres, qui se lèvent du matin d'auprès de leurs maris. Par Angoulevent.* Paris, Nicolas Martinaut, 1613, in-8°, II-10 p. IV; rééd. dans : *Var. hist. et litt.* d'Ed. Fournier, t. II, p. 37-47.

30. *Les Satyres bastardes et autres œuvres folastres du cadet Angoulevent, sieur d'Angoulême* [...], Paris, Antoine Estoc, 1615, in-12°, III-172 p. Ce recueil contient 168 pièces licencieuses. En prenant le nom du Prince des Sots, dit Nodier, Estoc « a voulu se débarrasser de la responsabilité d'un mauvais livre ».

Foule aux pieds ta grandeur, et d'une gloire sotte
Te ravisse des mains ton sceptre et ta marotte,
Mesprise ton pouvoir et ne cherche jamais
Que de te contrefaire en tout ce que tu fais.

Suit un portrait du misérable dont voici quelques extraits pour le pittoresque des images :

Il a premièrement les sourcils retirez,
Les yeux plus que les chats et les foux égaréz
Le front noirement jaune, où la crasse s'escaille
Comme le plastre neuf sur la vieille muraille
. . . .
Belle figure à voir, sa gorge est yvoirine
Comme un os que les chiens rongent à la cuisine;
Sa lèvre espoisse est jaune et son bec relevé
Comme sont les bourletz qu'on met sur le privé.
Aussy ne crois-je point qu'un retrait soit si salle,
Bien qu'il soit tout remply de matière fécalle,
Que peut être sa bouche, où toujours il reçoit
Ce quy de plus vilain se prononce et se voit.
La face assez jaunastre où, s'il a chaud, il colle
Une jaune sueur à la farine folle [31]...

Comme ses confrères en folie, Angoulevent devint de son vivant un type populaire dont les polémistes se servirent pour la défense de leur cause, sans qu'il y fût pour rien. Mieux valait l'avoir dans son camp pour gagner la faveur du grand nombre. Ne voit-on pas aujourd'hui les partis politiques agir de la même façon avec les vedettes de cinéma ou de variétés (à peine plus conscientes en cela que nos fols), lors des grandes consultations électorales? Ainsi, la *Satire Ménippée* contient une *Épistre du sieur d'Engoulevent à un sien amy,* pièce de pure propagande, à laquelle notre homme n'eut naturellement aucune part. A un autre endroit, la même *Satire Ménippée* le présente

31. *L'Archi-sot. Echo satyrique* [...]. S. l., 1605, in-8°, 8 p.; rééd. dans : *Var. hist. et litt.* d'Ed. Fournier, t. VII, P. 37-52.

sous les couleurs les moins flatteuses. Ayant à prendre la parole dans une assemblée, il fait figure non seulement d'espion et de ligueur crapuleux, mais encore d'arriéré mental qui n'ouvre la bouche que pour dire des sottises. Agrippa d'Aubigné le cite dans la *Confession du sieur de Sancy* parmi ceux auxquels l'anti-huguenote Mathurine aurait, selon lui, communiqué le chancre vénérien. Pure médisance, bien entendu, quoique très vraisemblable, car ils n'avaient pas meilleure réputation l'un que l'autre. Angoulevent passait en effet pour le plus grand maquereau de Paris. Et pour tout arranger, certaine feuille volante l'accusait d'aimer se faire fouetter jusqu'au sang par ses conquêtes d'une nuit. La femme d'un barbier, connaissant son goût des fessées, l'aurait entraîné chez elle, puis, après l'avoir fait mettre nu, serait allée prévenir son mari. Celui-ci, survenant aussitôt, aurait alors fouetté le malheureux jusqu'à lui mettre le derrière en lambeaux, et se serait ensuite précipité à sa fenêtre...

> A haute voix s'escriant bien et beau :
> Ah! mes amis, voyez ce maquereau!
> Il est venu pour débaucher ma femme [32].

On raconte que l'Altesse de la Sottise porta plainte contre le barbier, mais que la justice, naguère si clémente pour lui, le déclara cette fois « bien fouetté ». Évidemment, rien n'oblige à croire cette histoire. Mais rien, non plus, ne prouve qu'elle soit fausse...

Un dernier mot sur le nom d'Angoulevent, souvent orthographié Engoulevent, et encore porté aujourd'hui par un éditeur bien connu des milieux universitaires. Ce nom n'est pas un sobriquet de fol (comme Triboulet, Brusquet ou Chicot), mais un sobriquet de confrérie (comme Plate-Bourse, Pont-Alletz, Gayacte, Plat-d'Ar-

32. *La Surprise et Fustigation d'Angoulevent, poëme héroïque addressé au Comte de Permission par l'Archipoëte des pois pilez,* Paris, 1603; rééd. dans : *Var. hist. et litt.* d'Ed. Fournier, t. VIII, p. 81-91.

gent ou Malespargne) que l'on donnait au Prince des Sots de la Basoche. Un demi-siècle auparavant, Rabelais avait nommé Angoulevent le capitaine du roi Picrochole, chargé de partir en éclaireur avec ses trois cents *chevaux-légiers* « pour descouvrir le pays et sçavoir si embuscade aulcune estoyt par la contrée » (*Gargantua*, I, 26). Angoulevent, c'est donc celui qui va en avant pour humer, ou, comme on disait alors, pour *angouler le vent* en attendant le gibier [33].

On pourrait penser que l'on néglige ici beaucoup les reines au bénéfice de leurs époux. Il n'en est rien, mais qu'y pouvons-nous si elles consacrent moins d'argent à l'entretien de la folie? Cela plaide sans doute en faveur de leur économie – mais point nécessairement en faveur de leur sagesse.

On ne signale pas de fol auprès de Marie de Médicis. En revanche, Marguerite de Valois, qui l'avait précédée dans le lit conjugal du Vert Galant, eut à son service un fol nommé Tristan Guérin, qui cumulait les fonctions de bouffon avec celle d'intendant des Menus Plaisirs. Il se faisait d'ailleurs appeler « maître des requêtes » de la reine Margot et son « orateur jovial ». Contrairement à ses confrères, qui ne se plaisaient que dans des accoutrements riches et bariolés, celui-ci jugeait plus conforme à la dignité de sa charge de s'affubler d'une soutane de satin noir et d'un bonnet carré. A le voir dans ce costume, on l'eût plutôt pris pour un docteur en Sorbonne que pour un disciple de Momus.

---

33. Le verbe *engoler* ou *engouler* (de *gula* : gueule), dont l'origine remonte au XIIe siècle, signifie *mettre dans sa bouche, avaler.* FURETIÈRE le mentionne encore au XVIIe siècle avec le sens de : *avaler tout d'un coup,* mais il observe que « ce mot est vieux et ne se peut plus dire qu'en riant ». *Engoulevent* signifie donc : qui *avale du vent.* On désigne aussi sous ce nom un oiseau passereau qui gobe les insectes. Angoulevent, c'est proprement celui qui reste bouche bée, le gobe-mouches, le naïf; d'où le surnom donné au Prince des Sots.

En 1605, soit six ans après l'annulation de son union avec Henri IV par le Saint-Siège, la reine Marguerite vint se fixer à Paris, d'abord à l'hôtel de Sens, puis sur le quai Malaquais, où elle s'était fait construire un somptueux palais dont les jardins bordaient la Seine jusqu'à la hauteur de la rue du Bac. De ses fenêtres, elle pouvait voir le palais du Louvre qui s'étendait sur la rive d'en face. On eût dit que les deux anciens époux, ayant mis entre eux la largeur du fleuve, continuaient de s'observer. Mais ce qui les séparait était bien plus infranchissable que cette mince frontière : c'était une civilisation. Quel contraste, en effet! Tandis que la Cour du Béarnais choquait par la brutalité et la vulgarité de ses mœurs, celle de Marguerite offrait l'image de la culture la plus raffinée. Dernière descendante de la dynastie des Valois, elle avait hérité d'eux le goût de la magnificence. Elle aimait les lettres, les arts, les fêtes, la musique, la danse, les beaux atours, en un mot, tout ce qui contribue à rendre la vie plus belle, plus harmonieuse. On eût dit que l'âge d'or de la Renaissance revivait ses splendeurs passées sous les lambris de son hôtel.

Dans une aile des bâtiments, elle avait fait aménager une salle spécialement conçue pour la représentation de ballets de Cour. Cet art avait connu, sous le règne d'Henri III, un degré de raffinement extrême. Elle s'attacha à le ressusciter et à renouveler ses formes. Maître Guérin faisait, dans ce théâtre, office de régisseur. Lorsque la maîtresse des lieux y monta le *Ballet de la Royne,* en 1609, c'est lui qui fut chargé de louer la tapisserie « qu'il a fallu avoir pour tendre les trois chambres de la Royne, le jour de son ballet [34] ». C'est la seule indication que nous possédions sur la mise en scène. En revanche, nous savons que cette représentation fut riche en péripéties politico-amoureuses. C'est à cette occasion, en

34. Cf. Margaret Mc Gowan, *L'Art du ballet de Cour en France (1581-1643),* Paris, éd. du C.N.R.S., 1978, p. 67, n. 92. Le même auteur nous apprend que Guérin joua son propre personnage dans le *Ballet de la Boulangère* en 1617.

effet, qu'Henri IV tomba follement amoureux de Charlotte de Montmorency et que l'ambassadeur d'Espagne, venu en France pour négocier les alliances entre les maisons de France et d'Espagne, insulta publiquement l'ambassadeur de Venise. L'incident provoqua, dit-on, plus de vingt duels parmi les gentilshommes qui se trouvaient là.

Charles Duret, dit le Président de Chevry, contrôleur général des Finances, avait lui aussi la passion des ballets. Un jour que l'on répétait l'une de ses œuvres à l'Arsenal, Sully, admiratif, s'exclama en le désignant : « C'est Monsieur le Président qui a fait le ballet. » Guérin, qui se trouvait là, rectifia : « Monsieur, pardonnez-moi, s'il vous plaît : ce n'est pas M. le Président qui a fait le ballet; c'est le ballet qui a fait M. le Président [35]. »

Notre régisseur à marotte ne se contentait pas de pourvoir aux décors et aux accessoires; il se produisait lui-même tous les jours sur les planches pour y débiter ses billevesées devant la reine Margot, laquelle, nous dit Sauval, « prenoit grand plaisir à l'écouter », même s'il « n'épargnoit pas les mots les plus infâmes ». D'après le même historien, auteur des *Galanteries des rois de France,* il continua de faire ce métier jusqu'à la mort de sa maîtresse, en 1615, mais n'en fut guère récompensé, car il mourut dans la misère [36].

35. P. de L'ESTOILE, *op. cit.,* février 1610.

36. Il vivait encore en 1620, puisqu'il est mentionné, au mois d'avril de cette année, parmi les créanciers de la feue reine qui firent ordonner la prisée de ses biens. Le procès-verbal de la visite et de l'estimation du célèbre hôtel de la rue de Seine a été publié par Charles DUPLOMB dans : *L'Hôtel de la reine Marguerite,* Paris, Léon Willem, 1881.

IX

« Un sombre plaisir... »

Ici commence le déclin de la folie à gages. Bien plus qu'un phénomène de société, nous l'avons dit, ce déclin est un phénomène d'ordre politique; il est lié à la montée du pouvoir absolu qui s'amorce sous Henri IV, s'affirme sous Louis XIII, et connaît son apogée sous Louis XIV. Cela étant, on ne peut nier que l'évolution des mœurs y soit aussi pour quelque chose. On ne voit d'ailleurs pas bien comment on la séparerait de celle des institutions. Bien qu'excessive, l'analyse qu'en propose Dreux du Radier mérite attention :

> « Le titre de Fou du Roi perdoit de son lustre, écrit-il, à mesure que l'esprit s'étendoit, et que les plaisirs de la Cour devenoient plus vifs et plus ingénieux. Le bal, les spectacles, le jeu réglé, des voyages brillans, la galanterie et le commerce des dames, des repas somptueux, un luxe élégant et délicat, écartèrent ces sombres plaisirs, le triste amusement de rechercher des ressources contre l'ennui dans les plaisanteries d'un malheureux privé de l'usage de la raison, et qu'on trouvoit d'autant plus agréables qu'elles étoient moins d'accord avec le bon sens. »

Propos typiques d'un intellectuel du XVIIIe siècle – il écrit cela en 1767 – pour qui tout ce qui précède la Régence se perd dans la nuit des temps, et qui en arrive à traiter tous les fols comme de pauvres crétins dont on se riait sans pitié. On sait ce qu'il en est. Ce qui est vrai, en revanche, c'est que la société s'est, dès le XVIIe siècle, dégoûtée du fol domestique – jugé déjà comme un usage archaïque – pour se tourner vers des plaisirs plus collectifs : le théâtre, le ballet, l'opéra, ou le tréteau des farceurs. L'évolution même du fol, dont nous avons parlé plus haut, va dans le même sens, dans la mesure où il apparaît de plus en plus comme un artiste de variétés interprétant ses propres sketches pour un public restreint. Mais reprenons le cours de l'histoire.

On a dit de Louis XIII qu'il raffolait des fous, et qu'il en avait toujours à ses côtés. C'est très exagéré. Ceux que nous lui connaissons, Mathurine, Guillaume, Angoulevent, lui avaient été légués par son père et L'Angely, dont il sera question plus loin, fit presque toute sa carrière sous Louis XIV. La légende vient probablement de cette réprimande que lui aurait adressée le vieux Sully : « Sire, lui aurait-il dit un jour, sire, lorsque le roi votre père, de glorieuse mémoire, me faisait l'honneur de me consulter sur les affaires du royaume, il commençait par faire retirer les bouffons et les baladins. » Pour les baladins, certes, il ne devait pas en manquer dans les appartements du jeune roi, car il avait manifesté depuis toujours un goût très marqué pour la danse. Il aimait le ballet à la folie, et s'il ne pouvait y figurer lui-même, il ne manquait jamais d'assister à ceux qui se donnaient à l'Arsenal ou chez quelque grand. Dès sa quinzième année et jusqu'à sa mort, il fut véritablement l'organisateur et le maître d'œuvre des ballets qui furent représentés dans la grande salle du Louvre. Souvent même il en inventait le sujet, la musique ou les pas.

Quant aux « bouffons » auxquels fait allusion l'ancien ministre d'Henri IV, il ne s'agit naturellement pas de fols à marottes, mais d'amuseurs divers, tels qu'il en traînait dans toutes les Cours d'Europe. On sait, par exemple, que Louis XIII entretenait quatre nains, magnifiquement vêtus, dont on a même conservé les noms : Pierre du Mont, Raphaël du Bois, Edme Sané et Guillaume du

Petit [1]. Rien d'exceptionnel à cela. Rien qui ne fît partie du train ordinaire d'une Cour soucieuse de maintenir son rang. Pas de quoi se scandaliser non plus d'y voir figurer un *saulteur* à qui l'on paye 800 livres de salaire annuel ou un oiseleur siffleur de linottes, le sieur Abraham, qui reçoit 200 livres du Trésor royal. Ajoutons, pour la petite histoire, que celui-ci officiait déjà en 1614 comme éleveur de serins pour le plaisir du jeune roi, mais que sa charge fut supprimée quand les pies-grièches remplacèrent à la Cour les oiseaux des Canaries.

Au mois de février 1613, Malherbe assiste à un ballet qu'il juge assez médiocre mais dans lequel il remarque un jeune danseur dont il retient le nom : il s'appelle Marais. « Ce ne fut rien que ce ballet, écrit-il. Tout ce qui en plut fut un nommé Marais, habillé en berger, qui menoit un homme habillé en chien et le fit danser avec des bouffonneries si agréables que je crois que jamais je ne vis rire personne comme je vis rire la Reine [2]. » On voit peu après ce même Marais dans un autre ballet, intitulé *Le Triomphe de Minerve*, et dès lors il fait partie de toutes les distributions des ballets de Cour. Le 29 janvier 1617, il danse le rôle d'Armide dans le ballet de la *Délivrance de Renaud*, composé par Estienne Durand (les personnages féminins étaient généralement interprétés par des travestis), tandis que le roi lui-même joue le rôle de Renaud. C'était la deuxième fois seulement, depuis sa majorité, que Louis XIII acceptait de se produire en public. Il est vrai que le livret contenait un certain nombre d'allusions politiques; il exprimait notamment le désir du jeune souverain de s'affranchir de la tutelle de sa mère et de se manifester devant son peuple dans toute la plénitude de son pouvoir.

1. *Arch. Nat.*, K 199, fol. 13 v°.
2. MALHERBE, *Œuvres complètes*, éd. Lud. Lalanne, 1862-1869, t. III, p. 249-250.

Les spectacles de ballets commençaient en général assez tard dans la soirée et se prolongeaient jusqu'à une heure avancée de la nuit. Par suite d'un retard, la représentation de la *Délivrance de Renaud* ne débuta qu'à deux heures et demie du matin pour s'achever vers cinq heures, devant une foule débordant d'enthousiasme. Il est vrai que l'on n'avait rien épargné pour que le spectacle fût splendide : un orchestre de soixante-quatre voix, vingt-huit violes et quatorze luths accompagnait l'action; une machinerie d'une admirable perfection transportait les spectateurs dans des paysages enchantés, peuplés de montagnes, de rochers, de bocages, de jardins, de fontaines faisant jaillir des jets d'eau dans des bassins entourés de fleurs. On voyait une belle nymphe sortir d'une fontaine, puis céder la place à des monstres repoussants, les uns à figure de hiboux, les autres à figure d'écrevisses, de tortues, de limaçons... A chaque tableau se succédaient merveilles et prodiges. Le ballet s'achevait sur l'apothéose du jeune souverain, dans tout l'éclat de son adolescence – il n'avait pas encore seize ans – trônant « au sommet d'un pavillon de toile d'or étincelant de pierreries, entouré des seigneurs de la Cour qui se jetaient à ses pieds pour rendre hommage à ses vertus [3] ».

Louis XIII fit-il la connaissance de Marais au cours des répétitions, qui avaient lieu tantôt chez le duc de Luynes, tantôt chez la reine mère? L'avait-il déjà rencontré à l'occasion d'un autre ballet? Toujours est-il qu'à partir de la *Délivrance de Renaud*, le roi et son danseur deviennent inséparables. Sans doute leur passion commune pour la danse les avait-elle rapprochés. Au surplus, Marais savait être drôle; il avait un don très poussé pour l'imitation et se moquait de chacun avec une ironie légère et brillante. On sentait en lui une espèce de désinvolture espiègle, d'insouciance, de joie de vivre, qui contrastaient avec l'humeur ombrageuse du souverain. Ébloui, littéralement sous le charme de ce garçon qui possédait tout ce qui lui faisait

3. Margaret Mc Gowan, *op. cit.*, p. 107.

défaut, Louis XIII le pria de venir à la Cour, où il le fit participer à ses jeux et à ses fêtes. Bientôt, le baladin devint indispensable; il faisait à la fois office de fol, d'intendant... et de favori.

Marais avait à la Cour deux amis, Moulinier et Justice, tous deux musiciens de la Chapelle royale, dont les mœurs faisaient passablement jaser dans le petit monde d'artistes préposés aux divertissements royaux. Et comme, de surcroît, ils se laissaient aller à maintes irrégularités dans le service, Louis XIII résolut de réduire leurs appointements de moitié. Leur camarade Marais imagina alors une riposte ingénieuse que Tallemant rapporte dans ses *Historiettes.* S'étant tous les trois à demi vêtus, ils allèrent danser une mascarade au petit coucher du roi : celui qui avait pourpoint n'avait pas de haut-de-chausse, et vice versa. « Que veut dire cela? s'étonna Louis XIII en les voyant entrer. – Sire, répondirent-ils en chœur, c'est que des gens qui ne perçoivent que la moitié de leur salaire ne peuvent s'habiller qu'à moitié. » Louis XIII trouva l'idée cocasse et revint sur sa décision [4].

Marais, Moulinier et Justice entretenaient des relations avec les jeunes poètes libertins de l'époque. Saint-Amant évoque même, dans sa *Gazette du Pont-Neuf*, « Marais dansant la bergamasque ». Ils connaissaient également Théophile de Viau, puisque leurs noms sont évoqués au cours de son procès. Dans sa déposition du 21 octobre 1624, le poète, tentant de démontrer qu'il a été victime d'une campagne de calomnies dirigée contre lui par le père Voisin, affirme que Justice lui a répété toutes les horreurs que le jésuite a débitées sur son compte, et que le père Séguiran lui a confirmé, « en présence de Marays, Moulinier et Justice », que Voisin avait adressé au cardinal de La Rochefoucauld une longue lettre remplie d'odieux mensonges. Or on sait que le vice principal dont on accusait Théophile était celui de sodomie. Lui-même s'en défendait à peine. Aussi devine-t-on autour de lui,

---

4. Cf. Tallemant des Réaux, *op. cit.*, t. I, p. 336.

comme autour de Gaston d'Orléans, dont Moulinier était d'ailleurs le maître de musique, tout un réseau d'amitiés et de complicités homosexuelles dont nos trois compères faisaient probablement partie. Quant à Louis XIII, dont les tendances à l'homosexualité paraissent aujourd'hui clairement établies, on peut se demander s'il ne succomba pas, devant Marais, à l'une de ces fascinations qu'exerçaient sur lui certains jeunes hommes. S'il en était ainsi, le ballet de la *Délivrance de Renaud*, où ils jouaient, on s'en souvient, les rôles des deux amants, prendrait une singulière résonance. A l'allégorie morale et politique, voulue par le compositeur Estienne Durand, viendrait s'ajouter, à l'insu de tous, une allégorie amoureuse.

Toujours d'après Tallemant, véritable gazette vivante, ce danseur promu fol en titre avait un talent d'imitateur dont tout le monde s'amusait. Un jour que le vieux duc d'Épernon se trouvait chez le roi, celui-ci dit à Marais : « Fais comme M. d'Épernon quand il est malade. » L'autre, sans se faire prier, prit la voix et les intonations du duc, sans oublier son fort accent gascon : « Holà! Aucuns, faites-moi benir Vlaise! [c'était son bouffon] – Monseigneur, nous ne saurions. – Comment? à un homme de ma condition? – Il est mort il y a deux mois. – Faites-le moi benir nonobstant toutes choses! » L'assistance se tenait les côtes, tant l'imitation était parfaite. Quant au principal intéressé, il se contenta de sourire du bout des lèvres; le vieillard avait l'humeur irascible, et il fallait une certaine audace pour oser le railler publiquement. Une fois le roi sorti, Marais s'avança vers le duc pour lui faire des excuses, mais celui-ci l'arrêta d'un geste : « Non, non, fit-il, je ne vis jamais meilleur bouffon que vous [5]. »

On sait que Louis XIII avait un goût prononcé pour toutes sortes de travaux manuels. Dans sa belle biographie de ce roi, Pierre Chevallier rappelle qu'il savait coudre des passements, fondre le fer, tresser l'osier, clouer des tapis, fabriquer des lacets, panser les chevaux,

5. *Ibid.*, t. II, p. 797-798.

distiller les parfums, et qu'il eût fait un excellent cuisinier. Il omet seulement le métier de barbier, auquel le roi se livrait par jeu, avec la complicité de son cher Marais qui se laissait docilement faire la barbe par son souverain. Il semble toutefois qu'il fût beaucoup moins doué pour manier le rasoir que la poêle à frire; aussi son « patient » eut-il plus d'une fois des sueurs froides en voyant le royal coupe-choux s'approcher de son visage. Un jour que l'opération avait été particulièrement longue et l'opérateur particulièrement maladroit, Marais se leva, fouilla dans ses poches et en tira quinze sols qu'il remit au roi. Celui-ci, toujours par jeu, protesta : « Eh quoi, quinze sols seulement? – Je vous donnerai trente sols quand vous serez devenu maître », laissa tomber l'autre. Le roi trouva le mot si drôle qu'il s'empressa de le répéter à toute la Cour; il parvint ainsi jusqu'aux oreilles de Richelieu qui le considéra comme un outrage et fit congédier le bouffon pour lui apprendre à respecter son souverain. Le châtiment paraît d'autant plus excessif que Marais s'en permettait bien d'autres à l'égard de Sa Majesté. N'alla-t-il pas un jour jusqu'à lui lancer tout à trac : « Il y a deux choses dans votre métier dont je ne me pourrais accommoder. – Hé quoi? fit le roi – De manger tout seul et de chier en compagnie [6]. »

Un jour qu'il se promenait dans les environs de Saint-Germain-en-Laye avec quelques personnes de sa suite, Louis XIII avise un paysan dont la mine à la fois finaude et naïve lui plaît. Voulant s'en divertir, il le fait approcher, lui parle de ses champs, de ses cultures, de la saison... L'autre, ne sachant à qui il a affaire, répond le plus librement du monde, puis : « Eh bien, Monsieur, lui demande-t-il, les blés sont-y aussi biaux par d'cheu vous qu'y sont par d'cheu nous? » Enfin! s'émerveille la compagnie, enfin un véritable rustique! Et qui ne parle pas comme dans les romans de Monsieur d'Urfé! Comme c'est amusant! Et que ce serait donc piquant de le faire

6. *Ibid.*, t. I, p. 339.

venir à la Cour! Rien de plus facile! On le hisse dans un carrosse, et hop! En route pour Saint-Germain, où l'on s'arrête dans la grande cour du château. Ne doutant plus alors qu'il a devant lui le roi de France en personne, Jean Doucet – c'était son nom – ne s'émeut pas pour autant et garde son franc-parler. Louis XIII le comble de petits soins, le cajole de son mieux, joue avec lui à la *Pierrette*, et lui gagne dix sols. Tandis que l'autre enrage, le roi, tout fier des dix sols gagnés à son rustre, les fait porter jusqu'à Rueil, afin que Richelieu, immobilisé par la maladie, puisse les voir de ses yeux. Dix sols! Ce n'est rien, dira-t-on. Mais le roi exulte, car ces dix sols le mettent sur le même pied que le plus humble de ses sujets. Le paysan Doucet et le roi de France ne sont-ils pas égaux dans le jeu? Et que le paysan soit justement celui qui perd, n'est-ce pas le signe de sa liberté? Trompeuse illusion! En perdant ses dix sols, Doucet n'a pas accédé à l'être politique : il a perdu au jeu, un point c'est tout!

Naturellement, Louis XIII s'empressa de le dédommager en lui faisant présent de vingt beaux écus d'or que le paysan rangea soigneusement dans son gousset non sans observer, clignant de l'œil et avec un sourire matois : « I vous revanront, Sire, i vous revanront; vous mettez tant de ces tailles et de ces diebleries sur les pauvres gens!... » A quelque temps de là, on lui fit couper une somptueuse robe d'écarlate brodée d'or (on appelait cela une *innocente*) et on le renvoya à son village, avec obligation de venir deux fois par semaine divertir Sa Majesté. Un jour, on le voit arriver sans son *innocente*; on l'interroge : pourquoi n'a-t-il pas mis sa belle robe? « C'est qu'aujourd'hui, c'est jour de fête, explique-t-il, et quand j'allons à la messe, on ne fait que regarder mon clinquant et on oublie de prier le bon Dieu. »

Selon Tallemant, à qui l'on doit ce récit, Jean Doucet mourut la même année que Louis XIII, mais sa famille continua de recevoir une petite gratification. On aura compris qu'il ne s'agissait là ni d'un véritable fol en titre d'office, ni d'un bateleur professionnel, mais d'un personnage extrait de son milieu naturel et dont toute la saveur, aux yeux de la Cour, venait précisément de son caractère d'authenticité. Autrement dit, c'était un bouffon malgré lui. Ce qui ne l'empêcha d'ailleurs pas de se faire un nom : tout le monde connaissait Jean Doucet. Puis ce nom, peu à peu, finit par devenir celui d'un type populaire, synonyme du villageois niais et faraud : on disait un *Jean Doucet* comme on disait un *Jacques Bonhomme.* Vingt ans après sa mort, on s'en souvenait encore, ainsi qu'en témoigne une petite brochure patoisante imprimée en 1660, *La Confession de Janot et de Piarot Doucet de Villenoce, et de Jaco Paquet de Pantin, sur les merveilles qu'il a veues dans l'entrée de la reine, ensemble comme Janot lui raconte ce qu'il a veu au Te Deum et au feu d'artifice.* On le retrouve aussi sous forme proverbiale, comme dans cette lettre où Madame de Sévigné, ironisant sur Racine et Boileau, obligés de suivre Louis XIV dans toutes ses campagnes en qualité d'historiographes, écrit à son cousin Bussy-Rabutin : « Ils font leur cour par l'étonnement de ces légions si nombreuses et des fatigues qui ne sont que trop vraies; il me semble qu'ils ont assez l'air de deux *Jean Doucet* [7]. »

Cette renommée, quoique peu flatteuse pour celui qui en était l'objet, profita en tout cas à un comédien du XVIIe siècle, qui se prétendait le neveu de Jean Doucet et se faisait applaudir sous son nom dans la troupe des Italiens. Lors d'une représentation donnée en présence d'Anne d'Autriche et du jeune Louis XIV, en février 1654, il remporta un franc succès personnel dans le rôle du valet de Scaramouche. Conformément à son type de villageois naïf, il amusa beaucoup la Cour avec ses reparties niaises et ses mines ahuries. Jean Loret nous en a laissé un vivant portrait dans sa célèbre gazette rimée :

7. Lettre du 18 mars 1678.

Mais, à propos de comédie,
Il faut qu'en cet endroit je die
Qu'un des jours passez Jean Doucet
Pensa faire pâmer de rire
La reine et le Roy notre Sire,
Et mesme tous les courtizans,
Par les mots niais, mais plaizans,
Que proféra sa propre bouche,
Étant valet de Scaramouche,
Sur le théâtre italien,
Où ce simple et naïf chrétien,
Sans avoir masque ou faux vizage,
Joüa fort bien son personnage.
Jamais Mézetin ny Scapin,
Ny Trivelin, ny Turlupin,
Ny Colombine, ny Briguelle,
Ny le rare Polichinelle,
Ny Gorju, le pédant gaillard,
Ny Jodelet, le nazillard,
Ny Garguille, ny Gros-Guillaume,
Les plus grands boufons du royaume,
Ne divertirent mieux la Cour
Qu'elle le fut en cedit jour.
Au ris peu souvent je m'applique,
Et suis d'humeur assez stoïque;
Mais, comme illec j'étois prézant,
Je trouvay Doucet si plaizant
Que, quand je me le remémore,
A tous momens je ris encore [8].

Moins enthousiaste, Tallemant note sèchement que les neveux du brave paysan d'Ile-de-France « ont voulu prendre sa place, mais ce sont, dit-il, de meschans bouffons ». En tout cas, nous tenons là un bel exemple d'individu réel qui se transforme en type proverbial avant de devenir personnage de comédie. De la même manière, les farceurs Gros-Guillaume (que l'on ne confondra pas avec Me Guillaume), Tabarin ou Jodelet, furent-ils

8. Jean LORET, *La Muze historique, ou recueil de lettres en vers*, Paris, 1857-1891, t. I, p. 465.

d'abord acteurs, avant de léguer leurs noms à des caractères de théâtre. Transformation significative, car elle intervient au moment où la bouffonnerie domestique cède elle-même le pas à la bouffonnerie des tréteaux et où le fou de Cour disparaît pour faire place aux farceurs du Pont-Neuf.

Si l'innocent de Louis XIII s'appelait Doucet, le bouffon de Gaston d'Orléans répondait au nom de Sauvage. On croirait des sobriquets fabriqués tout exprès pour marquer le contraste entre les deux frères, l'un aux mœurs douces et chastes (surtout à l'égard des dames); l'autre, libertin, dépravé, expert en « vauriennerie ». Curieusement, la même antinomie s'observe chez leurs amuseurs respectifs. Doucet n'était qu'un esprit simple et inoffensif. Sauvage, au contraire, a laissé le souvenir d'un redoutable mystificateur, capable de prendre au piège les plus rusés compères. On raconte qu'un jour, voulant rejoindre son maître en Lorraine, mais n'ayant rien à se mettre aux pieds pour ce long voyage, il commanda une dizaine de paires de bottes à dix cordonniers différents, et se les fit livrer à différentes heures de la journée. A chacun, il se plaignit d'avoir une botte trop étroite, et leur fixa à tous la même heure pour la rapporter. Le lendemain, au moment indiqué, ils se retrouvèrent tous nez à nez, à la porte de leur client, pour constater en chœur que celui-ci s'était envolé.

Sauvage s'était fait une spécialité des fausses gazettes. Il y parodiait joyeusement la très sérieuse *Gazette* de Renaudot – dont les premiers numéros venaient tout juste de paraître – en diffusant des nouvelles de la plus haute fantaisie. L'une d'elles s'intitulait : *Lettre du marquis de Vistempenard au baron d'Anconaris*. On y donnait des *Nouvelles de l'Univers*, pour les mois de janvier et février 1632. La première nouvelle racontait la mort du Phénix à Nizardrodan, en Arabie. La *Gazette burlesque* devint très vite un genre à la mode qu'exploitèrent certains plumitifs facétieux, et notamment les auteurs de *Mazarinades*.

« On aimait bien mieux la gazette de Sauvage que l'autre », note Tallemant. Il ne se passait pas de jour sans que ledit Sauvage inventât quelque supercherie. Un jour, il fit répandre une feuille imprimée, illustrée d'un poisson, qu'il avait appelé la *carpe adriatique*, et dans le corps duquel il prétendait avoir découvert une incroyable quantité de mousquets, de hallebardes, de croix, etc. La nouvelle, rédigée sur le ton le plus sérieux, fit le tour des provinces de France.

Mais voici, sans contredit, son plus beau canular. Il fit d'ailleurs long feu et les annales parlementaires en conservent encore le cuisant souvenir. Le 13 janvier 1637, un arrêt du Parlement de Grenoble innocentait Magdeleine d'Automont d'Aiguemère de toute accusation d'adultère et déclarait légitime l'enfant qu'elle venait d'avoir. La mère confessait pourtant l'avoir conçu en dehors des caresses de son mari, absent depuis quatre ans. Cependant, précisait l'arrêt, « s'étant imaginé en songe la personne et l'attouchement dudit sieur d'Aiguemère, son mari, elle reçut les mêmes sentiments de conception et de grossesse qu'elle eût pu recevoir de sa présence [9] ». Autrement dit, la seule force de l'imagination avait suffi pour féconder la digne épouse. L'arrêt était rédigé dans le plus pur style du Parlement de Grenoble; on y donnait les noms des époux, des médecins et de la sage-femme, de telle sorte qu'il fût impossible de douter un instant de son authenticité. L'affaire fit grand bruit. Des controverses s'élevèrent entre médecins sur ce cas exceptionnel. Chacun donna son avis. Enfin, la vénérable Faculté de Montpellier, après mûre réflexion, proposa cette explica-

---

9. Cité par Pierre DARMON dans : *Le Mythe de la procréation à l'âge baroque*, Paris, Seuil, 1981, p. 107. Le texte original fut publié sous forme d'une plaquette de 8 pages intitulée *Arrest notable de la Cour du Parlement de Grenoble, donné au profit d'une Damoiselle, sur la naissance d'un sien fils, arrivée quatre ans après l'absence de son mary, et sans avoir eu cognoissance d'aucun homme, suivant le rapport fait en ladite cour par plusieurs médecins de Montpellier, sages-femmes, matrones et autres personnes de qualité*, Paris, 1637, in-12º.

tion « scientifique » du phénomène : « On suppose, décréta-t-elle, que la nuit du songe de la dame d'Aiguemère étoit une nuit d'été, que sa fenêtre étoit ouverte, son lit exposé au couchant, sa couverture en désordre, et que le Zéphir du sud-ouest, duement imprégné de molécules organiques d'insectes humains, d'embryons flottans, l'avoit fécondée [10]. » Vit-on jamais l'ignorance et la pédanterie emprunter fleurs plus rares au jardin de la rhétorique! Pourtant, quelques mois plus tard, le procureur général de Paris, flairant la mystification, invitait son collègue de Grenoble à réviser son jugement. Un arrêt du 13 juillet 1637 déclara celui du 13 janvier « faux, supposé, calomnieux et injurieux à l'honneur du Parlement ». Il fut ordonné que « la copie dudit arrêt serait remise entre les mains de l'exécuteur de la haute justice pour être par lui biffée, lacérée, jetée au feu et brûlée devant la grande porte de palais, dans la place publique de Saint-André [11] ».

L'auteur de ce fameux arrêt qui fit sombrer dans le ridicule l'auguste Parlement de Grenoble et la non moins auguste Faculté de Montpellier n'était autre, on l'aura deviné, que notre brave Sauvage. C'est Tallemant des Réaux qui nous le révèle [12].

Fût-ce pour ce seul exploit, le fol de Gaston d'Orléans aurait droit à notre éternelle reconnaissance. Il s'inscrivait ainsi dans cette longue lignée de mystificateurs de tous poils, monteurs de canulars, tous experts en dégonflage de baudruches, dont l'espèce paraît hélas en voie d'extinction. Raison de plus pour saluer, à travers lui, le génie de ces bienfaiteurs de l'humanité, passés, présents ou à venir.

---

10. Pierre DARMON, *op. cit.*, p. 108.
11. *Ibid.*, p. 112.
12. *Cf.* TALLEMANT *(Historiettes,* éd. cit., t. I, p. 61-62) dont le témoignage est confirmé par Guy Patin. *Cf.* également P. DARMON (*op. cit.*, p. 107-108 et 112) qui signale bien l'arrêt comme une mystification, mais ne donne pas le nom de son auteur.

L'Angely fut le dernier fou de la Cour de France. Ses origines demeurent mystérieuses. On l'a dit de famille noble et pauvre, mais rien ne nous le prouve. Auguste Jal avait découvert naguère des L'Angely sur les registres de Saint-Germain, Saint-Sulpice et Saint-Nicolas-des-Champs : deux Philippe et un Jean, dont le patronyme s'orthographiait indifféremment Langelli, Langelly, Langely ou Langeli, selon le caprice du prêtre chargé de rédiger l'acte de baptême. L'un de ceux-ci, qualifié de « tailleur d'habits suivant la Cour », eut deux fils, Guillaume et Pierre; Jean, le plus jeune, eut un fils nommé Jacques. Quant au troisième, il eut une fille Étiennette, qui fut tenue sur les fonts baptismaux par un certain « Estienne de Luppé, fils de M. de Luppé, escuyer de M. le prince de Conti ». Lequel de ces fils L'Angely allait devenir le fol de Louis XIV : Jacques ? Guillaume ? Pierre ? L'un des trois, selon toute vraisemblance. Mais peut-être aussi aucun des trois. Quoi qu'il en soit, le nom de L'Angely n'était pas si répandu pour qu'il n'y eût entre eux quelque lien de parenté : tous ceux que nous venons de citer devaient donc être plus ou moins cousins.

Au surplus, le fait qu'une fille L'Angely eut comme parrain l'écuyer du prince de Conti laisse supposer que des relations existaient entre la famille et l'hôtel de Condé. Relations de maître à serviteur sans doute, mais relations précieuses tout de même, car c'est probablement grâce à elles que notre futur porteur de marotte put s'introduire dans la maison du jeune duc d'Enghien en qualité de valet d'écurie. Telle fut en effet sa première fonction. Il ne la conserva pas longtemps, car Condé, trouvant que son valet ne manquait ni d'aplomb ni d'esprit, décida de l'emmener avec lui à l'armée en 1643, le traita bien, et en fit son plaisant personnel. Fort de cette haute protection, L'Angely prit de l'assurance et ne se priva plus de dire ce qu'il pensait à propos de tout et de n'importe quoi. On lui permettait bien des choses, à condition qu'il n'outrepassât point certaines licences de langage. S'il lui arrivait de s'oublier – ce qui se produisait paraît-il assez souvent –, Rochefort, le valet de chambre du prince, avait ordre de lui donner des coups de bâton.

Dans *Marion Delorme,* Victor Hugo a fait de L'Angely le fol en titre de Louis XIII (un fol bien taciturne, soit dit en passant), ce qu'il ne fut probablement jamais, puisqu'il servait encore Condé à la bataille de Rocroi, soit cinq jours après la mort de ce monarque. Quelques années plus tard, on le voit suivre son maître à travers ses folles équipées de la Fronde, puis dans les campagnes de Flandre. Ce n'est qu'après le retour en grâce de Condé, en 1660, qu'il passa au service de Louis XIV. On dit même que Condé l'aurait offert en présent à la Couronne de France, comme un objet rare et de grand prix. Il est vrai que le petit palefrenier avait développé à son contact l'art de la médisance spirituelle et de l'insolence narquoise, que le vainqueur de Rocroi cultivait avec un talent unanimement reconnu.

La rencontre du Soleil et de la Folie fut telle qu'on la pouvait imaginer. Le premier, tout rayonnant des feux de son jeune pouvoir, reconnut chez le second les scintillants éclats de la verve. Dès lors, il exigea qu'il ne le quittât plus d'un pas. L'Angely suivait le roi partout. Pendant la longue cérémonie du repas, il se tenait derrière son fauteuil, d'où il lançait de piquantes épigrammes sur l'un ou l'autre des convives. Les courtisans redoutaient ses traits, car il visait juste et faisait rire le prince. Lorsqu'il était là, mieux valait donc passer inaperçu, comme le faisait Ménage qui raconte dans ses Mémoires : « Étant un jour au dîner du roi, où était Angely, *à qui je ne voulus point parler, afin qu'il ne dît rien de moi,* Marigny dit à M.B. *** : De tous nous autres fous qui avons suivi Monsieur le Prince, il n'y a qu'Angely qui ait fait fortune [13]. » A vrai dire, cette fortune qui devint en effet assez considérable pour lui valoir la jalousie de bien des gentilshommes et l'amertume des poètes les mieux en

13. *Menagiana,* Paris, 1729, t. I, p. 18; t. II, p. 205; t. III, p. 53.

Cour, comme Boileau lui-même, il la devait moins à Condé qu'à Louis XIV. Bien qu'il ne fût jamais porté sur l'état de la maison du roi, celui-ci lui offrit, outre sa protection, des sommes importantes destinées à son entretien, ce qui fit écrire à un autre poète, quelque peu jaloux lui aussi des largesses royales :

> Angeli qui dans sa patrie,
> Étoit un gardeur de brebis
> En France est devenu marquis
> Et mène une pompeuse vie.
> Il fut fou tant qu'il fut Flamant
> Mais dès qu'il est François,
> Il est habile et sage.
> Ainsi, c'est à Louis qu'appartient l'avantage
> De faire revenir aux fous le jugement [14].

C'est sans doute par dérision que l'auteur de ces vers attribue à L'Angely le titre de marquis. De même, le comédien et auteur Raymond Poisson dédie sa pièce *Le Fou raisonnable* (1664) « à M. le Marquis d'Angely » et le frontispice représente les armes du marquisat surmontant un écu dans lequel on voit un ange portant des lys. L'épître dédicatoire de Poisson commence ainsi : « Si ce fou, Monseigneur, l'est assez pour vous plaire, il n'aura pas peu d'advantage de divertir celuy qui fait aujourd'huy le divertissement du plus grand monarque de la Terre. » La suite donne encore une meilleure idée de l'importance du personnage et des jalousies qu'elle lui suscitait de toutes parts. La flagornerie d'usage dans les épîtres de ce genre dissimule à peine une ironie qui, à bien lire, va presque jusqu'à l'insulte. Jugez-en plutôt : « Chacun reconnoist si bien que le rang que vous tenez à la Cour vous est mieux dû qu'à personne, qu'encore qu'il y ait peut-estre assez de gens qui vous portent envie, il n'y en a toutefois aucun qui osast aspirer à vostre place sans se faire tort : votre bonté naturelle force chacun à vous

14. *Délices de la poésie galante.* Première partie, 1665, p. 232.

aimer, et vous faites vostre cour aveque tant d'adresse et tant d'agrément, que les plus vieux courtisans sont contraints de vous admirer. »

On ne relève chez L'Angely aucune excentricité de costume ou de comportement : rien ne signale chez lui le bouffon. Si sa fonction consiste à relever l'ordinaire de la conversation du piment de la satire, il le fait avec mordant, avec esprit, avec causticité, mais jamais avec outrance. Quoi qu'il fasse ou qu'il dise, il se doit de respecter les règles de la bienséance. Nous ne sommes plus à l'époque où le fol pouvait, sous le couvert de son chaperon à grelots, s'autoriser les plaisanteries les plus basses et les plus vulgaires. Ce que l'on appelle le « Siècle de Louis XIV » s'est fait une religion de la *civilité.* Il l'exige partout : dans la langue comme dans les mœurs, à la ville comme à la Cour. Le sans-gêne d'un Guillaume ou d'une Mathurine paraîtrait déplacé dans un salon de Versailles ou dans la ruelle d'une précieuse. L'esprit gaulois fait horreur, et la charge rabelaisienne, encore prisée au début du siècle, semble monstrueuse aux contemporains de La Rochefoucauld et de Madeleine de Scudéry. L'Angely abandonne donc la farce aux farceurs : les gros mots, les lazzi, les coups de pied au cul, les baliverneries de haute graisse ne sont plus guère tolérés que sur les tréteaux de foire.

A mesure que l'on avance dans le siècle, on observe une sorte de dégénérescence du rire. Privé peu à peu de cet universalisme qui lui permettait, au Moyen Age et à la Renaissance, d'exprimer la vérité primordiale sur le monde et sur l'homme, il perd du même coup son pouvoir libérateur et régénérateur. Dans ce contexte, le territoire du fol se réduit aux dimensions du bon mot, de la boutade ingénieuse, de l'allusion ironique, de l'épigramme soigneusement mouchetée. Mais, surtout, le fol « classique » a définitivement perdu son caractère oppositionnel. S'il conserve encore sa faculté critique, il ne l'exerce plus qu'à l'encontre de travers individuels. Sa présence auprès du roi ne remet plus en cause l'ordre du monde; il n'est plus sa doublure dérisoire, sa vivante caricature, sa puissante image négative. Le monarque absolu peut désormais régner sans entrave : le Grand Perturbateur est bel et bien mort.

L'Angely incarne donc ce fol du Grand Siècle dont la satire, à défaut de signification universelle, ne vise qu'à railler les vices spécifiques de l'individu ou de la société. Nous en avons quelques témoignages, peu nombreux mais significatifs. Les voici :

Un jour, au dîner du roi, L'Angely dit au comte de Nogent, courtisan particulièrement avide de la faveur royale et que notre fol détestait cordialement : « Monsieur le comte, couvrons-nous l'un et l'autre; pour des gens comme nous, c'est sans conséquence. » Ménage, de qui nous tenons l'anecdote, assure que M. de Nogent en conçut un tel chagrin « que cela ne contribua pas peu à le faire mourir ». Une autre fois, toujours selon les *Menagiana,* L'Angely pérorait au milieu d'un cercle d'auditeurs lorsque Bautru, frère aîné de Nogent, vint à entrer. « Vous arrivez à propos pour me seconder, lui lança le fou en allant à lui, je me lassais d'être seul. » On lui prête encore cette réplique à quelqu'un qui lui demandait s'il irait au sermon du Père *** : « Je ne vais jamais au sermon : je n'aime pas le *brailler* et je n'entends point le *raisonner.* »

Louis XIV ayant réduit la noblesse à un état de subordination à peu près totale à l'égard du trône, les médisances de L'Angely prenaient de ce fait une résonance qu'elles n'auraient certainement pas eue en des temps plus anciens. Elles pouvaient entraîner les plus graves conséquences pour quiconque en était l'objet. Le mot de Ménage sur la mort du comte de Nogent paraîtra peut-être exagéré; il n'a pourtant rien d'invraisemblable : à la Cour du Roi-Soleil, il y a des mots qui tuent. On y supporte légèrement un affront personnel; on s'en relève même assez vite. Mais perdre la faveur du souverain, c'est mourir au monde, à ses pairs, à soi-même. On comprend dès lors que L'Angely ait inspiré une sorte de terreur. Et comme notre homme était le moins scrupuleux des aigrefins et qu'il se faisait payer son silence à prix d'or, son chantage lui rapporta au moins autant que les libéralités du prince. Ainsi s'explique cette fortune considérable qui lui attira la flatterie des uns, l'envie des autres, et le mépris de tous. On le craignait et on le haïssait. A la fin pourtant, une cabale de courtisans fut montée contre lui, qui réussit à le faire chasser.

Avec L'Angely, la folie en titre d'office disparaissait à tout jamais de la Cour de France.

Cela ne veut pas dire que l'usage d'entretenir des amuseurs ne se conserva encore quelque temps chez les grands seigneurs et les princes du sang. On connaît ainsi un certain Maranzac, écuyer d'écurie de feu le Grand Dauphin, fils de Louis XIV, qui exerçait en fait l'office de plaisant. Après la mort de son maître, en 1711, il passa au service de la duchesse de Bourbon-Condé, fille légitimée du roi, qui s'en amusait follement. C'était un comique involontaire, du genre stupide, qui accumulait les cuirs et déversait d'énormes bévues dès qu'il ouvrait la bouche. La duchesse collectionnait ses « perles » et les notait sur un cahier. Soucieuse d'en faire bénéficier ses amis, elle chargea l'abbé Grécourt, qui logeait chez elle en qualité de lecteur, d'en faire un recueil qu'elle imprima elle-même, avec l'aide de l'abbé, dans sa petite imprimerie privée du Palais de Bourbon. On en tira cinquante exemplaires destinés aux intimes, sous le titre de *Maranzakiniana* et sous cette adresse de fantaisie : « De l'imprimerie de Vourst, l'an 1730, et se vend chez Coroco, vis-à-vis les Cordeliers [15]. » Charles Nodier, grand amateur de curiosités bibliographiques, décrit le volume comme « un recueil de balourdises et de non-sens, qui sont, en général, plus hétéroclites que plaisants; leur sel

15. Les *Maranzakiniana* ont été réédités au siècle dernier par Philomneste Junior, Paris, Librairie des bibliophiles, 1875.

consiste le plus souvent dans un déplacement d'idées que produisent les rapprochements de mots les plus bizarres ». On en pourra juger par ces quelques exemples :

– « Maranzac se trouve mal étant à table et se lève; on lui en demande la raison : " Monseigneur, dit-il, je n'y puis plus tenir; j'ai un torticolis horrible dans le ventre ". » – « On lui donne du vin du Rhin, qu'il aime beaucoup; il l'approche de la lumière, le fait remarquer à tout le monde, et dit : " Voilà ce qui s'appelle du vin, il est, Mordieu! jaune comme de l'encre ". » – Il tire six coups de fusil à la chasse au sanglier, et les manque tous; outré de colère : " Morbleu! dit-il, je ne sais sur quelle étoile j'ai marché aujourd'hui ". »

Voilà ce qui faisait rire aux larmes une princesse du sang à l'époque de la Régence... Encore la dernière boutade ne manque-t-elle pas de poésie, mais la plupart des « bons mots » qui remplissent les cinquante-cinq pages du *Maranzakiniana* ne sont que de pitoyables niaiseries. Quant au personnage qui les inspira, on ne sait pratiquement rien de lui, sinon qu'il mourut octogénaire vers 1735.

La philosophie des Lumières liquida définitivement la folie domestique comme l'un des derniers vestiges de la civilisation féodale. Voltaire ne fait qu'exprimer là-dessus la pensée de son siècle lorsqu'il écrit : « Nous étions tous un peu barbares, tous tant que nous sommes, en-deçà des Alpes. Chaque prince avait son fou en titre d'office. Des rois ignorants, élevés par des ignorants, ne pouvaient connaître les plaisirs nobles de l'esprit : ils dégradèrent la nature humaine au point de payer des gens pour leur dire des sottises [16]. » Il revient ailleurs sur ce même sujet, en des termes qui rappellent ceux de Dreux du Radier cités plus haut : « Le besoin des amusements, l'impuissance de s'en procurer d'agréables et d'honnêtes dans les temps

16. Lettre à Horace Walpole du 15 juillet 1768, in *Œuvres* de VOLTAIRE, Paris, Garnier, 1878, t. XLVI, p. 80.

d'ignorance et de mauvais goût, avaient fait imaginer ce triste plaisir, qui dégrade l'esprit humain [17]. »

Lequel de ses contemporains n'eût souscrit à ce jugement? Cela dit, l'hôte de *Sans-Souci* oubliait peut-être un peu vite qu'il n'avait pas dédaigné de jouer lui-même ce rôle de fol domestique auprès de Frédéric II...

Si les fous en titre avaient bel et bien disparu des cours princières, il se trouva néanmoins des comédiens – et non des moindres – qui ne pensèrent pas déchoir en exerçant la même fonction qu'eux. L'auteur-acteur Boutet de Monvel (1745-1811) s'indignait que son camarade Dugazon, l'un des plus brillants sociétaires de la Comédie-Française, pût s'abaisser à cela, bien que son emploi fût celui de valet de comédie, dans lequel il déployait, dit-on, une inimitable drôlerie. Comme quoi l'on peut recueillir des lauriers lorsqu'on provoque les éclats de rire du parterre et scandaliser en faisant exactement la même chose devant le public restreint d'un salon de Versailles. Voici d'ailleurs ce qu'en dit Boutet de Monvel dans ses Mémoires inédits :

« J'ai vu à la Cour de France des fous en titre, quoique la mode en soit, dit-on, passée et que leurs noms ne fussent pas couchés sur l'état de la maison du roi. J'ai vu un comédien du Théâtre-Français faire ce bas personnage. Je l'ai vu se glorifier du titre de *Cocasse suivant la Cour. Cocasse,* parmi ces *messieurs,* équivaut à bouffon, mais comporte une acception plus ignoble; c'est l'idiome des Boulevards et des grands acteurs qui s'y distinguent; c'est un mot à l'usage des Talon, des Mayeur, etc. J'ai vu Dugazon se permettre devant la famille royale des facéties, des singeries de bateleur, des contes orduriers, des contrefaçons indécentes qu'auraient craint de hasarder Thévenin de Saint-Legier devant Charles V, Triboulet près de Louis XII et de François Ier, Brusquet aux yeux de Henri II, de François II et de Charles IX, maître Guillaume et Chicot pour distraire Henri IV, enfin tous les fous connus et en

17. *Anecdotes du règne de Louis XIV,* in *Œuvres* de VOLTAIRE, éd. cit., t. XIV, p. 439.

réputation dans les temps où l'on n'était pas encore, où l'on ne pouvait être bien délicat sur le choix de ses plaisirs. C'est au dix-huitième siècle que j'ai vu Dugazon et un certain Musson, peintre, employer, pour parvenir, cette indigne ressource. Et ce qui est plus étonnant : je les ai vus réussir [18]. »

Le plus piquant de l'histoire, c'est que ce même Dugazon, qui faisait si bien rire la famille royale, devint, après 1789, l'un des plus fervents zélateurs des idées révolutionnaires.

Sous la Terreur, on vit se dérouler dans plusieurs villes des mascarades anti-religieuses dont les débordements rappelaient ceux des grandes fêtes médiévales, comme la fête des Fous ou la fête de l'Ane. La folie révolutionnaire rejoignait la folie sacrée de transgression. A Lyon, par exemple, l'*Apothéose du martyr de la liberté Chalier* donna lieu à une farandole populaire au cours de laquelle on vit figurer un âne, mitre en tête et revêtu des ornements épiscopaux; à sa queue, l'on avait suspendu la Bible et l'Évangile. Une parodie de cérémonie religieuse eut lieu devant un autel sur lequel se dressait le buste du héros de la fête, Marie-Joseph Chalier, envoyé à la guillotine par les sections contre-révolutionnaires de Lyon et exécuté le 17 juillet 1793 dans des conditions particulièrement atroces (le bourreau, manquant d'expérience, laissa tomber trois fois le couperet sans parvenir à détacher la tête et dut achever la besogne à la hache).

Dans plusieurs communes, on voit resurgir l'ancien cérémonial de la fête des Fous : processions burlesques, évêques montés à l'envers sur des ânes, femmes donnant la bastonnade aux statues de saints, religieuses dansant la carmagnole, sans-culottes défilant joyeusement à travers les rues, revêtus de chapes et de chasubles dérobées dans les sacristies, etc., etc. Ces mises en scène parodiques ne

18. Je remercie Roselyne LAPLACE, qui prépare une thèse sur Boutet de Monvel, d'avoir bien voulu me communiquer cet extrait de ses *Mémoires* inédits.

jouent pas seulement sur les symboles de la religion, mais aussi sur les symboles du despotisme. Il s'agit, dans ce dernier cas, d'une version *laïque* ou *politique* du rituel de transgression. Ainsi voit-on, dans certaines fêtes révolutionnaires, des sans-culottes déguisés en aristocrates et portant les cordons rouges ou bleus de la noblesse; on reconstitue parfois, sur le mode burlesque, le jugement et l'exécution du roi : celui-ci est représenté tantôt par un pourceau, tantôt par un mannequin décoré des emblèmes de la monarchie; on lui fait subir le simulacre de la décapitation sur de vraies guillotines, et l'on promène ensuite l'effigie de Louis Capet sur un tombereau d'ordures, comme on promenait, au Moyen Age, l'évêque ou le pape des fous.

Tout se passe donc comme si la folie de dérision dont l'espace, aux cours des siècles, avait fini par se confondre avec le lieu du pouvoir, retrouvait tout d'un coup sa dimension collective. Avec la Révolution, la fête – c'est-à-dire aussi l'émeute, car peu de choses les séparent – redevient ce grand souffle libérateur par lequel se régénèrent périodiquement les peuples esclaves.

ÉPILOGUE

Le fol, aujourd'hui ?

Les fous à gages ayant disparu de nos sociétés, on peut légitimement se demander ce qui en tient lieu aujourd'hui auprès des princes qui nous gouvernent. Qui sont les modernes briseurs d'apparences, capables de leur tenir ce langage de vérité et de dérision qui fut, pendant des siècles, celui du porteur de marotte?

Nos structures de pouvoir tolèrent d'autant plus mal le comique de subversion qu'elles n'ont aucune prise sur lui. On peut lutter contre un adversaire qui observe la règle du jeu (les partis d'opposition dans les démocraties parlementaires, par exemple), non contre un bouffon qui se situe en dehors des règles, en dehors même de l'enjeu politique.

Le prince n'a donc plus de fou. Mais le fou n'a pas disparu pour autant. Simplement, il n'est plus au service d'un seul : il est le fou de la société tout entière – le fou du peuple.

Au XIXe siècle, c'est la presse satirique qui avait pris le relais du fol, quelquefois au prix des plus graves dangers. Mais plus encore que le discours satirique, c'est la caricature, la charge, ce que Balandier appelle la « bouffonnerie graphique », qui assumait l'ironie la plus violente. Elle avait déjà cours sous l'Ancien Régime et sous la Restauration. Mais c'est sous le Second Empire qu'elle va déployer toute sa puissance de négation. C'est alors qu'apparaissent des feuilles spécialisées dans l'illustration féroce. Certaines portent des noms qui les situent explicitement dans la descendance du fou de Cour : *Le Grelot, Triboulet*, ou encore *Polichinelle* ou *Le Charivari*, qui sont dans la même mouvance. « L'image satirique, écrit Balandier, introduit selon sa manière à la connaissance du grand jeu de l'ordre et du désordre, de la conformité et de la contestation. Comme le cérémonial bouffon, elle recourt au renversement des situations, à l'irrévérence et aux licences de toutes sortes. Elle pratique l'offensive en utilisant les forces du comique et du ridicule. Avec la même ambiguïté, car elle libère une critique que le rire désamorce [1]. »

Est-il besoin de dire que la presse satirique, telle qu'elle existait au XIXe siècle, a pratiquement cessé de vivre. Ce qui en subsiste aujourd'hui paraît bien terne et bien timide, comparé à l'incroyable virulence des pamphlétaires, du temps de *Badinguet*. Ne disons rien du *Canard enchaîné*, qui s'est laissé institutionnaliser au fil des ans et qui connaît, depuis le 10 mai 1981, un dramatique phénomène de reflux. Ne le croirait-on pas frappé d'une soudaine aphasie? Lui naguère si bavard, si curieux, si prompt à rapporter les potins les plus indiscrets – et les plus compromettants! – le voilà comme englué dans sa mare, ne sachant plus où poser la patte. C'est qu'il lui est arrivé la même aventure qu'à notre fou de Cour. A partir du moment où celui-ci devint l'allié objectif du pouvoir, il ne lui restait plus qu'à disparaître. Loin de nous de souhaiter le même sort au cher palmipède, victime de la victoire socialiste. Mais enfin, disons tout net que le goût de la dérision ne trouvant plus de quoi s'alimenter chez lui mieux vaut la chercher ailleurs. Chez *Le Fou parle*, par exemple, dont le titre aurait déjà de quoi nous plaire, et qui sait de surcroît ne jamais le démentir. Ce mensuel, au

---

1. Georges BALANDIER, *Le Pouvoir sur scènes*, Paris, Balland, 1980, p. 88.

statut si précaire que l'on se demande d'un mois sur l'autre s'il pourra survivre, est l'un des seuls à réussir le difficile alliage du vitriol et de la farce. Hier encore, on eût cité *Charlie-Hebdo*, s'il n'eût sombré, il y a peu, avec le fracas que l'on sait. *De Profundis*...

Si la scène demeure, depuis le XVIIe siècle, l'un des lieux privilégiés de la dérision, ce n'est ni dans la comédie de caractère ni dans le théâtre de mœurs qu'il faut la chercher mais chez les farceurs du Pont-Neuf, Tabarin, Gaultier-Garguille, Gros-Guillaume, et chez leur héritier direct : le clown.

Avec ses facéties stéréotypées, son costume rituel, son maquillage-tatouage, sa voix haut perchée et son comique de l'absurde, le clown se rejette de lui-même dans l'aire de l'exclusion : il habite une autre planète, dont la piste marque le contour. Au-delà du cercle magique, *tout* devient possible : les fausses certitudes se brisent et laissent libre cours à l'irrésistible torrent du rêve. Monde à l'envers! Univers sans pesanteur!... L'homme se met à voler dans l'espace; la panthère devient brebis, la boule du jongleur demeure suspendue dans les airs, l'ours marche sur un fil et l'éléphant se fait plus léger qu'un ballon d'enfant... tandis que le clown, roi de ce Carnaval sans commencement ni fin, tire un superbe pied-de-nez à notre logique, à nos valeurs, à nos systèmes. Clown-miroir; clown-caricature; clown-pierre-de-touche... Clown: « envers » de l'homme. Un jour, ne supportant plus de nous voir bafoués par ce gros nez vermillonné et par cette large bouche fendue jusqu'aux oreilles, toujours hilare, d'un coup de pied au cul nous l'avons envoyé valser dans les étoiles. Pauvre clown! Et, depuis lors, il ne cesse de hanter nos nostalgies.

Mais voilà belle lurette que le carré de toile blanche a détrôné la piste ronde. Les vrais grands fols du XXe siècle s'appellent Buster Keaton, Charlie Chaplin, Jacques Tati. Et, avec eux, recommence l'éternel combat du petit homme faible contre le géant. Que celui-ci se nomme totalitarisme, fascisme ou société industrielle, on sait que Goliath ne sort jamais tout à fait indemne de cette épreuve. Le pouvoir n'a pas d'humour. Sans quoi, il ne serait pas le pouvoir. En quelques pirouettes, le petit homme le plantera au milieu de l'arène, écumant de rage impuissante, comme un taureau fourbu sous la risée universelle.

Incapable de lutter à armes égales contre le spectacle de ses excès, qu'ils soient odieux ou simplement ridicules, le pouvoir s'est mué à son tour en représentation, aidé en cela par les médias audiovisuels qui ont accéléré le processus de théâtralisation de la vie politique. Nul n'ignore aujourd'hui qu'une campagne présidentielle est d'abord affaire d'agence publicitaire, et que la « promotion » d'un candidat, quel qu'il soit, diffère peu du lancement d'une marque de lessive. D'où les slogans au schématisme débile et le nécessaire apprentissage de l'instrument télévisuel par ledit candidat.

Heureusement, il arrive que le spectacle se venge de se voir ainsi colonisé – et de quelle pitoyable manière! – par le politique, et qu'il offre à l'ensemble des citoyens-électeurs une *vraie* leçon de comédie... et de politique. Cela s'est produit en 1981, avec la candidature de Coluche aux élections présidentielles.

Plus qu'une franche hostilité, cette candidature a suscité, au sein de la classe politique, un mélange de crispation hargneuse, de dignité outragée et de désarroi mal dissimulé (notre pseudo-candidat ne partait-il pas avec 12 % d'intentions de vote?). En transgressant le rituel par le biais de la parodie, Coluche a littéralement déconcerté les professionnels de la chose publique. En renvoyant aux autres candidats le reflet dérisoire de leur propre candidature, en offrant aux électeurs une image *renversée* de l'institution, il s'est amusé à fausser les règles, à brouiller les cartes, à détraquer les mécanismes; et, ce faisant, il a mis en péril le fondement même du jeu.

Consciemment ou non, Coluche a réussi, du début de

cette campagne au retrait de sa candidature, un parcours sans faute. Il a assumé le rôle de bouffon « casseur de jeu » avec une étonnante sûreté; entendez par là : sans tomber une seule fois dans les pièges du code. Il a traversé sans un faux pas le fil tendu très haut au-dessus de la mêlée fangeuse. Bravo, donc – et haro sur le funambule! Bravo et haro sur le clown, sur la langue du clown charriant le blasphème, l'injure, l'obscène, le scatologique, nous rappelant avec insistance à la matérialité du corps : parole répétitive, comme l'est toute incantation; parole fermée sur elle-même, sans prise sur l'extérieur; parole irréductible, déroutante...

Rappelez-vous les cris de duègnes effarouchées des détenteurs du « vrai » discours politique et de ses ayants droit « légitimes ». Quel tollé dans les permanences des partis, de la gauche à la droite!... Quelle débauche d'âneries sous les plumes ordinairement les mieux inspirées! Quelle sotte naïveté chez ceux-là mêmes qui proclamèrent leur intention de voter pour lui (comme si c'était cela, le sens de sa candidature!) et qui furent encore plus mystifiés que les autres! Oui, l' « affaire Coluche » ne fit pas seulement grincer des dents et couler des larmes sur le beau visage de Mme Garaud; elle a fait tomber des masques par milliers; elle a crié sur tous les toits que le roi était bel et bien nu. Rien que pour cela, elle n'aura pas été vaine. Que la démarche de Coluche ait été mieux comprise parmi les intellectuels (philosophes et sociologues, notamment) n'a rien qui doive surprendre, dans la mesure où l'intellectuel demeure peut-être le seul vrai bouffon perturbateur des temps modernes.

Juché sur sa barrique pour haranguer les O.S. de Renault-Billancourt, Jean-Paul Sartre joue le même rôle d'irrévérence et d'inconvenance que le fol brouilleur d'images. Le comique en moins, il est vrai. Mais la dérision, elle, est bien là, chez ce philosophe brisant sa tour d'ivoire pour se mêler à la lutte des ouvriers en grève. Sublime et grotesque pantalonnade, qui imprime la honte à la face du pouvoir : Sartre-Charlot déshonore le régime par lequel *ce* scandale arrive. Sartre-camelot vendant *La Cause du peuple* sur le boulevard Saint-Michel ne fait pas autre chose. Le préfet de police de l'époque, Maurice Grimaud, homme fin et avisé, ne le fait pas arrêter. A un journaliste qui s'en étonne, il répond : « Me croyez-vous assez bête pour envoyer Sartre au poste? » Effectivement!... Chose curieuse : il faudra attendre l'enterrement du philosophe pour que la foule, spontanément, lui restitue sa dimension bouffonne. Le cortège funèbre se mua en mascarade carnavalesque; on vit surgir de toutes parts des visages grimés, des masques grotesques, des nez de clown, des déguisements insensés. D'aucuns s'en scandalisèrent, jugeant ce spectacle indécent. C'était pourtant le plus *juste* des hommages au dérangeur superlatif qui venait de s'éteindre.

Bernard Haller, expert en bouffonnerie, fol génial lui-même, que je questionnais un jour sur le sujet de mon livre, me répondit par une série d'anecdotes du plus pur style folliant. Leur auteur? Salvador Dali, maître en dérision. Dali me renvoyait au surréalisme dont la place s'imposait ici (merci Haller) comme parfaite image de la subversion peinte aux couleurs de folie.

Car c'est en pleine conscience et connaissance de cause que Dada, puis la révolution surréaliste, élirent domicile sur le terrain vague de la déviance : lieu de goguenardise canularesque pour certains; pour d'autres, lieu de créativité et de renouvellement des formes. Jamais peut-être les manifestations extérieures de la folie – incongruité, inversion, gratuité – ne se placèrent aussi sciemment au service d'un dessein : provoquer, par tous les moyens, le chambardement des conformismes esthétiques. « Provocation! », glapit l'académisme outragé. Mais provocation revendiquée par le surréalisme lui-même. Non seulement comme méthode de démolition, mais comme postulat, à savoir que l'Art est un scandale. Dérision, création : même combat, qui emprunte les divers éléments de sa représentation à la face cachée des choses : folie, non-sens, onirisme, enfance, érotisme, inconscient... C'est parce qu'il se livre à une hyper-théâtralisation de sa paranoïa que Salvador Dali concentre sur sa personne tout le délire surréaliste, jusqu'à en devenir le vivant symbole (par opposition à Breton, figure patriarcale et biblique). Sous le masque du « bouffon de génie » dont chaque mot, chaque geste vise à souligner l'hypertrophie spectaculaire du moi, Dali fait sauter les verrous de la pensée logique pour lui substituer sa « méthode de connaissance irrationnelle » (Eluard).

Surréaliste par les liens qui l'unissent au groupe et par ses premiers écrits au *Minotaure*, Jacques Lacan développe comme Dali une auto-mythologie de la déviance, là encore *dramatisée*, qu'il met en scène avec un sens mégalomaniaque de l'ostentation, le vedettariat refusé se fécondant de son refus. Bouffon, il l'est sans contredit, et dans le plein sens du mot – malgré l'évacuation du rire. Sauf à le réintroduire comme ravage, mise à sac, catharsis.

La distance qui le sépare des normes du dire et du faire s'investit, s'agissant de lui, d'un indéniable ferment révélateur. Catherine Clément le compare à l'un de ces *shamans* de la Sibérie profonde, où vivent les tribus Yakoutes. Or, « le shaman est un amuseur public », dit-elle. D'autres parlent de Lacan comme du « Buster Keaton de la psychanalyse » : clown sérieux, au masque impénétrable, dont la tenue extérieure, aux singularités multiples, provoque la faille, suggère la *différence*, insiste sur l'exclusion par rapport au groupe. Voilà pour l' « amuseur public ». Reste le cérémonial dont Lacan entourait ses manifestations en public (cours, séminaires, congrès) et qui s'apparentent étroitement au rituel de transgression. Toutes les conditions de la prestation magistrale étant réunies, il s'agissait de les transcender par un excédent de sacré : la secrétaire escortant le maître comme le desservant du grand prêtre, la présence, aux premiers rangs, des vrais initiés, le silence plein de ferveur des fidèles, l'extase qui s'emparait d'eux, l'impassibilité hiératique de l'officiant... : tout évoquait à dessein le culte rendu à quelque invisible divinité. Mais il s'agissait aussi de jeter la dérision sur le maître lui-même, en tant que « sujet-supposé-savoir », celui-ci s'évertuant, par exemple, à ne jamais élever la voix au-dessus d'un faible chuchotement qui, malgré les micros disposés sur la table, franchissait difficilement les premiers rangs de l'auditoire. A cela s'ajoutait le saisissant contraste entre l'extrême lenteur du débit et les mots « avalés » (« j'vous l'dis... j'm'en moque », etc.)...

Mais nul doute que la transgression trouvât son lieu priviligié dans le discours lui-même. D'abord, parce que ce discours poussait l'insolence et la provocation à leurs limites extrêmes, Lacan prenant un évident plaisir à décontenancer ses ouailles par le traitement de choc de la séduction/déception, ou, plus exactement, de l'intégration/exclusion. Ce langage, dont les « profanes » ont surtout dénoncé l'ésotérisme, se caractérisait aussi (surtout?) par la dérision. Essentiellement fondé sur les « accidents » de la langue (lapsus, calembours, etc.), mêlant sans cesse le précieux à l'argotique, le lyrisme à l'ordurier, le néologisme à l'archaïsme, ce discours tout en ruptures et déflagrations constituait l'une des plus violentes remises en question du langage.

Ce perpétuel dévoiement de l'être et du dire tendait des pièges d'autant plus traîtres qu'il jouait sur l'imprévisible, sur l'insaisissable. Croyait-on fixer le sens qu'aussitôt il vous glissait entre les doigts comme une bille de mercure. A la fois ici et ailleurs. « Lacan s'avance masqué, écrit Catherine Clément, mais sous le masque, il n'y est même pas [2]. » Son délire paranoïaque rejoint la parole du fou – fou inspiré, fou prophète, fou poète, fou folliant – en ceci qu'il parle sans jamais rien *dire*, mais que sa parole, toute en fuites, glissades, violations de sens, énonce pourtant quelque chose de vrai : le *vrai* du fol.

---

2. Catherine CLÉMENT, *Vies et légendes de Jacques Lacan*, Paris, Grasset, coll. « Figures », 1981, p. 63.

– Sartre et Lacan sont morts. Dali ne se porte pas très bien. Les chansonniers radotent. Reste Jean-Edern Hallier.

– Mince consolation!

– Vous êtes sévère.

– Je suis exigeant.

– Ce fou Hallier si altier me semble pourtant un vrai fol. Un fol dans la grande tradition!... Entendez-le, de loin, qui agite ses grelots accrochés sur tout le corps, du sommet de son coqueluchon à la pointe de ses poulaines, et qui danse, qui trépigne, qui cabriole sans arrêt. Quel assourdissant fracas! Quel tintamarresque bateleur que ce Papageno gonflant son plumage, bondissant d'une idée à l'autre, soufflant par dizaines d'énormes bulles, qui crèvent aussitôt dans les airs. Et quel sacré bonimenteur, avec cela! Et racoleur! Et charlatan comme pas un vendeur d'orviétan! Et remuant... Toujours là où vous ne l'attendez pas, comme le furet de la chanson : « Il est passé par ici; il repassera par là... », babillant, coruscant, caracolant sur son petit cheval de bois, torse en avant et marotte au poing! Ne voilà-t-il pas, dites-moi, un digne descendant des Triboulet, des Caillette, des Brusquet, des Chicot, des...

– Arrêtez, de grâce! Il me donne le vertige.

20 avril 1982.

Bibliographie

ARNAUD D'AGNEL, *Les Comptes du roi René*, Paris, Alph. Picard, 1908-1910, 3 vol.

BAKHTINE (Mikhaïl), *L'Œuvre de François Rabelais et la culture populaire au Moyen Age et sous la Renaissance*, Paris, Gallimard, « Bibliothèque des idées », 1978.

BALANDIER (Georges), *Le Pouvoir sur scènes*, Paris, Balland, 1980.

BERCÉ (Yves-Marie), *Fête et Révolte : des mentalités populaires du XVIe au XVIIIe siècle*, Paris, Hachette, 1976.

BOURGY (Victor), *Le Bouffon sur la scène anglaise au XVIe siècle*, Université de Lille III, 1969.

CABANÈS (Dr Augustin), *Mœurs intimes du passé*, 3e série.

CAILLOIS (Roger), *L'Homme et le sacré*, Paris, Gallimard, coll. « Idées », 1976.

CANEL (A.), *Recherches historiques sur les fous des rois de France et accessoirement sur l'emploi du fou en général*, Paris, Lemerre, 1873.

CATALOGNE (M.), « La gentille folle de la vieille cour », dans : *Revue régionaliste des Pyrénées*, 1954, n° 121-122.

CEVOULE-ANGLÈS (Félix), « Jehan-Antoine Lombard, dit Brusquet, fou du roi, 1520-1565 », dans : *Bulletin de la Société d'études scientifiques et archéologiques de Draguignan*, 1962, t. VII.

CIMBER (L.) et DANJOU (F.), *Archives curieuses de l'histoire de France, depuis Louis XI jusqu'à Louis XVIII*, Paris, Beauvais, 1834-1841, 27 vol.

COX (Harvey), *La Fête des fous. Essai théologique sur les notions de fête et de fantaisie* (trad. Luce Giard), Paris, Seuil, 1971.

DOBIACHE-ROJDESTVENSKY (Olga), *Les Poésies des Goliards*,

groupées et traduites avec le texte latin en regard, Paris, Rieder, 1931.

DORAN (John), *The History of Court Fools*, London, 1858.

DREUX DU RADIER (Jean-François), *Récréations historiques, critiques, morales et d'érudition, avec l'histoire des fous en titre d'office*, Paris, 1767, 2 vol.

DU TILLIOT, *Mémoires pour servir à l'histoire de la fête des Foux qui se faisoit autrefois dans plusieurs églises*, Lausanne et Genève, 1741.

DUVIGNAUD (Jean), *L'Acteur. Esquisse d'une sociologie du comédien*, Paris, Gallimard, 1965.

ÉRASME, *Éloge de la folie*, trad. Pierre de Nolhac, Paris, Garnier-Flammarion, 1964.

FLOEGEL (Chr.-Fred.), *Geschichte der Hofnarren*, Leipzig, 1789.

Folie et déraison à la Renaissance. Colloque international tenu en novembre 1973, Éd. de l'Université libre de Bruxelles, 1976.

FOUCAULT (Michel), *Histoire de la folie à l'âge classique*, Paris, Gallimard, coll. « Tel », 1976.

GAZEAU (A.), *Les Bouffons*, Paris, Hachette, « Bibliothèque des merveilles », 1882.

HÉCART, *Stultitiana ou petite biographie des fous de la ville de Valenciennes*, 1823.

HEERS (Jacques), *Fêtes, jeux et joutes dans les sociétés d'Occident à la fin du Moyen Age*, Paris-Montréal, 1971.

JAL (A.), *Dictionnaire critique de biographie et d'histoire*, 2e éd., Paris, 1872.

JOUBERT, « Fous, folles et artistes de la cour du roi René », dans : *Revue de Bretagne et d'Anjou*, t. IV.

KLEIN (Robert), « Le thème du fou et l'ironie humaniste », dans : *La Forme et l'intelligible*, Paris, Gallimard, « Bibliothèque des sciences humaines », 1970.

LACROIX (Paul), *Les Deux Fous : Histoire du temps de François Ier (1524), précédée d'un essai historique sur les fous des rois de France*, Paris, 1837, 2 vol.

LALANNE (Dr), « La Fête des fous », dans : *Revue lorraine d'anthropologie*, 1930-1931, t. III.

LEBER (Charles), *Monnaies inconnues des évêques des innocents, des fous..., recueillies et décrites par M.M.J.R. [Rigollot] d'Amiens; avec des notes et une introduction sur les espèces de plomb, le personnage du fou et les rébus dans le Moyen Age*, Paris, 1837.

LECOY DE LA MARCHE (A.), *Le Roi René, sa vie, son administration, ses travaux artistiques et littéraires*, Paris, Firmin-Didot, 1875, 2 vol.

LEFÈBVRE (Joël), *Les Fols et la folie. Étude sur les genres du comique et la création littéraire en Allemagne pendant la Renaissance*, Paris, Klincksieck, 1968.

LELIÈVRE (J.), « Brusquet, le fou du roi », dans : *Bulletin de la société des amis d'Anet*, 1962, nº 15.

L'ESTOILE (Pierre de), *Mémoires-Journaux*, Paris, Lemerre, 1875-1896, 12 vol.

LEVER (Maurice), « Les bouffons et le roi », dans : *L'Histoire*, février 1981, nº 31.

LEVER (Maurice), « Le mythe du fol » dans : *Magazine littéraire*, juillet-août 1981.

L'HÔTE (Jean-Marie), *Le Tarot. Discours en forme de catalogue à propos d'une exposition sur les tarots, réalisée par la Maison de la culture d'Amiens*, La Bibliothèque volante (J.-J. Pauvert éd.), nº 1, avril 1971.

L'HÔTE (Jean-Marie), *Le Symbolisme des jeux*, Paris, Berg-Belibaste, 1976.

L'HÔTE (Jean-Marie), *Les Tarots*, Paris, Atlas, 1978.

MATHOREZ (J.), « Notes sur maître Guillaume, fou de Henri IV et de Louis XIII. Contribution à l'histoire de la presse française », dans : *Revue des livres anciens*, 1913, t. I.

MATHOREZ (J.), « Histoire de Chicot, bouffon de Henri III », dans : *Bulletin du bibliophile*, 1914.

MONGREDIEN (Georges), « Maître Guillaume, bouffon de Henri IV », dans : *Mercure de France*, 15 août 1939.

MOREAU (Pierre), *Fous et bouffons. Étude physiologique, psychologique et historique*, Paris, 1885.

MURRAY (H.J.R.), *A History of Chess*, Oxford, Clarendon Press, 1913.

PIPONNIER (Françoise), *Costume et vie sociale : la cour d'Anjou, XIV-XVe siècle*, Paris, La Haye, Mouton, 1970.

PROST (Bernard), *Inventaires mobiliers et extraits des comptes des ducs de Bourgogne de la maison de Valois (1363-1477)*, Paris, E. Leroux, 1902-1903, 2 vol.

RAIMBAULT (M.), *Jean-Antoine Lombard, dit Brusquet, viguier d'Antibes en 1548*, Paris, 1905.

REIFFENBERG (baron de), « Histoire des fous en titre d'office », dans *Le Lundi ; nouveaux récits de Marsilius Brunck*, Bruxelles, L. Hauman, 1835.

SWAIN (Barbara), *Fools and Folly during the Middle Age and the Renaissance*, New York, 1932.

SCHWAMMBERGER (Adolf), « Von Hofnarren in und aus Franken », dans : *Jahrbuch für frankische Landerforschung*, 1974-1975, n° 34/35.

TIETZE-CONRAT, *Dwarfs and Gesters in Art* (translated from the german by Elysabeth Osborn), New York, Phaidon publishers inc., 1957.

TREVEDY (J.), « Fous, folles et astrologues à la cour de Bretagne », dans : *Bulletin de la société archéologique du Finistère*, Quimper-Rennes, 1891.

TRISTAN (Frédérick) et LEVER (Maurice), *Le Monde à l'envers*, Paris, Atelier Hachette-Massin, 1980.

L'Umanesimo e la « Follia », recueil collectif (E. Castelli, M. Bonicatti, P. Mesnard, R. Giorgi, I.L. Zupnick, E. Grassi, A. Chastel, F. Secret, R. Klein), Rome, Abete, 1971.

WELSFORD (Enid), *The Fool, his Social and Literary History*, London, 1935.

WIRTH (Oswald), *Le Tarot des imagiers du Moyen Age*, Paris, Nourry, 1927.

ZIJDERVELD (A.-C.), « De Hofnar als instituut », dans : *Spiegel Historiael*, II, 1976.

Mieux que des rééditions,

Pluriel

propose de nouvelles
éditions de titres « classiques »
ou récents dans une
présentation éditoriale
de qualité – préfaces, notes,
revues de presse, etc. –
qui en facilite l'accès
et en renouvelle l'intérêt.
Des inédits font le point
sur les grandes questions d'actualité.

Histoire

Jean-Pierre Azéma et Michel Winock

La Troisième République

Comment est-elle née? Quels furent les secrets de sa longévité? Où en est aujourd'hui le procès de sa chute? Une synthèse d'une concision et d'un brio exemplaires.

Edition revue et augmentée d'une chronologie détaillée et d'une revue de presse. 8330

Pierre Chaunu

La France

De quoi est donc faite la sensibilité des Français à la France?

Pourquoi la carte, sur le mur de la classe, fait-elle jaillir une image gratifiante de la réalité française associée aux idées d'unité, de mesure, d'équilibre? Mais pourquoi, simultanément, dans toutes les mémoires et à tout propos, l'obsession de l'affrontement, de la « rupture », la hantise de la guerre civile? Pourquoi est-ce dans cette nation très ancienne, mais foncièrement hétérogène, éclatée en une multitude de cultures locales et de particularismes, qu'est née la Déclaration universelle des Droits de l'Homme? Mais en vérité : qu'est-ce que la France?

Pierre Chaunu répond, et ce grand livre d'histoire est aussi une méditation passionnée sur notre destin. 8398

Jean-Claude Chesnais

Histoire de la violence

Contrairement à ce que prétend la rumeur ambiante, amplifiée par les médias et la classe politique, nos sociétés ne sont pas menacées par une irrésistible ascension de la violence. L'idée d'une poussée continue de la grande criminalité est fausse : seules la petite et la moyenne délinquance ont augmenté. Mais plus un mal diminue, plus insupportable paraît ce qui en reste. D'où le sentiment d'insécurité qui semble croître aujourd'hui dans nos sociétés et qui témoigne, paradoxalement, de cette progressive civilisation des mœurs, partie, du temps de la Renaissance, des foyers de modernisation de l'Europe du nord-ouest, pour se diffuser lentement à travers tout l'Occident et atteindre toutes les sphères de la vie quotidienne. 8386

Louis Chevalier

Classes laborieuses et classes dangereuses

Le Paris de Balzac, de Victor Hugo et d'Eugène Sue est un Paris pathologique, qui souffre du déséquilibre des sexes, qui pullule d'enfants trouvés et de naissances illégitimes, que terrorise la peur des maladies vénériennes. Le crime y pousse en terrain privilégié comme la fleur empoisonnée d'une civilisation.

Un « classique » capital de l'histoire des mœurs et des mentalités.

8334

Jean Delumeau

La Peur en Occident

Non seulement les individus, mais les collectivités et même les civilisations, sont engagés dans un dialogue permanent avec la peur. Pourtant les historiens n'ont guère jusqu'à présent étudié le passé sous cet angle. Un vide restait à combler que ce livre s'efforce de remplir en nous faisant découvrir une civilisation – la nôtre – dans son intimité et ses cauchemars.

8350

Georges Duby

Le Chevalier, la femme et le prêtre

Pas d'année, presque de mois, voire de semaine où la « crise du mariage » n'agite les « médias », où l'on n'annonce l'imminente dissolution de la famille. Mais que sait-on des origines et de l'histoire de cette institution matrimoniale à la fois si menacée et si endurante? C'est entre l'an mil et le début du XIIIe siècle, nous montre Georges Duby, qu'elle s'est mise en place, imposée par les dirigeants de l'Église qui rêvaient d'enfermer le peuple laïque dans la cellule conjugale, cadre consacré, contrôlé par le clergé.

Une synthèse magistrale qui a d'ores et déjà pris rang de « classique ».

8376

Norbert Elias

La Civilisation des mœurs

Quoi de plus naturel que nos façons de vivre, que l'on considère la table, l'hygiène ou le lit? Quoi de plus naturel... ou de plus culturel? Les contacts que nous avons avec d'autres civilisations nous montrent, en effet, que notre comportement quotidien constitue un trait culturel parmi d'autres.

Nouvelle édition augmentée d'une revue de presse détaillée qui recense les commentaires nombreux que ce livre souvent surprenant a suscités.

8312

Deux siècles de révolution industrielle

Un dossier de *L'Expansion*

Il y a deux siècles, partie d'Angleterre, la révolution industrielle déclenchait la croissance économique et sociale d'où est né le monde moderne.

Ces deux siècles d'innovations et de bouleversements ininterrompus, le magazine *L'Expansion* les a retracés pour ses lecteurs dans un numéro spécial qui a connu un très grand retentissement en raison de son originalité et de sa qualité. Grâce à sa publication dans *Pluriel,* ce « dossier » impressionnant, qui était devenu introuvable, est désormais, durablement, à la disposition du public. 8413

Jean Fourastié

Les Trente Glorieuses

Les Trente Glorieuses ce sont les trente années – de 1945 à 1975 – pendant lesquelles le peuple français a été affranchi des grandes contraintes de la rareté millénaire, a triplé son niveau de vie et profondément transformé son genre de vie.

Un livre capital, qui aide à comprendre les désillusions, les inquiétudes et les troubles qui sont aujourd'hui les nôtres. 8363

Pierre Goubert

Louis XIV et vingt millions de Français

Confrontant le monarque à son royaume et à son temps, Pierre Goubert présente une autopsie de la France du XVIIe siècle. Une grande préface inédite de l'auteur fait le point des recherches en cours sur le XVIIe siècle. Une revue de presse détaillée recense les réactions souvent passionnées que ce livre a suscitées. 8306

Robert Graves

Les mythes grecs (I et II)

Apollon, Dédale, Tantale, Hermès, Hercule, Dionysos, Œdipe, Antigone... autant de noms qui font partie du langage courant mais dont on semble ignorer de plus en plus l'origine et la signification. Or, l'essentiel de la littérature et de l'art occidental n'est intelligible qu'à la lumière de la mythologie grecque. D'où l'importance de ce livre où Robert Graves nous présente près de deux cents mythes qui vont de la création de l'Olympe et la vie de ses dieux jusqu'aux aventures de l'*Illiade* et de l'*Odyssée.*

Un livre aussi précieux à l'érudit qu'à tout lecteur soucieux de comprendre et de vivre notre culture, où chaque légende est expliquée et interprétée à la lumière des connaissances archéologiques et anthropologiques actuelles. 8399/8400

Jacques Julliard

La Quatrième République

Pourquoi ce régime qui a suscité tant d'espoirs à sa naissance s'est-il effacé onze ans plus tard dans l'indifférence? Pourquoi a-t-il duré si peu? Le bilan est-il si négatif qu'on a coutume de le dire? Une synthèse brillante et vigoureuse.

Édition revue. 8362

Yvonne Knibiehler et Catherine Fouquet

Histoire des mères

Les mères ont une histoire, même si jusqu'à présent les historiens ne se sont guère occupés d'elles. A de rares exceptions près – Blanche de Castille ou Marie de Médicis –, les mères appartenaient à la vie quotidienne, à l'intimité familiale : elles n'étaient pas dans l'histoire. Mais, de nos jours, la vie privée tombe par grands pans dans le domaine de l'historien, la condition maternelle également. D'où l'importance et l'intérêt de ce livre, au moment où l'institution familiale connaît une crise décisive d'adaptation et où les mères entrent dans un nouvel âge de leur histoire. 8388

Annie Kriegel

Réflexion sur les questions juives *Inédit*

Non pas *la* question juive – comme on disait jadis la question sociale – abstraite, quasi métaphysique; mais les questions que pose la présence juive dans l'histoire : la vie communautaire, le sionisme, Israël, et leurs corollaires : l'antisémitisme, l'antisionisme, le terrorisme, la guerre et la paix au Proche-Orient.

A la fois témoin, historienne et journaliste, Annie Kriegel nous livre ici le fruit d'une réflexion dont l'actualité baigne dans l'eau vive d'une histoire immémoriale. 8423

Jacques Lacarrière

En cheminant avec Hérodote

Voyageur infatigable, Jacques Lacarrière a choisi cette fois de mettre ses pas dans ceux d'un voyageur célèbre du Ve siècle avant J.-C., l'historien et géographe Hérodote, dont il présente ici les fameuses « enquêtes » en Perse et dans les pays du Proche-Orient. Grâce au génie du conteur, le mot « barbare » revit sous nos yeux. Hérodote nous tient littéralement sous le charme. Et l'émotion nous gagne peu à peu, lorsque apparaissent en filigrane « le mouvement du visage, la silhouette de la tendresse » de ceux qui demeurent pour nous l'enfance de l'humanité. 8379

Hervé Le Bras et Emmanuel Todd

L'Invention de la France *Inédit*

La France n'est pas une nation comme les autres; elle n'est pas un peuple mais cent, qui ont décidé de vivre ensemble. Or, du nord au sud, de l'est à l'ouest de l'hexagone, les mœurs varient aujourd'hui comme en 1750. Chacun des pays de France a sa façon de naître, de vivre et de mourir.

L'invention de la France est un atıas quı cartographie cette diversité en révélant le sens caché de l'histoire nationale : hétérogène, la France avait besoin pour exister de l'idée d'homme universel, qui nie les enracinements et les cloisonnements ethniques. Produit d'une cohabitation réussie, la Déclaration universelle des droits de l'homme jaillit d'une conscience aiguë mais refoulée de la différence. 8365

Régime Pernoud

Lumière du Moyen Age

Le Moyen Age, ère de ténèbres : telle est l'image que l'on garde généralement de ses études. Longtemps les bâtisseurs de cathédrales ont été présentés comme des barbares et les auditeurs de saint Thomas d'Aquin comme des naïfs.

C'est contre ces jugements préfabriqués que se dresse Régine Pernoud. Elle révèle le Moyen Age dans sa « lumière » et nous invite à la découverte fabuleuse d'un temps encore mal connu où se mêlent le profane et le sacré, où se développent le commerce, les sciences et les arts : les XIIe et XIIIe siècles sont sans doute les vrais « Grands Siècles » de notre histoire. 8394

Béatrice Philippe

Être juif dans la société française

Comment depuis quinze siècles, au gré des événements, les juifs, tolérés, exclus, persécutés, intégrés, ont vécu en France et comment les autres Français les ont perçus.

Historienne, membre de la Commission française des archives juives, Béatrice Philippe jette un éclairage nouveau sur l'évolution des esprits et des mœurs. 8372

Léon Poliakov

Histoire de l'antisémitisme (I et II)

De l'Antiquité à l'Europe contemporaine, les métamorphoses de l'aberration la plus tenace et la plus sanglante de l'histoire de l'Occident. a partir d'une documentation impressionnante, Léon Poliakov a édifié une somme qui est, en même temps, un appel à la vigilance. 8370/8371

Hermann Rauschning

Hitler m'a dit

Publié en 1939 comme un cri d'alarme, ce livre est un document d'histoire d'un intérêt capital. C'est un Hitler en liberté qui se livre ici : à la fois politicien retors et visionnaire titubant, messianique et sentimental, fasciné par l'abîme qui le délivrera de son fardeau d'anxiété.

Nouvelle édition, complétée et présentée par Raoul Girardet. 8341

Jean-François Revel

Un festin en paroles

Autant que la sexualité, la nourriture est inséparable de l'imagination. C'est la raison pour laquelle, reprenant une expression d'Athénée, le présent livre s'intitule : *Un festin en paroles.*

Tout autant et plus que les livres de cuisine proprement dits, ce sont donc les textes littéraires en général qui ont servi de trame à ce livre. D'Aristophane à Zola, de Juvénal à Gogol en passant par Fielding ou Goldoni, la poésie, le roman ou le théâtre nous livrent pour chaque société un reflet de la sensibilité gastronomique courante, d'autant plus crédible qu'il est le plus souvent involontaire et marginal. Cela dit, ce livre ne prétend pas être exhaustif. Le composer des années durant, au fil des vacances, fut la récréation de Jean-François Revel, et le lecteur devrait y trouver la sienne. 8378

Actuelles

Après la détente *Inédit*

Un dossier de *Politique internationale* présenté par Hélène Carrère d'Encausse et François de Rose.

La « détente » a-t-elle jamais existé? Dans l'affirmative qu'en reste-t-il? Et s'il n'en reste rien, par quoi la remplacer?

C'est à ces trois interrogations essentielles que tente de répondre ce dossier présenté par la revue *Politique Internationale* et réunissant analyses et réflexions des meilleurs experts occidentaux des relations Est-Ouest. A l'heure de l'Afghanistan et de la Pologne. *Après la détente* ne cherche pas à rassurer, mais à faire réfléchir et à mettre en garde. 8382

La Nouvelle Asie *Inédit*

Un dossier de la revue *Politique Internationale* présenté par Patrick Wajsman et François Joyaux.

La « Nouvelle Asie », c'est la Chine, le pays le plus peuplé de l'univers, mais aussi Taïwan, dont les 18 millions d'habitants exportent autant que le milliard de Chinois communistes. C'est le Japon, seconde puissance industrielle du monde libre ; la Corée et l'Indochine déchirées par les deux plus grands conflits de l'après-guerre. C'est enfin le Pacifique, l'un des plus colossaux enjeux stratégiques du monde actuel. Comment cet ensemble mouvementé n'aurait-il pas une influence déterminante sur la vie internationale, et sur le destin de l'Occident ?

Ce volume comporte notamment des contributions de Jacques Guillermaz, Henri Kissinger, Norodom Sihanouk et Alexandre Soljenitsyne.

8416

Raymond Aron

Plaidoyer pour l'Europe décadente

L'Europe que l'on appelle décadente, c'est l'Europe de l'Ouest, plus riche, plus féconde, plus civilisée en un mot que l'autre. C'est aux frontières de cette autre Europe que patrouillent les chiens policiers, que s'allument, la nuit, des miradors. L'avenir appartiendrait-il au despotisme et l'Europe de l'Ouest serait-elle vouée à la décadence, parce qu'elle s'obstine à croire à la démocratie et au libéralisme? 8320

Raymond Barre

Réflexions pour demain *Inédit*

La politique mise en œuvre en 1981 a profondément modifié le paysage économique, social, mais également intellectuel, de la France. Raymond Barre analyse la signification et la portée de ces changements, les contradictions qu'ils révèlent, leurs incidences sur les capacités de la société française à relever les défis du monde contemporain. Il s'interroge sur la valeur de certains remèdes proposés pour guérir les maux suscités par un socialisme qui n'en finit pas de se chercher. Il indique les voies d'un redressement possible.

Faisant justice de bon nombre d'idées reçues, ces « réflexions pour demain » offrent un diagnostic sans complaisance de la situation de la France d'aujourd'hui. C'est en même temps un message d'espoir et de confiance en l'avenir. Tandis que s'achève l'ère des illusions et des malentendus, d'ores et déjà s'esquissent et s'affirment les forces du renouveau. 8432

Albert Camus et Arthur Koestler

Réflexions sur la peine capitale

Comme le problème de l'abolition de la peine de mort se pose régulièrement devant la conscience du « monde civilisé », ce « classique » demeure on ne peut plus d'actualité.

Édition augmentée d'une étude de Jean Bloch-Michel sur la peine de mort en France et à l'étranger, et d'une revue de presse détaillée. 8345

Yves Cannac

Le Juste Pouvoir

Une réponse neuve, décapante, parfois cruelle mais toujours constructive à cette question fondamentale : que doivent être dans une démocratie le rôle, les moyens et les responsabilités du Pouvoir ?

Au modèle *hégémonique* de la démocratie, prédominant en France, selon lequel le pouvoir est tout, Yves Cannac oppose la conception d'une *démocratie civile,* faisant place à des logiques non politiques, admettant que la société a aussi ses droits. Le pouvoir ne peut être juste que s'il est mesuré juste – s'il est le *juste Pouvoir.*

Édition revue et augmentée. 8412

Pierre Chaunu, Gérard-François Dumond,
Jean Legrand, Alfred Sauvy

La France ridée *Inédit*

La France ridée, c'est la France atteinte par le vieillissement, menacée par le refus de la vie, et qui ne le sait pas encore ou refuse d'en prendre pleinement conscience. Fruit d'une réflexion collective rigoureuse, menée à partir de données incontestables, cet essai montre aussi quels moyens peuvent permettre d'échapper à la logique du déclin.

Des annexes très riches et détaillées permettent de faire le point sur la situation démographique de la France et de l'Europe. 8335

Michel Crozier

On ne change pas la société par décret

« N'y-a-qu'à » : plus que jamais le maître mot de la politique française. Le Bien existe, puisque les électeurs l'ont rêvé; et c'est au souverain – président, parlement – auquel le peuple a délégué son mandat, de le réaliser sur terre, en appliquant un bon « projet de société », et en décidant de miraculeuses « réformes de structures » (nationalisations, décentralisations, autogestions, etc.). Comme s'il suffisait que le dieu vengeur de la lutte des classes chasse les marchands du Temple pour que les citoyens apaisés puissent construire la société idéale.

Édition revue et augmentée. 8374

Le Mal américain

Depuis l'assassinat de John F. Kennedy, les États-Unis sont en crise. Il y avait une faille dans le modèle américain : le pays de la liberté et de la poursuite du bonheur ne voulait pas reconnaître l'existence du Mal. « Le mal américain » n'est, au fond, rien d'autre que la réapparition de ce Mal que l'Amérique avait voulu oublier.

Avec Ronald Reagan, elle a retrouvé le calme et reprend confiance. « Le mal américain » ne sera pas facilement guéri. Mais on sait que, désormais, quelque chose, de nouveau, bouge en Amérique.

Édition revue et augmentée. 8406

Jean Delumeau

Le christianisme va-t-il mourir?

Et si Dieu, autrefois moins vivant qu'on ne l'a cru, était aujourd'hui moins mort qu'on le dit?

Édition revue révisée et augmentée d'une revue de presse reprenant les éléments essentiels du débat passionné que ce livre a suscité. 8331

Michel Drancourt

La Fin du travail *Inédit*

Dans tous les pays développés, le travail se transforme, le temps de travail se réduit. A quoi consacrer la vie en-dehors du travail ? Aux livres ? A la formation ? A sa famille ? A soi-même ? A l'État ? Et si les citoyens s'occupaient enfin de leurs affaires ?

Parti de l'analyse des révolutions et des défis du travail, cet essai incisif invite à une nouvelle organisation du temps et à de nouvelles formes de participation politique. 8403

Les Sept Crises : 1973-1983 *Inédit*

Une enquête de *L'Expansion.*

1973-1983, dix ans de crises. Mais quelles crises ? *L'Expansion* en a isolé sept, et chacune a un symbole : l'Opep, l'endettement, l'informatique, le Japon, le chômage, la baisse du niveau de vie, les nouvelles mentalités. Sept crises qui s'enchevêtrent en un formidable processus de réajustement sur lequel pèse la double menace d'un krach financier ou d'une guerre. Voici une enquête impressionnante devenue un ouvrage de référence. 8430

Jean Fourastié et Béatrice Bazil

Le Jardin du voisin, *Les inégalités en France* *Inédit*

La France présente-t-elle réellement le spectacle d'inégalités excessives et choquantes? Plus choquantes, par exemple, que celles des pays voisins? Est-elle plus ou moins inégalitaire qu'au cours des siècles passés de son histoire? Omniprésentes dans le débat politique, ces questions sont examinées ici à la lumière des faits. Salaires, revenus, fortunes sont minutieusement disséqués et analysés. Les conclusions ménagent plus d'une surprise. 8359

La France socialiste *Inédit*

Préface de Michel Massenet

Il est désormais possible de porter un jugement d'ensemble sur l'expérience politique qui se déroule en France depuis le 10 mai 1981. L'« État de grâce » s'est, en effet, rapidement dissipé, et ses promesses n'ont fait qu'aggraver les effets d'une crise mondiale que les socialistes ont été les derniers à reconnaître. Les grands équilibres économiques ont cédé sous le poids d'une gestion aventureuse excédant les moyens financiers de la nation. Les prélèvements fiscaux et sociaux se sont accrus. On constate déjà une baisse du pouvoir d'achat, l'appauvrissement du pays...

Les analyses et les réflexions des auteurs réunis dans ce livre, dont Annie Kriegel et Jean Fourastié, forment un premier bilan de l'expérience socialiste, nécessairement incomplet, mais qui permet d'en comprendre l'évolution. 8392

La liberté à refaire *Inédit*

Présenté par Michel Prigent

La liberté est à refaire parce que la France est socialiste.

Du renouveau des institutions civiles à la dénationalisation, en passant par la libération de l'éducation et de l'information, et la réforme de la justice, vingt auteurs de disciplines différentes – dont Florin Aftalion, Yves Cannac, Pierre Chaunu, Bertrand Jacquillot, Michèle-Laure Rassat, Stéphane Rials, Pascal Salin, Charles Zorgbibe, etc. – présentent pour la première fois une somme de réflexions et de propositions définissant ce que devrait être le programme d'un gouvernement libéral bien décidé à ne pas se contenter de gérer l'après-socialisme. 8401

Serge-Christophe Kolm

Sortir de la crise *Inédit*

Les impôts ne doivent pas augmenter, mais être diminués. Les pouvoirs d'achat doivent cesser de tomber pour s'élever de nouveau, durablement. Le chômage forcé peut être supprimé. La crise que nous traversons est, en France, le fruit des politiques économiques absurdes menées par les gouvernements successifs. Les politiques dites « de rigueur » provoquent un des plus gros gaspillages d'hommes et de moyens jamais vus. Elles résultent d'une erreur de raisonnement élémentaire. Les prétendus spécialistes ne savent rien, se trompent, nous trompent et nous rançonnent.

Un vigoureux plaidoyer anti-crise par un économiste de gauche iconoclaste. 8419

Yves Laulan

La Triche

La crise économique mondiale?... Une fatalité? Il faudrait donc se résigner, s'adapter. Yves Laulan affirme tout le contraire : elle est le royaume de la triche où des joueurs, États-Unis, U.R.S.S., Europe, Japon, producteurs de pétrole ont pour seul souci de tricher le plus possible afin d'améliorer leurs gains de croissance et de puissance. Un jeu impitoyable et dangereux dont l'homme moyen est parfois le bénéficiaire, plus souvent la victime, qu'il s'agisse de l'inflation, du chômage, du niveau de vie ou de la paix mondiale. 8385

Jean-François Revel

Comment les démocraties finissent

Et si les démocraties, ces régimes bénis, n'apparaissaient bientôt que comme de minces et précaires parenthèses à la surface de notre Histoire ?

Et si la démocratie n'était qu'une infime péripétie ? Si l'Occident n'était qu'un accident ?

Et si, non point par la force seule, mais par un lent glissement qui nous fait consentir à l'impérialisme soviétique, le totalitarisme devenait le destin même de la planète ?

Édition revue et augmentée. 8422

Guy Sorman

La Révolution conservatrice américaine

La société américaine se transforme. La jeunesse repousse la contestation, les femmes luttent contre le féminisme, les contribuables contre l'impôt, les Églises les plus conservatrices rallient en masse de nouveaux fidèles, les intellectuels défendent le capitalisme, les syndicats ouvriers s'effondrent, les Noirs dénoncent la politique des droits civils : une révolution conservatrice contre la gauche et contre l'étatisme.

Ce retour de la morale sur fond de crise économique s'accompagne de la disparition des industries périmées. Dans le même temps, déferlent les nouvelles technologies. Cette association du retour aux valeurs traditionnelles et du microprocesseur définit le « nouveau conservatisme » : le modèle américain des années 80.
Édition revue et augmentée. 8431

Emmanuel Todd

Le Fou et le Prolétaire

Quelles furent les causes du dérapage militaire et totalitaire des années 1914-1945? Comment expliquer le succès du marxisme au XXe siècle? Doit-on toujours craindre la croissance de l'État? Emmanuel Todd apporte à ces questions traditionnelles une réponse neuve et irrespectueuse : la « tentation totalitaire » est, comme le suicide, l'alcoolisme, la schizophrénie et les accidents de la route, un phénomène de pathologie sociale.
Édition revue et augmentée. 8353

Alain Touraine

L'après-socialisme

Le socialisme n'appartient ni au présent, ni à l'avenir, mais au passé. Le socialisme est mort. Il fut, sans nul doute, la meilleure expression du mouvement ouvrier dans la société industrielle capitaliste; mais il se décompose quand apparaît la société post-industrielle, et se pervertit lorsqu'il devient l'idéologie d'un État industrialisateur. La gauche ne se maintiendra au pouvoir que si, dans le respect de l'héritage socialiste, elle sait entrer dans l'après-socialisme. Si elle s'y refuse, l'après-socialisme prendra la forme de l'anti-socialisme.
Édition revue, mise à jour et augmentée d'une revue de presse détaillée recensant les réactions souvent surprenantes que ce livre a provoquées. 8395

Vivre avec le nucléaire *Inédit*

Qu'est-ce que l'énergie nucléaire? Comment fonctionne une centrale? Un réacteur nucléaire peut-il se transformer en bombe atomique? Quels effets la radioactivité exerce-t-elle sur l'homme et sur son environnement, et quels sont les moyens mis en œuvre pour s'en protéger? L'énergie nucléaire est-elle sûre? Présente-t-elle plus de risques que les autres énergies? Que se passerait-il en cas d'accident grave? Comment est organisée l'industrie nucléaire française? Qui décide? Comment choisit-on un site pour y construire une centrale? Où en est le programme nucléaire français? Permettra-t-il d'assurer bientôt notre indépendance énergétique? Quel rôle l'énergie nucléaire joue-t-elle dans la politique internationale?

Telles sont les principales questions auxquelles répond ce livre préparé par un groupe de spécialistes tous qualifiés par une longue expérience. Présenté dans un langage simple et précis, *Vivre avec le nucléaire* se veut un argumentaire objectif sur les points majeurs qui préoccupent l'opinion.

Préface de Louis Neel, prix Nobel de Physique. 8381

IMPRIMÉ EN FRANCE PAR BRODARD ET TAUPIN
58, rue Jean Bleuzen - Vanves - Usine de La Flèche.
HACHETTE/PLURIEL - 79, bd Saint-Germain - Paris.
ISBN : 2 - 01 - 011145 - 1

27.8453.6